WUQUANFA XINLUN

物权法新论

吴文平　李　昊◎著

知识产权出版社

全国百佳图书出版单位
—北京—

图书在版编目（CIP）数据

物权法新论/吴文平，李昊著. —北京：知识产权出版社，2023.8
ISBN 978-7-5130-8789-6

Ⅰ.①物… Ⅱ.①吴… ②李… Ⅲ.①物权法—研究—中国 Ⅳ.①D923.24

中国国家版本馆 CIP 数据核字（2023）第 105353 号

内容提要

《中华人民共和国民法典》的颁布是我国物权法发展史上的重要里程碑，标志着物权法进入了法治新时代。本书以《中华人民共和国民法典》物权编为基本主线，重点参考了《最高人民法院关于适用〈中华人民共和国民法典〉物权编的解释（一）》和《最高人民法院关于适用〈中华人民共和国民法典〉有关担保制度的解释》等司法解释，在结构上分为物权法总论、所有权、用益物权、担保物权以及占有五编，对物权法的内容进行了全面的阐述。本书内容既立足于物权编新规则，又论释物权基本理论，同时密切联系我国物权司法实际，突出了理论性、实用性、新颖性相统一的特征。

责任编辑：韩　冰　　　　　　　　责任校对：王　岩
封面设计：邵建文　马倬麟　　　　责任印制：孙婷婷

物权法新论

吴文平　李　昊　著

出版发行：知识产权出版社有限责任公司		网　　址：http://www.ipph.cn	
社　　址：北京市海淀区气象路 50 号院		邮　　编：100081	
责编电话：010-82000860 转 8126		责编邮箱：hanbing@cnipr.com	
发行电话：010-82000860 转 8101/8102		发行传真：010-82000893/82005070/82000270	
印　　刷：北京建宏印刷有限公司		经　　销：新华书店、各大网上书店及相关专业书店	
开　　本：720mm×1000mm　1/16		印　　张：21	
版　　次：2023 年 8 月第 1 版		印　　次：2023 年 8 月第 1 次印刷	
字　　数：340 千字		定　　价：89.00 元	

ISBN 978-7-5130-8789-6

目 录

第三编　用益物权

第四编　担保物权

第五编　占　有

▶ 第 一 编

物 权 法 总 论

第一章

物权法概述

第一节　物权法的含义

一、物权法的概念

物权法，是调整人们基于对物的支配和利用而产生的法律关系的法律规范总称。物权法并不构成独立的法律部门，只是民法的组成部分。在民法法典化的国家，物权法通常为民法典中的一编。我国目前形式意义上的物权立法为《中华人民共和国民法典》（以下简称《民法典》）的物权编。实质意义上的物权法除民法典的物权编外，还包括土地管理法、城市房地产管理法、农村土地承包法、矿产资源法、草原法、森林法、水法、渔业法、海商法等法律，以及关涉物权问题的行政法规、最高人民法院的司法解释等法律文件。

二、物权法的调整对象

我国《民法典》第205条规定："本编调整因物的归属和利用产生的民事关系。"这种民事关系实际上就是指财产关系，即民事主体为了实现财产利益，在从事民事活动过程中发生的以财产归属和财产利用为基本内容的权利义务关系。理解物权法调整的财产关系，应当把握以下几个要点。

第一，归属关系。所谓财产的归属，是指在法律上确认财产归属于某人所有。物权法所确认的物的归属，既是物权利用关系的目的，又是物权利用关系发生的前提，因此，物权法必须通过所有权等法律制度来规范各种归属关系，而调整归属关系也正是为了维护并巩固社会所有制关系及维护社会经济秩序。

第二，利用关系。物权是一种支配关系，但抽象的支配并不能够给权利人带来实际的利益。财产只有在实际的利用或交易中才能实现其价值和增加其价值。在现代社会资源相对短缺的情况下，只有合理地利用和分配资源，促使资源配置优化，才能取得最佳的经济效果和利益并满足人类不断增长的物质需求。

第三，物权法所调整的财产关系仍是一种人与人之间的关系，无论是物的归属关系，还是对物的占有和利用关系，绝不是单纯的人对物的关系，而是人与人之间的关系。物权法调整的财产关系作为生产关系的法律用语，正是人与人之间的社会关系。❶

第四，物权法所调整的财产关系直接反映民事主体的财产利益要求。在市场经济条件下，交易双方当事人的财产利益要求体现为等价有偿的法律规则，即获取财产利益应支付对价，禁止巧取豪夺、尔虞我诈的侵权行为。

三、物权法的发展趋势

物权法与社会经济发展具有密切的关系，自然也随着社会经济的发展而不断发展、变迁。促成物权法发展变迁的因素，既有学说理论的贡献，也有司法实务和灵活迅捷的单行法的推动。物权法发展变迁的内容，既有立法原则的修正、物权体系的调整、具体制度与规范的完善，也有理论的重构及法律解释与适用方法的反省。研究、考察现代各国尤其是市场经济发达国家的物权法的完善过程及其发展趋势，对于我国的物权立法无疑具有重要的意义。

关于现代物权法变迁的重要动向与发展趋势，学者们有多种概括总结，大致涉及物权的社会化、价值化、国际化，物权种类的增加，相邻关系之公法与私法双轨规范体系的形成，共有制度之调整，用益物权之消长，担保物权机能之强化与类型的细分，物权关系上的私法自治之扩张，物权法定主义之缓和，物权与债权之相对化等诸多方面。❷ 不同著述中的归纳概括，基本观

---

❶　王利明：《物权法论》（修订二版），中国政法大学出版社 2008 年版，第 48 页。

❷　王泽鉴：《民法物权》（第二版），北京大学出版社 2010 年版，第 29 页；谢在全：《民法物权论（上册）》（修订五版），中国政法大学出版社 2011 年版，第 7 页；梁慧星：《中国物权法研究（上册）》，法律出版社 1998 年版，第 4 页。

点大致相同，仅着重点略有不同而已。我们认为，现代物权法的发展趋势，从整体上看，可以概括为下列四个方面。

（一）物权法编制的体系化

由于历史的洗礼、法学理论的发展和立法技术的提升，近现代法上物权的体系日益完整、系统，物权法的编制愈益精密、严谨，此为公认之事实，亦为物权法发展的一个重要趋势。物权法编制的体系化，主要表现在两个方面。

其一，物权类型体系的形成。罗马法时代，虽已有了诸多具体物权形式的规定，但未抽象出物权的概念，也未形成完整的物权体系；法国民法典时代，虽对各类具体物权的规定有了进一步的完善，但仍未梳理出物权的类型体系。到了德国民法典时代，情况大为改观，物权理论有了长足的发展，直接推动了立法的进步。在德国民法中，抽象的物权概念得到确认，并基于对物的价值支配情况之不同而确立了物权的完整体系，即对物的价值为全面支配的所有权，对物的使用价值为支配的用益物权，对物的交换价值为支配的变价权，以及对物的事实支配状态的占有。这一物权的类型体系，对德国法系乃至整个大陆法系国家的物权制度产生了至为重要的影响，现代的物权类型体系遂得以形成，此即所有权、用益物权、担保物权及占有。

其二，物权法独立成编的体制确立。罗马法时代，诸法合体，没有独立的民法；法国民法典时代，民法虽独立于其他法律部门，但由其编制方法（罗马法之《法学阶梯》式）所决定，物权法也未独立成编，所谓物权法的完整体系主要表现为学者的概括。德国民法典则在体系设计和立法技术上有了重大创新与突破，主要是设立民法总则编，然后于分则中将物权、债权、亲属、继承等民法各部分主要内容独立成编。这种潘德克吞（罗马法之《学说汇纂》）式法典编制方法，为世人所称道，谓为最精密、严谨之法典体系，并被广为承袭。尽管有些国家由于法律观念、立法传统等方面的原因，对物权法的编制方法有别于德国，但对于物权法为民法典相对独立的部分并自成体系，无论在理论上还是立法上，均予承认。

我国法律自近代以来，受大陆法系影响甚大，已形成法制传统。在物权法制定中，尽管由国情所决定，肯定会有异于他国的制度与内容之设计，但整体上仍应借鉴大陆法系发展过程中既已形成的定制，应无异议。我国物权法的体系结构遵循上述大陆法系的传统立法结构，即通则（第一分编）、所有权（第二分编）、用益物权（第三分编）、担保物权（第四分编）、占有（第五分编）。

（二）物权法本位的社会化

盛行于 18 世纪及 19 世纪初的所有权绝对原则，适应了当时经济与社会发展的客观需要，对于保护个人的自由与利益，促进和保护自由竞争及资本主义商品经济的发展，起到了重要的作用。但随着资本主义的进一步发展，所有权的绝对原则也日渐产生负面后果：所有权人得利用对所有物的直接、任意的支配，而对无产者的人身为间接的支配，从而引发日益深重的社会矛盾；所有权为绝对的权利而不含任何义务，有悖于社会公益发展的需要；所有权人既有行使其权利的固有自由，也有不行使权利的自由，不适应物尽其用的效益原则；等等。于是，从社会公共利益的需要出发，对所有权的范围与行使予以一定限制并规定一定义务和负担的所有权社会化思想应运而生。19 世纪末以来，所有权社会化思想逐渐取代个人本位的所有权思想，物权法的本位也从个人本位向社会本位转移，其所维护的利益之公共性特点日益彰显。这主要表现在：

其一，所有权效力范围的限制。近代物权法上，土地所有权的范围是"上穷碧落，下至黄泉"，土地之上下空间被视为土地所有权的自然延伸，土地所有权人对自己的土地，有以地表为中心上下垂直范围内的支配力。现代物权法则普遍主张除了土地所有权的行使利益攸关之一定空间，地表之上下不属于土地所有权的效力范围。如法国 1910 年的矿业法规定地下矿藏为国家所有，1924 年的航空法确认大气空间为公共财产。《德国民法典》虽沿袭旧制而规定"土地所有人的权利扩及于地表上的空间和地表下的地壳"，但同时限定"所有人对于他人在地下或高空所为的干涉，无任何利益损害者不得禁止"。《日本民法典》则明确限定土地所有权的范围为"于法令限制的范围内，及于土地的上下。"这种限制，使得在土地之上空架设管线、通行航空器，在地下埋设管线、通行地铁、修建车库等垂直利用成为可能，空间权制度得以建立；而地下矿藏等归国家所有，则使得公共资源有了恰当的归属，经济发展所需要的资源供给有了充分的保障。我国物权法的建筑物区分所有权、建设用地使用权和地役权等构成了我国空间权制度的内容。

其二，物权行使方面的限制。依所有权为绝对无限制的权利之观念，所有人可对其所有物任意地使用、收益、处分，甚至可以滥用。现代物权法上则因应社会情势变迁的需要，确立了禁止权利滥用原则、诚实信用原则、公序良俗原则，要求权利的行使不得以损害他人为目的，物权的绝对性受到应有的限制。我国《民法典》第 207 条规定："国家、集体、私人的物权和其他权利人的物权受法律平等保护，任何组织或者个人不得侵犯。"

其三，所有权的法定负担的设定。自 1919 年德国《魏玛宪法》确立"所有权负有义务，其行使应同时有益于公共福祉"原则以来，出于公益目的的国家征收、征用和行政管理制度，环境保护方面的法规，物的闲置浪费方面的限制，不动产相邻关系方面的负担等制度不断完善，物权法的公共性色彩日益增强。我国《民法典》第 117 条规定："为了公共利益的需要，依照法律规定的权限和程序征收、征用不动产或者动产的，应当给予公平、合理的补偿。"第 245 条规定："因抢险救灾、疫情防控等紧急需要，依照法律规定的权限和程序可以征用组织、个人的不动产或者动产。……"另外，我国《民法典》第 7 章（从第 288 条到第 296 条）所规定的相邻关系也是对所有权法定负担的设定。

应当说明的是，物权的社会化仅是对个人本位、权利本位的调整与矫正，并不意味着弱化私有财产权或对个人权利的否定，更非义务本位法制的复活，其实质在于匡正 19 世纪时立法过分强调个人权利而忽视社会利益之偏颇，谋求个人利益与社会公共利益的协调发展，其基本出发点并未脱离个人及权利观念。为避免矫枉过正，新近之立法与学说，遂强调在坚持权利本位的基础上兼顾社会利益，贯彻个人利益与社会公益协调发展的权利思想。❶

（三）物权理念的价值化

物权，尤其是所有权，其本来的目的只是实现所有人对财产的现实支配，源自罗马法的"以所有为中心"的物权观念有其自然法上的渊源。这一观念

---

❶ 梁慧星：《民法总论》，法律出版社 1996 年版，第 7 页；陈华彬：《物权法原理》，国家行政学院出版社 1998 年版，第 47 页。

也颇为适合资本主义初期发展的需要，因而曾被广为接受并居主流地位。但随着资本主义经济的发展、社会情势的变迁，这种物权观念逐渐不能完全适应社会发展的需要，日耳曼法的"以利用为中心"的物权理念日益被重视。在现代社会化大生产条件下，利用他人的财产组织进行生产经营活动已成为普遍的方式，公司成为生产经营的基本组织形式，社会财富和资源的优化配置与高效利用成为促进经济发展的重要条件。所有权人对物的利用事必躬亲，在现代经济条件下常常既不必要也不可能，而将所有权的内容予以分化，在所有权人保留其所有权的前提下，将其权能分离而由他人行使，或将其使用价值或交换价值交由他人支配，日渐必要而有益。于是，近现代法上用益物权与担保物权制度得到了空前的发展，其地位日益重要。在所有权与其权能的分离日益普遍、频繁的情况下，所有权获得了一种观念的存在，变成了对物的抽象的支配，但所有权人可以因其权能的分离而获得相应的对价利益或融资利益，使自身利益得到最大的实现；同时，非所有人则可以利用他人的财产组织生产经营，物的价值得到了充分、高效的利用。与此相应，物权由本来注重对标的物的现实支配的实体权，演变为注重于收取用益之对价或获取融资利益的价值权。此即所谓的物权的价值化趋势。❶ 而物权的价值化发展，实际所反映的正是"从归属到利用"或"从以所有为中心到以利用为中心"的物权理念的转变过程。

(四) 物权种类的现代化

随着社会生产力和科学技术的发展，人类对客观世界的控制能力不断加强，对物质财富的利用程度逐渐加深，同时对交易安全的要求也日渐高涨。于是，物权的类别也适应现代生活的要求而相应地发生了重要的变化，此现象可以概括为物权种类的现代化。主要表现在：

其一，物权客体的扩张。现代法上，物之概念已不限于有体、有形，凡具有法律上排他的支配、控制之可能性者，皆得为物，❷ 于是物的客体得到极大的扩张，地上及地下之特定空间以及电、热、声、光等"物"，皆得为物权

---

❶　梁慧星、陈华彬：《物权法》（第七版），法律出版社 2020 年版，第 7 页；王利明：《物权法研究（上卷）》（第四版），中国人民大学出版社 2016 年版，第 74 页。

❷　梁慧星、陈华彬：《物权法》，法律出版社 1997 年版，第 29 页。

的客体。不仅如此，可转让的权利成为物权客体的现象也颇为令人瞩目，如早期权利质权的客体主要为普通债权，而伴随着社会的发展，票据、股权、知识产权等均已成为质权的客体，这在早期物权制度中是无法想象的。

其二，物权种类的增加。例如，在用益物权方面，因空间权法理的产生，产生了空间所有权制度，空间地上权、空间役权及空间相邻关系制度也因此得以形成；水面的利用权等用益物权形式，也日显重要。在担保物权方面，担保物权种类的增加也表现得非常突出，如抵押权领域出现了动产抵押、权利抵押、最高额抵押、财团抵押等，以及在质权领域出现了股权质权、知识产权质权等新的担保物权类别被创设出来并得到普遍承认。我国法律规定了高速公路的收费权、医院对病人的收费权等也可以用来设定权利质权，以此作为担保向银行借款、融资。

其三，物权类别的国际化。随着现代各国市场经济的发展、交通与信息沟通的便利、国际贸易的发达、法制的相互借鉴与融合，物权法也有固有法色彩减弱、国际化程度增强的趋向。这不仅表现在各国对物权法定与公示公信原则以及物权的价值化、社会化等基本理念与基本制度方面渐达共识，也表现在物权之基本类别的趋同化。尤其值得注意的是，两大法系的财产权观念与制度也出现了日渐接近和融合的趋向。❶

第二节 物权法的性质与特征

一、物权法为私法

自罗马法以来，法律有公法与私法的区分。调整国家公权力的法律为公法，宪法、行政法、诉讼法属之；调整平等主体之间的财产关系和人身关系的法律为私法，民法、商法属之。民事关系即私人间关于财产上的权利义务，因此属于私法范畴。由于物权法涉及国家、社会及第三人利益，与社会公益有重大关系，故物权法中通常存在不少有关公法性的规定。例如，我国《民法典》第 244 条规定："国家对耕地实行特殊保护，严格限制农用地转为建设用地，控

---

❶ 刘保玉：《现代物权法的发展趋势及其对我国物权立法的启示》，载《烟台大学学报》，2005年第 3 期。

制建设用地总量。不得违反法律规定的权限和程序征收集体所有的土地。"但是物权法中的公法规定，并不影响物权法作为私法的本质。

二、物权法为财产法

自罗马法以来，民法之内容有所谓财产法与身份法的分别。规范经济生活，保护财产秩序的法律，为财产法；规范伦理关系，保障身份秩序的法律，为身份法。❶ 我国民法调整的社会关系分为平等主体之间的财产关系与人身关系两大类，物权法以规范人对物的占有、利用、归属关系为内容，这类关系显然属于财产关系，物权法在性质上也当然属于财产法。财产法各部分因目的与作用不同，再分为财产归属法与财产流转法，物权法主要调整人对物的静态支配关系，应属财产归属法范畴，此与债权法因主要调整财产的动态流转关系而属于财产流转法相对应。

三、物权法主要为强行法

强行性是物权法的最主要特征。如谢在全先生认为："物权法因所规定之物权，有对世之效力，恒涉及第三人之利益，力求内容之统一，以确保物权之享有，与交易之安全，其规定多具强行性质，非当事人所得任意变更。"❷ 物权法的这种强行性，是物权法区别于债权法的首要特征。债权法由其性质所决定，通常允许当事人以特约甚至交易习惯排除其适用，原则上属于任意性规范。

物权法上的强行性规定多涉及物权的种类和内容，如我国《民法典》第116条规定："物权的种类和内容，由法律规定。"第243条规定："为了公共利益的需要，依照法律规定的权限和程序可以征收集体所有的土地和组织、个人的房屋以及其他不动产。征收集体所有的土地，应当依法及时足额支付土地补偿费、安置补助费以及农村村民住宅、其他地上附着物和青苗等的补偿费用，并安排被征地农民的社会保障费用，保障被征地农民的生活，维护被征地农民的合法权益。征收组织、个人的房屋以及其他不动产，应当依法

---

❶ 谢在全：《民法物权论（上册）》（修订五版），中国政法大学出版社 2011 年版，第 2 页。
❷ 谢在全：《民法物权论（上册）》（修订五版），中国政法大学出版社 2011 年版，第 1 页。

给予征收补偿，维护被征收人的合法权益；征收个人住宅的，还应当保障被征收人的居住条件。任何组织或者个人不得贪污、挪用、私分、截留、拖欠征收补偿费等费用。"

我国《民法典》正是通过这些强行性规定，直接给当事人设定权利义务，划清权利边界，从而降低交易成本，促成当事人合作，促进物的效用的发挥。

四、物权法为固有法

物权法因国家、民族、历史传统的不同而带有本土法色彩，称为物权法的固有法性。这一属性使物权法与债权法之间具有明显的区别。物权法因各国步入近现代化文明的时期与过程不尽相同，由此致各国物权法在内容与构成上具有相当大的差异。例如，在物权公示的效力问题上，同是资本主义国家，法国和德国物权变动分别采用对抗要件主义和成立要件主义，绝非某种单纯因素作用的结果，而是当时两国特有的经济、文化与社会背景所使然。此外，由于物权法与各国人民的生存与发展，以及国家的经济体制息息相关，故各国物权法的内容，尤其是其中关于土地及其他重要生产资料的规定，往往具有天壤之别。

我国于清末改制，参考大陆法系起草民法典，关于物权法的规定特别注意尊重自己的民族习惯，如设专章规定典权（我国特有的制度），即是尊重固有习惯之适例。中华人民共和国成立后，实行社会主义生产资料公有制度，在土地归属问题上实行国家所有和集体所有，土地所有权本身不得买卖。这就使我国的物权法中的国家所有权、集体所有权、土地承包经营权、宅基地使用权、建设用地使用权等制度与私有制（尤其是土地私有制）下的物权制度相比，具有更多的特殊性。

五、物权法的公共性

19世纪末期以来，因社会情势变迁，个人主义的所有权观念日渐式微，各国立法不得不对所有权绝对原则加以修正，使所有权负有社会义务，其行使应当顾及社会公共利益，是为所有权的社会化。所有权的社会化，归根结底，要求所有人行使所有权时必须严格恪守公共福利原则、诚实信用原则及权利不得滥用原则，尤其当事人行使所有权时，必须合于公共目的，否则其行为将被判定为非法而受到禁止。此发展之结果，使物权法呈现公共性色彩，此与债权法原则上仅限于双方当事人之间利益关系的所谓私人性色彩，形成鲜明的对比。

第三节　物权法的基本原则

物权法的基本原则，是贯穿于物权法始终，反映物权的本质、规律和立法指导思想的根本准则，也是制定、解释、适用、研究物权法的基本准则。根据物权立法和学理研究，物权法的基本原则大致有如下几种。

一、平等保护原则

《民法典》第 2 条关于民法调整对象的规定，就明确强调了民事主体的平等性。平等保护原则的核心，首先是维护各类民事主体的人格平等，无论民事主体是国家、法人还是自然人，都应该受到平等的对待。其次是除法律有特别规定外，物权主体在取得、设定和转移物权时，都应当遵守共同的规则。在发生纠纷时，针对每个物权主体都应当适用平等的规则解决其纠纷。另外，每个物权主体在受到他人非法侵害时都应当受到平等保护。这是因为：

第一，物权法的平等保护原则，是对公民的基本人权的保护。私有财产权是公民的基本权利，它与生命权、自由权一起被并称为公民的三大基本权利。一方面，私有财产权是直接关系到公民的生存权的问题。对广大民众的财产保护而言，不仅关系到其基本财产，而且关系到其生存权。另一方面，财产权关系到公民的人格尊严和自由，尊重和保障人权，首先要平等对待和保障私人财产所有权。物权法的平等保护原则正是为了保障公民基本权利的实现，根据宪法尊重和保障人权的要求，也需要对公民的财产权实行平等的保护。

第二，物权法的平等保护原则，是维护最广大人民群众根本利益的要求。我国自改革开放以来，随着市场经济的繁荣和发展，广大人民群众的生活水平有了极大的提高，个人拥有的财富也迅速增长。尽管存在着比较严重的贫富差距，但是财富的普遍增长是不争的事实。这客观上需要物权法对公民合法的私有财产实行平等保护。尤其是改革开放以来，广大人民群众通过合法经营、诚实劳动等途径积累了相当多的财富，也使我国的综合国力得到了大大的提高，人民生活水平得到了极大的改善。如果对私有财产不予以平等保护，不仅将极大损害公民创造财富的积极性、严重阻碍生产力的发展，而且不利于巩固改革开放的成果。

第三，物权法的平等保护原则，是构建和谐社会的法律保障。构建和谐社会必须以法治为中心，建设一个秩序井然、公平公正、人民的权利得到充分保障、人人能够安居乐业并和睦相处的社会，可以说和谐社会就是法治社会，只有加强法治，才能保障社会有秩序地运行，确保社会和谐稳定、国家长治久安、人民过上殷实安康的生活。为维护私有财产权，物权法规定因公共利益需要对公民私有财产征收征用时，必须给予合理的补偿。这对于化解社会纠纷、缓和社会矛盾、促进社会和谐，都有着重要的现实意义。

二、物权法定原则

我国《民法典》第116条规定："物权的种类和内容，由法律规定。"此规定确定了物权法定原则。物权法定原则又称为物权法定主义，系关于物权的种类或类型的原则，是指物权的种类及其内容等均由法律明确规定，当事人不得任意创设新物权或变更物权的法定内容之原则。

其一，物权的种类法定。即物权的种类由法律明确规定，当事人不得以协议的方式创设法律所不认可的新类型的物权，理论上称此为"类型强制"。例如，当事人不得创设我国法律所不认可的不动产质权。

其二，物权的内容法定。即物权的内容由法律明确规定，当事人不得创设与法定物权内容不符的物权，理论上称此为"类型固定"或"内容固定"。例如，当事人协议设立不转移占有的动产质权，或约定设立无须登记的不动产抵押权，均因与法律规定相悖而不被法律所承认。

其三，物权的效力法定。即物权具有哪些共同效力、各类物权具有哪些特殊效力，均由法律所规定，当事人不得依协议扩张或限缩法律所规定的各类物权的效力内容。

其四，物权的公示方法法定。即由法律明确规定不同的物权变动时所应采用的公示方法，非依法定公示方式所为的物权变动，不为法律所承认或不能对抗第三人。

其五，物权的取得方式法定。即物权因何种原因、方式与条件取得，概由法律明确规定，违反法定方式或不符合法定条件的，不能取得物权。非依物权法或者其他法律规定的物权种类、内容而设定的物权，不得认可其为物权、不具有物权的效力；物权的设定虽然无效，但该行为符合其他法律行为的生效条件时，许可其产生相应的法律后果。具体分析，违反物权法定原则的，应依违反的情况不同而有不同的后果。

第一，违反物权法定原则的，物权的设立应属无效，不能产生物权法上的效果。如果当事人约定设立的"物权"，直接违反法律关于物权的种类、内容的强制性规定的，不能产生物权法上的效果，其物权的设定应归于无效。但其他法律上如有特别规定的，不属于违反物权法定原则，而应从其规定。

第二，部分违反物权法定原则，但不影响其他部分的效力的，其他部分仍可有效。如抵押、质押合同中，当事人约定债务人到期不能清偿债务时有担保物权人直接取得担保物的所有权的"流质约款"，不被法律承认，但此约定仅是违反了抵押权、质权的效力或实现方式方面的规定，其抵押权、质权的设立如果符合法律规定的要件的，仍为有效，唯"流质约款"无效而已。

第三，物权法上无明确规定的事项，应推定为禁止。因此，对当事人约定的有关物权的事项在物权法上无明确规定时，视同违反法律的强制性或禁止性规定，并依相应的规则处理，即仍应认定无效或不产生物权法上的效力。

第四，物权虽然归于无效，但其行为若具备其他法律行为的生效要件时，在当事人之间仍然产生该法律行为的效力。这通常是指当事人的约定虽不符合物权法的规定，不能产生物权法上的效果，但如果符合合同法上的要件，则在当事人之间仍能产生合同法上的约束力。例如，租赁合同的当事人约定承租人享有能够对抗任何人的具有物权效力的优先购买权，此在物权法上并无依据，但仍可认定该约定具有债权的效力，出租人违反约定时，应负债务不履行的损害赔偿责任。

三、物权公示原则

我国《民法典》第209条第1款规定："不动产物权的设立、变更、转让和消灭，经依法登记，发生效力；未经登记，不发生效力，但是法律另有规定的除外。"第224条规定："动产物权的设立和转让，自交付时发生效力，但是法律另有规定的除外。"此规定确立了物权公示原则。

所谓物权公示原则，即物权各种变动必须以一种可以公开的能够表达这种物权变动的方式予以展示并进而决定物权变动的效力的原则。物权的公示方式，在各国均为一致，不动产物权的公示方式为不动产登记，而动产物权的公示方式为动产的交付（转移占有）。公示要件主义的理由是：法律行为仅仅是当事人的意思表示，但这种意思的表示的后果，即物权的变动却要发生排他的效力；既然要发生排他的效力，就应以一种公开的方式表现出来，使得人们从这种表现方式上知道物上有物权存在，即知道该物权有排他性，以此来消除交易中的风险。以不动产抵押为例，抵押权实际上是给予特殊的债权人的一项特权，该债权人即抵押权人可以依据其抵押权优先于不享有抵押权的其他债权人实现其债权，于是，设立抵押权意味着其他债权人的权利有难以实现的风险。因此设立抵押权必须进行登记，利用登记的公开性，告诫其他债权人有抵押权的存在，即告诫其他债权人该项抵押权的排他作用，使其在知道这一风险的情况下，根据意思自治的原则，和抵押标的物的所有权人发生法律关系。因合同作为债权关系具有相对性，抵押人和抵押权人订立的抵押合同无法为其他债权人知悉，故法律必须以不动产登记的方式来为交易的公正提供保障。法律如果不以登记的形式告诫其他债权人，后续抵押权人有优先抵押权的风险，整个社会的交易秩序必将陷于混乱，不可能建立公正、有序的法律秩序。

不仅在设立抵押权的过程中存在必须登记的问题，而且其他的不动产物权的设立、转移、变更和废止都存在同样的问题。动产物权的各项变动也是一样。所以，法律建立物权公示原则，并不是从法学原理出发而进行的反拟制，而完全是客观经济生活的反映。从法理上说，物权公示原则的基础是物权的绝对性和排他性，这是物权的本质决定的。债权因为是相对权，没有排他性，所以债权法当然不存在这一原则。在大陆法系的民法立法中，一般均承认物权公示原则是物权法的基本原则。

物权法在确立公示原则的同时，也赋予物权公示的"公信"作用（有人称为"公信原则"），即以法定方式进行公示的物权，具有使社会一般人信赖其正确的效力，即使公示的物权状态与真实的权利状态不符，法律对信赖公示的善意第三人从公示的物权人处所取得的权利仍予以保护。具体来说，采取"公示要件主义"的国家和地区，法律既强调物权变动的必要性，也赋予物权公示的"权利正确性推定"效力，即只要采取了法定的公示方式，具备公示外观，即使该公示所表现的物权状态并非物权的真实状态（所谓"事实上的物权"与"法律上的物权"不一致），善意受让人基于对公示的信赖，仍可取得物权。据此，无处分权的动产占有人以合法方式转让动产所有权的，善意受让人取得标的物的占有，即取得其所有权，原所有人无权要求受让人返还标的物，此即"动产善意取得制度"；不动产所有权登记即使存在瑕疵，当事人信赖该登记而受让不动产所有权的，仍应受到法律保护。❶ 一言以蔽之，公信实际上就是赋予物权公示以公信力。公信的实质内容，就是前述物权公示所产生的公信力。公信与公示原则相辅相成，以不同的功能确保物权变动快捷、顺畅、安全地完成。公示原则的作用主要在于使人"知"，公信的作用则在于使人"信"。

第四节　物权的法律保护

一、概述

所谓物权的法律保护，是指在物权受到侵害时，依照法律规定的方式恢复物权的完满状态。物权的法律保护是物权人享有的权利，也是物权绝对权特性的表现。

二、确认物权

我国《民法典》第 234 条规定："因物权的归属、内容发生争议的，利害关系人可以请求确认权利。"本条以"请求权"的形式，对物权的确认作了规定。所谓物权的确认，是指当事人在物权归属发生争议或者权利状态不明时，请求确认物权归属、明确权利状态。在物权法中，物权的确认的特点体现在以下几个方面。

第一，物权的确认是物权保护的前提。通常物权请求权的行使都是以物

---

❶　温世扬：《物权法要义》，法律出版社 2007 年版，第 20 页。

权人享有物权为基础的，也就是说，在物权人享有物权的情况下，才能行使该请求权。但在物权的归属发生争议的时候，当事人不能直接行使物权请求权，而必须首先请求确认物权的归属。

第二，物权的确认包括两个方面的内容。一是对所有权归属的确认。它是保护所有权的前提，因为返还所有物、排除妨害等请求权都以所有权的确认为前提。如果所有权的归属不清，则无法适用所有权的保护方法。二是对他物权的确认。在他物权发生争议的情况下，权利人可以请求人民法院确认他物权的归属。

第三，确认物权的归属必须向有关行政机关或人民法院提出请求，而不能实行自力救济。所谓自力救济，就是指权利人在自己的民事权利遭受侵害时，依靠自身的力量维护自己的权利不受侵害。物权的自力救济就是指当物权人在其物权遭受侵害时，以自己的力量维护或恢复物权的圆满状态。但是，确认物权必须要向行政机关或人民法院提出请求。

三、返还原物

返还原物的请求权，又称为所有物返还请求权，是指所有人对无权占有或侵夺其所有物的人，有权请求其返还所有物。所有人只能针对非法占有人提出返还原物，而不能要求合法占有人返还原物。否则，合法占有人可依据其占有的合法性，拒绝所有人的请求。

（一）请求权的主体

所有物返还请求权的主体应为失去对物的占有的所有人。也就是说，一方面，请求权人必须是所有人，不管是单独的所有人还是共有人，都可享有该请求权；另一方面，所有人行使该项请求权的前提必须是其所有物被他人非法侵占，其实际上已经丧失了对物的占有。应当指出，确定占有人的占有为合法或非法，应根据所有人提出请求时占有人是否有权占有来决定。如果无权占有人占有原物以后，又将该物转让给他人占有，所有人既可以请求无权占有人返还原物，也可以请求现在的占有人返还原物。

（二）请求权的相对人

所有物返还请求权的相对人为无权占有所有物的人时，其应符合如下条件。

第一，相对人必须是侵害所有人占有的人，通常指现在占有所有人的财产的人。所谓现在占有，就是指在提出请求之时，仍然占有标的物的人，所有人只有向现在的占有人提出请求才能使标的物实际返还给所有人。

第二，相对人的占有必须构成无权占有。所谓无权占有，是指相对人无法律和合同的依据而占有所有人的财产。此处所说的无权占有是相对于所有人的占有而言的，即对于所有人而言构成无权占有。如果相对人从某个非所有人处取得占有具有一定的根据，但对于所有人而言无占有的权利，所有人仍可对其行使所有物返还请求权。

第三，所有物返还请求权的相对人既包括直接占有人，也包括间接占有人。对于非法占有人而言，无论是直接占有人还是间接占有人，所有人都可以请求其返还所有物。值得注意的是，相对人可以是直接占有人，也可以是间接占有人，但必须是占有人。如果某人只是占有的辅助人或并没有占有某物，所有人不得对其提出请求。

(三) 举证责任

所有人行使所有物的返还请求权，应就其对相对人占有的标的物享有所有权提出证明，所有人若不能证明其享有所有权，则根本不能作为请求权的主体提出请求。一方面，占有作为一种事实而不是权利，与所有权相比，显然应优先保护所有权，法律不能给所有人强加过重的举证负担，当然，占有人的合法利益也应受到保护。据此，占有人可以在所有人提出请求时，以其占有是有权占有为依据而提出抗辩。另一方面，占有人是否为有权占有，只有占有人最为了解，而所有人对此常常难以举证。所以，有权占有的问题应由占有人举证，如果占有人不能举证，应认定其为无权占有。

(四) 所有物返还请求权的效力

所有人行使所有物返还请求权，旨在要求相对人返还所有物，因而此种请求权行使的直接法律效力是所有物占有的转移。但除所有物的转移外，行使此项请求权还涉及孳息返还、赔偿损失及费用补偿等问题。

1. 占有的转移

所有物返还请求权行使的主要目的在于使所有人的所有物从无权占有人

转移给所有人，进而使所有人的所有权恢复到圆满状态，使所有人重新获得对所有物的支配。所以，行使所有物返还请求权也是所有权弹性的体现，或者说是所有权效力的表现。

2. 返还原物和孳息

所有人请求返还原物，必须原物依然存在。如果原物已经灭失，返还原物客观上已经不可能，所有人就只能要求赔偿损失，而不能要求返还原物。一般来说，现时占有人向返还请求权人返还原物时应保持物的原有状态，不得造成物的损害和价值的减少。这就是说，无论是善意占有人还是恶意占有人，在返还原物时必须使物保持原有的状态。当然，保持原有的状态并不意味着一定要在返还时恢复物的原状，而只是说其负有保持原状的义务。如果因其故意或过失造成物的损害和价值的减少，应当承担损害赔偿责任。

返还义务人在返还原物时是否应当将原物的孳息一并返还，善意占有人是否可以取得孳息？本书认为，在善意占有的情况下，占有人只返还原物而不返还孳息，亦可请求所有人补偿对所有物的保管和改良所支付的必要费用；在恶意占有的情况下，占有人应负责返还其在恶意占有期间所获得的一切孳息，并且无权请求所有人补偿其支付的费用。

3. 在返还原物时有权取走原物上的自有物

无论是善意占有人还是恶意占有人，在返还原物时都有权取走自己的财产，因为取走自有物是符合所有权的基本规则的。例如，返还义务人在返还房屋时，有权搬走房屋中存放的自己的家具；返还家具时，有权搬走家具中存放的自己的衣物。如果自有物不能与返还物分离或者分开有损原物价值的，善意占有人在返还原物时不得取走原物上的自有物，但有权请求返还请求权人给予适当补偿。恶意占有人无权请求补偿。

4. 承担返还原物的费用

对费用的承担应当区分善意和恶意。如果占有人占有某物是善意、无过失的，在返还原物时不应承担该项费用，而应由所有人承担该项费用。例如，拾得人占有所有人丢失的动产时是善意的，拾得人将其拾得物返还失主，不能要求拾得人支付返还的费用，否则不利于鼓励拾金不昧的行为。

5. 赔偿损失

占有人在返还原物时，应当保持物的原有状态，如果因其故意或过失造成物的损失的，应当承担损害赔偿责任。关于损害赔偿责任问题应当区分三种不同的情况：①占有人造成物的损失，返还请求权人有权请求其赔偿损失。②占有人造成物的收益的损失，占有人应当承担赔偿责任，但在确定责任时必须考虑占有人对于收益的损失是否具有过错。这种过错是指占有人依通常经营方法可以收取收益而不收取。③因占有人的过错造成物的灭失的，占有人如何承担赔偿责任应当根据其主观上的善意抑或恶意而定。占有物因占有人的过失造成灭失的，恶意占有人应赔偿全部损失，而善意占有人仅在其现有利益的限度内承担赔偿义务。

四、排除妨害

我国《民法典》第 236 条规定："妨害物权或者可能妨害物权的，权利人可以请求排除妨害或者消除危险。"

在法律上妨害有两种含义：一是指所有人实际面临的现实的妨害；二是指尚未实际发生的但将来有可能出现的妨害，此种妨害又称为危险。

（一）消除危险的请求权

所谓危险，是指他人的行为或者设施可能造成自己占有物的损害，危险的判断标准为：①危险必须是可以合理预见的，而不是主观臆测的。②危险必须是确实存在的且有对他人财产、人身造成损害的可能。例如，邻居家的大树有可能倾倒，砸坏自己的房屋。此种损害尚未发生但又确有可能发生，对此种危险所有人也有权请求排除。危险的发生既可能构成未来的危险，也可能构成现实的妨害，如在自己的土地上挖洞等。所有人在行使消除危险的请求权时，可不考虑行为人主观上是否具有故意或者过失。

危险发生以后，应当由危险的形成人承担消除危险的责任，因此，消除危险的费用应当由危险设施的物权人或危险形成人承担。如果危险虽然已经形成，但并没有造成实际的损害，有可能遭受损害的人只有权请求危险形成人消除危险，但不能请求其承担侵权损害赔偿责任。例如，在公共场所施工时，没有设置明显标志，对有关当事人已形成现实的危险，受害人可以主张消除危险请求权，但不能主张侵权损害赔偿请求权。如果在形成危险以后又造成了对他人的损害，受害人不仅可以基于物权请求权请求危险的形成人消除危险，也可以基于侵权行为的请求权请求危险的形成人承担损害赔偿责任。

（二）排除妨害的请求权

所有权妨害排除请求权，也称为所有物保持请求权，是指当所有权的圆满状态为占有以外的方式妨害时，所有人对妨害人享有请求其排除妨害、使自己的权利恢复圆满状态的权利。妨害是指实施了某种妨害所有人行使所有权的行为，所以在法律上不存在可能造成妨害的情况。该项请求权的行使必须符合如下构成要件。

1. 被妨害的标的物仍然存在且由所有人占有

排除妨害请求权行使的主体是所有权内容受到妨害的所有人，但所有人行使该请求权时，必须满足被妨害的物仍然存在且所有人对该物仍享有所有权。如果所有人所有的物已经毁损灭失，只能请求侵权行为人赔偿损失。行使排除妨害请求权，所有人必须占有被妨害的物，如果其占有已经丧失，只能行使所有物返还请求权或其他请求权，而不能行使排除妨害请求权。由于动产在所有人占有期间很难受他人妨害，所以被妨害的且为所有人占有的财产主要是不动产。

2. 妨害人以占有以外的方法妨害所有人行使所有权

所谓妨害，是指以占有以外的方法，侵害所有权或妨碍所有权人行使其所有权。妨害主要有如下几种情况：①对所有人的标的物的侵害，如在他人的房屋边挖洞危及房屋的安全。②非法利用他人的财产致使所有人不能对其财产行使所有权。如在他人使用的土地上堆放垃圾，在他人的大门前停放车辆，妨害他人通行。③非法为所有权设定负担，如擅自在他人不动产上设定抵押权。④其他妨害行为，如招牌被大风吹落，倒塌在他人的门前，尽管招牌的倒塌是由自然原因造成的，但毕竟行为人的物件致他人不能圆满行使其所有权，且物上请求权的适用不要求妨害人主观上有过错亦构成妨害行为。所以，妨害既可以是妨害人实施的妨害行为造成的，也可以是由妨害人的物件造成的。

3. 妨害必须是不正当的

如果行为人实施某种行为具有法律上或合同上的依据（如承租人正当使

用房屋，某人因紧急避险而给所有人造成妨害），虽对所有人构成妨害，但所有人也不得请求行为人排除妨害。妨害行为有可能是合法的，如在自己的土地上堆放被许可排放的污染物，此种行为依据"无害"标准并不被禁止，但如果给他人造成不正当的妨害，权利人也可以请求排除。所以，只要是不正当的妨害，就应当排除。所有人应当容忍他人的轻微的、正当的妨害。

对于排除妨害的费用的承担，从原则上讲，由于妨害行为给所有人造成了侵害，因此，妨害人应当承担该排除妨害的费用，但是应当考虑妨害人对妨害形成是否具有过错。在某些情况下，妨害行为可能由自然原因造成，如天降大雨而使围墙倒塌，对邻居造成妨害，在此种情况下，考虑到妨害人并无过错，也可由邻居适当分担排除妨害的费用。如果所有人对围墙倒塌也有过错（如在围墙下挖洞），由其承担部分费用更为合理。

五、恢复原状

我国《民法典》第237条规定："造成不动产或者动产毁损的，权利人可以依法请求修理、重作、更换或者恢复原状。"行为人造成他人的不动产或者动产毁损的应当予以恢复原状，即指行为人导致他人财产损害后，应当进行修理、重作、更换，使财产恢复原有的状态，也就是说，侵害人对所有人负有维持物的完整性义务。如果加害人造成物的损害后不能修理、重作和更换，所有人有权请求人民法院责令加害人通过损害赔偿以代替恢复原状。在许多情况下，由于物的效用主要体现在经济价值上，以金钱赔偿物的价值也可能使受害人利益能够得到满足，对加害人也较为便利。如果已经造成物的灭失，当然只能采取损害赔偿的方法。

物权法允许所有人在其财产遭受他人毁损的情况下，请求加害人通过修理、重作、更换等方式恢复原状，从而使受害人可以在请求赔偿和恢复原状之间作出选择，并不意味着受害人在请求恢复原状后就不能再请求赔偿损失。

六、赔偿损害

我国《民法典》第238条规定："侵害物权，造成权利人损害的，权利人可以依法请求损害赔偿，也可以依法请求承担其他民事责任。"

对损害赔偿一般的理解是金钱赔偿，是债权法上的救济措施。但损害赔偿在物权保护中的应用，是为了达到恢复物权的圆满状态。这里的损害赔偿请求权指的是物权人在行使其他物权请求权后，仍然有损害的情况下，物权人可以请求行为人予以赔偿的权利。在传统民法理论中，损害赔偿请求权一直都被归入债权的范畴。因物被侵害而造成的损失，物权人应当依侵权行为法向行为人主张侵权损害赔偿，而不能直接从物权法中寻求救济。

第二章

物权概述

第一节　物权的界定

一、物权的概念

概念是逻辑的起点。在法学领域，"概念乃是解决法律问题所必需的和必不可少的工具，没有限定严格的专门概念，我们便不能清楚地和理性地思考法律问题。"❶

在民法理论界，学者对物权的概念应如何认识，也有着诸多不同的学说主张，有对物关系说、对人关系说及两方面关系说（折中说）三种学说。对物关系说认为，物权乃人与物的关系，是"支配物的财产权"；对人关系说认为，物权是人与人之间的关系，是"得对抗一般人的财产权"；折中说认为，前两种观点均有偏颇，物权同时反映人与物、人与人之间的关系，它是直接支配物且得对抗一般人的财产权。折中说为现今学界的主流学说，该说认为物权关系是以对物的占有、支配为媒介而发生的人与人的关系。其中，法律规定的权利人支配物的方法及范围，是权利人与物之间的关系；法律赋予物权以对抗一般人的效力，禁止一般人的侵害，体现的是人与人之间的关系。权利人直接支配标的物与得对抗一般人，皆为物权的要素，两者相辅相成，

---

❶ ［美］E.博登海默：《法理学：法律哲学与法律方法》，邓正来译，中国政法大学出版社 2004年版，第 504 页。

不可偏执其一。❶

在我国，"物权"作为法律术语，始见于《大清民律草案》。中华人民共和国成立之后，《中华人民共和国民法通则》（以下简称《民法通则》）使用了"财产所有权和与财产所有权有关的财产权"的概念。我国学者一般认为，这一概念实际上指物权。然而，究竟什么是物权，《民法通则》也未对此作出规定。但2007年的《中华人民共和国物权法》第2条第3款规定："本法所称物权，是指权利人依法对特定的物享有直接支配和排他的权利，包括所有权、用益物权和担保物权。"此概念的特点在于：一是强调物权的标的为特定的物，当然是有体物，将无形财产排除在外，从此达到法律体系清晰、明确的目的；二是把物权人排除他人干涉的特点，限制在就物的支配权利范围内，就是物权人只能在其享有的物权的范围内有排他力。如土地使用权，权利人在其权利范围内当然有排他力，但是在土地的所有权人依法行使撤销权时，土地使用权人没有排他力。物权人在其权利的范围内享有排他的权利，是物权的本质属性。《民法典》第114条第2款规定："物权是权利人依法对特定的物享有直接支配和排他的权利，包括所有权、用益物权和担保物权。"据此本书认为：物权，是指民事主体在法律规定的范围内直接支配一定的物，享受利益并排除他人干涉的权利，是人与人之间对物的归属和利用关系在法律上的体现。

二、物权的特征

（一）主体上的对世性

这是物权在主体方面的特征。从民事法律关系的角度看，物权是民事法律关系之一种，这个法律关系的主体有权利人和义务人。其中，权利主体就是享有物权的人（物权人），是特定的，而义务主体却是不特定的。也就是说，物权人以外的其他一切人都是义务人，都负有不得侵犯物权人的权利和不得干涉物权人行使权利的义务。可见，物权具有对抗除物权人之外的一切

---

❶ 钱明星：《物权法原理》，北京大学出版社1994年版，第9-10页；杨振山：《中国民法教程》，中国政法大学出版社1995年版，第175页；郭明瑞、唐广良、房绍坤：《民商法原理（二）》，中国人民大学出版社1999年版，第26页。

人的特性，属于对世权。

（二）客体上的特定性

物权客体所具有的特定性有两重含义：一是作为物权客体的标的物须具有单独特征，不能以其他物进行代替，如 10 吨大米可以作为债权的标的，不能以之为标的物设定物权；二是并非所有的物均可成为物权的客体，只有那些被物权人依法支配的物才可以成为物权的客体。需要指出的是，债权的客体是给付，其标的（权利义务具体指向）有时候也是物（标的物），但这不是债权的普遍性特征，债权的客体总体上可以抽象为给付，这也是物权与债权在客体上的一个重要区别。

（三）权能上的支配性

从物权的定义我们可以看出，物权人对物有好多权能，如占有权能、使用权能或者收益权能甚至处分权能，但总体上可以抽象为支配特定物的权能。也就是说，物权人能够依照自己的意思自主实现权利的各项权能，无须请求他人为一定行为，可见物权是支配权。这一点与债权有着明显的不同，而债权的基本权能却是债权人得请求债务人为一定行为或者不为一定行为的权利，可见债权为请求权。

（四）行使上的绝对性

这是物权在行使方面的特征。如德国学者索姆所言，物权或对物权是"对某物进行直接支配的权利，它使权利人享有对物自行采取行为的权利"。物权人在行使物权时，可以向任何人主张权利。对除物权人之外的任何人都有约束力，在物权受到侵害时也有寻求物上请求权来使其物权得到恢复性救济的权利，因此物权属于绝对权。而债权的行使只能在特定的当事人（债权人和债务人）之间进行，具有债的相对性特征，从这个意义上说，债权是相对权。

（五）效力上的排他性

这是物权在效力方面的特征。物权的传统定义告诉我们，物权是一种排他性权利，物权人具有排除他人干涉的权利，任何人侵害了物权，物权人都有排除他人之妨害的权利。另外，同一物上不得同时成立内容相同、不能相容的两个或者两个以上的物权，要遵循"一物一权"原则。这与物权的其他特征尤其是在权能上的支配性密切相关，只有当物权人能够对其特定的物享有支配权时，才可以产生排他性特征。

三、物权与债权的关系

在财产权体系中，物权与债权的关系最为密切。物权规范财产的归属和利用关系，债权则规范财产的流转关系。而在财产关系的运作过程中，物权是债权的起点和最终归属，债权则是人们获得和实现物权的桥梁与手段。明确两者的关系，有利于把握民法中财产权体系的构造。但是物权与债权有着很大的区别：

一是从权利的作用上看，物权为支配权，而债权为请求权。物权的作用是保障权利人能够对标的物直接为全面支配或限定支配，并进而享受物的利益。而债是特定人之间的法律关系，债权的实现需要债务人的协助，只有通过债务人的给付，债权人的债权才可实现。所以，物权与债权的根本区别在于，债权并未赋予权利人以对物的直接支配权，仅仅配备权利人以针对特定人的请求权。债务人对债权人负有给付的义务，但债务人并非债权人的支配客体。债权也没有赋予债权人以对财产的支配权。❶

二是从权利的效力上看，物权具有排他性、优先性和追及效力，而债权为请求权，其具有相容性、平等性，无追及效力。依物权的排他性，在同一标的物之上不能有两个或两个以上互不相容的物权存在，且物权可直接排除不法之妨害；而按照债权的相容性，在同一标的物上，允许同时或先后设立数个内容相同的债权，不发生排他效力。依物权的优先性，当同一标的物上并存数个相容的物权时，先成立的物权一般优先于后成立的物权；而按照债权的平等性，各个债权不论成立先后，均平等受偿。依物权的追及效力，物权的标的物无论辗转落于何人之手，一般而言，物权人都可追及其物之所在而行使权利；而债权则没有追及效力，债权人对其标的物没有直接支配权，当债权的标的物被第三人占有时，不论其占有是否合法，债权人一般不得直

---

❶ 王利明：《物权法研究（上卷）》（第四版），中国人民大学出版社 2016 年版，第 19-20 页。

接向该第三人请求返还。❶

三是从权利效力的范围上看，物权为对世权，债权为对人权。物权对世上任何人都有拘束力，某人对某物享有物权时，其他任何人都负有不得非法妨害其行使物权的义务，其义务人是不特定的。而债是特定人之间的法律关系，债权只对某个或某些义务人有拘束力，债权人得向其请求给付，其他人则不受债权的约束，债权的义务人是特定的。如果因第三人的行为使债权不能实现，债权人也不得依据债权的效力向该第三人提出请求。❷

四是从权利的社会机能上看，物权是静态财产权，其社会机能是保护标的物的永续或恒常状态，明确对财产的归属和支配，侧重于财产的静态安全。而债权则是动态财产权，其社会机能是跨越时空障碍，实现财产的流转，保障在不同地域、不同时间发生的商品交换得以实现，侧重于财产的动态安全。

第二节 物权的分类

一、学理上的分类

（一）自物权与他物权

根据权利人是对自有物享有物权，还是对他人所有之物享有物权，物权可分为自物权与他物权。自物权即所有权，是权利人对自己所有的物所拥有的占有、使用、收益、处分等全面支配的权利。所有权是一种最完整、充分的物权，又称为完全物权。他物权是权利人依据法律规定或合同，对他人所有之物享有的物权。区分自物权与他物权的作用在于明确约定不同的物权有不同范围的支配力，不同物权人权利范围和内容不尽相同。自物权有全面、完整的支配力，自物权人在法律规定的限度内能够对标的物进行全面、自主的支配，按照自己的意志对标的物进行占有、使用、收益、处分并排除他人干涉。他物权不具有自物权那样对物的全面支配力，只有某些方面特定的支配力。

---

❶ 王利明：《物权法论》（修订二版），中国政法大学出版社 2008 年版，第 5 页。
❷ 梁慧星、陈华彬：《物权法》（第七版），法律出版社 2020 年版，第 18 页。

（二）动产物权、不动产物权与权利物权

根据物权的客体不同，物权可分为动产物权、不动产物权与权利物权。动产物权是指以动产为客体的物权。动产的范围相当广泛，是指除不动产之外的其他物，既包括有体动产，也包括人力可以控制的电、气、热等物质，货币属于特别动产。不动产物权是以不动产为客体的物权。不动产是指依自然性质或法律规定不可移动的物，包括土地、土地上定着物（建筑物）、因自然或人力添附于土地并不能分离的其他物等，能够为人力控制并具有价值的特定空间也属于不动产的范畴。权利物权是指以权利为客体所设定的权利，如有价证券上设定的质权、国有土地使用权上设定的抵押权。区分动产物权、不动产物权与权利物权的意义在于这些物权的成立要件、变动均有所不同。

（三）主物权与从物权

根据物权是否依附于其他权利存在为标准，物权可分为主物权与从物权。主物权是本身能够独立存在，不从属于其他权利的物权。这些权利，可以根据法律规定或当事人意志设定，其取得和存在与其他民事主体的其他权利无关，如所有权、国有土地使用权、典权、土地承包经营权。从物权是从属于其他权利，并为从属的权利服务的物权，如各种担保物权。

（四）法定物权与意定物权

根据某种物权产生的直接依据，物权可分为法定物权与意定物权。法定物权是某种物权的产生并非基于当事人的意思表示，而是法律规定在某种事实条件下当然出现的物权，如留置权、海商法中的船舶优先权。意定物权是指须基于当事人的意思表示才能具体产生的物权，如质权、抵押权、土地承包经营权、典权、国有土地使用权。至于所有权，既有法定产生的情形，也有基于当事人意志产生的情形。

（五）独立物权与从属物权

根据物权是否从属于其他权利而存在，物权可分为独立物权和从属物权。独立物权是指不以主体享有的其他民事权利为前提，能够独立存在的物权。在物权体系中，所有权和地上权、永佃权、用益权、典权、自然资源使用权、经营权等用益物权都是独立物权。这些物权，或根据主体的设定行为而取得，

或根据法律规定的其他法律事实而发生，其发生与存在均与主体享有的其他民事权利无关。

从属物权是指本身不能独立存在，必须以主体享有的其他民事权利的存在为其存在前提的物权。在物权体系中，抵押权、质权、留置权等担保物权从属于主体享有的债权，属于从属物权。相邻权和地役权从属于主体的不动产所有权或使用权，也属于从属物权。从属物权从属于主体享有的主权利，与主权利存在不可分割的联系：主权利存在，从属物权才存在；主权利转移，从属物权随之转移；主权利消灭，从属物权随之消灭。

（六）有期物权与无期物权

根据物权存续有无期限，物权可分为有期物权与无期物权。有期物权是指有存续期限的物权。以约定方式设立的他物权，除法律另有规定外，一般为有期物权。例如，我国民法规定的土地承包使用权、城镇国有土地出让使用权、企业承包经营权、企业租赁经营权及抵押权，都是有期物权。

无期物权是指未定存续期限，可永久存续的物权。所有权为无期物权。除所有权外，我国民法规定的一些他物权，例如，全民所有制企业的法定经营权，机关、企事业单位依行政划拨程序取得的国有土地使用权等，都没有存续期限。无期物权不存在期限届满而消灭的问题。

（七）所有权与限制物权

根据标的物的支配范围的不同，可将物权分为所有权与限制物权。所有权是全面支配标的物的物权，限制物权是于特定方面支配标的物的物权。一些学者认为，所有权也要受法律、相邻关系等的限制，故应避免使用限制物权这一概念。

限制物权与所有权相比较，指的就是所有权以外的物权。所有权是一种于全面关系上支配物的权利，是一种完全的权利。而其他物权与所有权不同，是在他人之物上设定的权利，只是在一定方面支配物的权利，没有完全的支配权。例如，地役权、地上权仅限于一定方面使用他人土地，而抵押权、质权、留置权仅是提供债的担保，通常不得对物使用、收益。

（八）占有与本权

根据物权是否具有实质内容为标准，物权可分为占有与本权。日本民法典认为，占有是一种基于实际支配的物权。其他国家大多认为，占有是一种法律事实，是对物的实际控制。

占有以对物的实际控制、占领为依据，因此不论占有人在法律上有没有支配物的权利，都可以成立。占有人基于占有制度，在事实上控制物，并在法律上享有排除他人妨害其占有的权利及其他效力，乃是一种与物权的性质相近的权利，故应为物权的内容。

本权是与占有相对而言的。占有事实以外的所有权、地上权、地役权、典权、抵押权、质权、留置权等，都是本权；另外，依其内容应为占有的债权，如租赁使用权、借用权，亦为本权。

二、法律上的分类

（一）所有权

这是物权体系的核心，它是一种最重要的物权形式，也是他物权的源泉。所有权是所有人在法律规定的范围内独占性地支配其所有的财产的权利。所有人可以对其财产占用、使用、收益、处分，并可排除他人对其财产违背其意志的干涉。这一部分主要解决的是财产的归属问题，当然也有财产利用的问题。我国《民法典》物权编首先规定了三种所有权，然后规定了业主的建筑物区分所有权、相邻关系和共有，最后规定了所有权取得的特别规定，如善意取得制度。

（二）用益物权

这一部分主要规定的是财产的利用问题，是合法利用他人的财产创造财富，是在他人所有的财产上，设立财产用益的权利。我国《民法典》物权编规定的用益物权包括土地承包经营权、建设用地使用权、宅基地使用权、居住权和地役权。

（三）担保物权

担保物权也是财产的利用问题，但是与用益物权相比，利用的方式不同，方法也不同，主要是利用财产对债权进行担保。这一部分规定的基本内容是抵押权、质权、留置权。

（四）占有

这应是我国物权法上的一项重要制度，它是依外观上的事实对占有予以一定保护的法律制度。

第三节 物权的效力

一、概述

对于物权的效力是什么，理论上说法不一。在我国，典型观点有以下几种。

有人认为，物权的效力即合法行为发生物权法上之效果的保障力；[1] 也有人认为，物权的效力实际是指物权所特有的功能和作用；[2] 还有人认为，物权的效力是指法律为确保物权人直接支配标的物、享受物权利益的圆满状态不受侵害而赋予物权的某些特定的保障力。

而关于权利效力的分析，存在效力层次（位阶）和角度的不同。就最基本的方面而言，物权的基本效力为其支配效力，即物权人对物的支配所获得的保障力，这是物权的功能和作用的概括体现，物权法的全部制度设计（包括物权的取得和变动、一物一权原则、物权的公示与公信原则及物权的保护方法等），莫不以物权人的支配权利为基点而展开。与此位阶相对应，债权的基本效力在其请求效力，即债权人对债务人请求为特定行为所获得的保障力。但是，出于对物权效力进行具体研究的需要，传统理论习惯上将物权的支配效力放入物权的基本特性（支配性、绝对性及排他性）中加以分析，而有关物权效力的理论，却是立足于物权的支配效力如何得以保障实现而展开，即物权效力理论所关注的，仅仅是物权人在行使其对物的支配权利时，物权的强制力是如何对物权人支配权的完满存在和正常行使提供具体的保障方式，并不一般地、整体性地研究物权的支配效力本身，以及物权在其支配效力基

---

[1] 陈华彬：《物权法原理》，国家行政学院出版社 1998 年版，第 90 页；梁慧星、陈华彬：《物权法》（第七版），法律出版社 2020 年版，第 50 页。

[2] 王利明：《物权法论》（修订二版），中国政法大学出版社 2008 年版，第 6 页。

础上所派生的全部具体效力。因此，一般认为，在既有物权效力理论的框架之内，物权的效力不是指物权的全部功能和作用的具体表现，也不是仅仅指保护物权人的支配权的完满状态不受侵害所赋予的保障力，而是指为使物权的支配效力得以完满实现而由法律所赋予的各种具体的保障力。

二、物权的排他效力

物权的排他效力是指同一标的物上不得设立两个以上所有权或两个以上不相容的物权。

物权的排他效力系由物权的支配权性质所生。物权的排他效力体现如下。

（一）所有权之间的排他效力

由于所有权是对物的全面支配权，同一标的物上，客观上不可能存在两个相同的全面支配权，故而所有权之间具有成立上的绝对排他效力，一物之上只能存在一个所有权，而不能并存数个所有权。应当指出的是，数人共同享有一物之所有权的"共有"现象，与所有权之间的排他效力并不冲突。

（二）用益物权之间的排他效力

用益物权是对他人之物为占有、使用、收益的实体支配权。而一物之上，实难同时成立两个现实占有与实体用益权，因此用益物权之间当然具有成立上的排他性。但有例外：其一，在承认典权为用益物权之一种的立法基础上，一般也允许典权人于典期内将典物转典，甚至允许再转典乃至三转典，这样同一标的物上即得存在两个以上典权。在此种情况下，由于转典系出于典权人的意志，故转典权人之典权，优先于原典权人之典权。其二，由地役权的性质、特点所决定，其与土地使用权、农地承包经营权之间可以并存不悖，而且同一供役地上也可设定两个以上非继续性的地役权。

（三）担保物权之间的排他效力

由于担保物权是以获得标的物之交换价值为目的的价值权，因此除动产质权及以权利凭证的交付为成立要件的权利质权之间具有绝对的成立上的排他效力外，其他担保物权及其相互之间，原则上无成立上的排他效力。❶ 但

---

❶ 刘保玉：《论担保物权的竞存》，载《中国法学》，1999 年第 2 期。

是，任何一种担保物权，均有实现上的排他效力，此一效力的强弱，一般依设立的时间顺序来确定，但融资性担保物权（如抵押权、质权）与费用性担保物权（如留置权）并存时，通行的规则是后者的效力优于前者。❶

（四）用益物权与担保物权之间的排他效力

由于标的物的差异，用益物权与担保物权之间的排他效力问题，主要存在于用益物权与不动产抵押权之间。此两类权利，一类为占有标的物的实体支配、用益权利，另一类为非占有标的物的价值支配、担保权利，故两者之间不发生设立上的排他效力，而仅发生行使与实现上的排他效力，其效力的强弱，原则上以设定的先后顺序而定。后设立的物权的存在，害及在先设立的物权的实现时，先设立的物权能够压制后设立的物权，后设立的物权会因先设立的物权的实现而被排斥或消灭。

（五）所有权与定限物权之间的排他效力

所有权之间，虽具有绝对的成立上的排他效力，因而所有权被视为排他效力最强的物权。但所有权与用益物权及担保物权之间，却绝对不具有成立上的排他效力。定限物权本身即是于一定范围内限制所有权之权利，而且，由于在所有物上设立他人之用益物权或担保物权，系出于所有权人的意志或基于法律的规定，因此，同一标的物上的定限物权虽恒成立于所有权之后，但其效力却当然地优先于所有权。❷ 从这个角度而言，所有权的排他效力又为最弱。

三、物权的优先效力

（一）所有权优先于债权

特定物为债权之给付标的物，该物上如又有物权存在时，无论其成立在先或在后，物权均有优先于债权的效力。例如，在"一物二卖"场合中，因交付或登记而先取得标的物所有权的人，其权利优先于未取得标的物所有权的债权人之权利；在所有权人将所有物出借、出租于他人时，如该他人陷于破产境地，所有权人的所有物不得加入借用人、承租人的破产财产范围，所

---

❶ 谢在全：《民法物权论（上册）》（修订五版），中国政法大学出版社 2011 年版，第 33 页。
❷ 梁慧星、陈华彬：《物权法》（第七版），法律出版社 2020 年版，第 60-61 页。

有权人有"取回权"。

（二）用益物权优先于债权

特定物虽为债权给付之内容，该物上如有用益物权存在，无论其成立时间之先后，用益物权均有优先于债权的效力，债权人不得对物权人请求交付或转移其物，也不得请求除去该物上之物权。反之，当债权的存在妨害物权的实现时，用益物权人得因其权利的行使而除去债权。

（三）担保物权优先于一般债权

有担保物权担保之债权，就担保物之变价得优先于一般债权人之债权而受偿；债务人破产时，对债务人之特定财产享有担保物权的人，就该项财产享有"别除权"；于标的物被征收时，担保物权人就该标的物之补偿费有较一般债权人优先受偿的权利。

四、物权的追及效力

物权的追及效力是指物权之标的物不论辗转入何人之手，所有人都可以依法向物的不法占有人索取，请求其返还原物。❶ 物权的追及效力主要表现在以下两种情况：一是当标的物由无权处分人转让给第三人时，除法律另有规定外，物权人有权向第三人请求返还原物。物权在此种情况下所具有的追及效力属于物上请求权的一种形式。二是当抵押人擅自转让抵押物给第三人时，抵押权人得追及至抵押物之所在行使抵押权。

物权的追及效力不是绝对的，而是相对的。物权法为维护交易安全，保护善意第三人的利益，对物权的追及效力设有若干限制。第一，善意第三人对标的物占有受即时取得制度和时效取得制度的保护。当善意第三人按即时取得制度或时效取得制度取得标的物所有权时，原所有人无权请求善意第三人返还原物，只能请求无权处分人赔偿损失。第二，物权未按法定方式公示者，不具有对抗善意第三人的法律效力，即对善意第三人不具有追及效力。例如，未经登记的抵押权，如抵押人将抵押物擅自转让与第三人，抵押权人不得追及至第三人行使抵押权。第三，物权登记错误时，与登记名义人进行

---

❶ 王泽鉴：《民法物权》（第二版），北京大学出版社 2010 年版，第 46 页。

交易的善意第三人受登记公信力的法律保护，真权利人对善意第三人无追索力。

第四节　物权的客体

一、物权客体的概念与特征

（一）物权客体的物

物是民法中的重要内容。所谓物，是指存在于一定空间，能为民事权利主体所支配的、独立于人身之外的有体物。法律上的物与物理学上的物不是同一概念，太阳、月亮、星星等人类不能控制的物质不认为是法律上的物。物是物权的基础，没有物，自然不会有物权。

物权法上的物，是指能够为人力所支配的有体物。法律上的物，物权理论强调此物必是能够为人力所支配的特定的有体物，非不能为人力支配的泛指之物。然而，在国家所有权中，大气层、地身都不是人们所说的能够为人力所支配的特定物，但它们也是国家所有权的客体。可见物的定义也难下。或者干脆将大气空间、地身解释为它们也是能够为人力所支配的物，物权理论在发展，要能解释现实，适应实践的需求。我国《民法典》第115条规定："物包括不动产和动产。法律规定权利作为物权客体的，依照其规定。"显然，我国物权法将物定位为有体物，财产权利只有在法律规定的情形下才可以视为物。

（二）特征

1. 存在于人的身体之外

物是民事主体所具有的民事权利义务所指向的事物，所以，主体自身不能成为物。但是，人体与人体的组成部分有所不同。在法律允许的范围之内，人的某些器官一旦脱离人体，就有可能成为权利义务的客体，如抽出的血液、剪下的头发、取出用于移植的心脏。不过，人体的器官可否成为权利义务的客体，或者在何种情况下能够成为权利义务的客体，取决于法律的规定，也取决于其行为是否违背社会道德。

2. 占有一定空间并具有一定形体

物权法上的物具有一般物的基本属性，即占有一定空间，具有固体、液体或气体形态，能够用度量衡（重量、容积、长度、面积等）使之特定化。传统民法上的物，主要就是指这种"有体物"。但在现代社会，随着科学技术的发展，许多特殊的物质资料不断出现，如对电、热、声、光等"能"的利用越来越广泛。因此，传统的"有体物"的范围被突破，在特定条件下，电、热、声、光等只要能够为人力所控制，能够成为交易的对象，在法律上就可以被视为"物"，成为民事法律关系的客体。

3. 能够为人力所实际控制

自然界的物质成千上万，但并非任何具有形体的物都可以成为民事法律关系的客体，只有能够为人力所控制的物，人们才能对之主张权利。如日月星辰，虽然于人类的存在有重大意义，但由于其不能为人力所控制，所以任何人客观上不可能对之主张所有权或者其他民事权利，也不能以之作为交易行为的对象。物权法上物的发展，是随着人类征服自然的能力的发展而不断扩大的。

4. 能够满足人们的生产或生活的某种需要

民事权利的核心是利益，包括物质利益和精神利益。而人们支配物总是为了满足某种实际需要，这种需要可以是物质的（如对房屋的使用），也可以是精神的（如保存的私人信件）。因此，作为民事法律关系客体的物，必须能够为人带来物质或精神的某种享受。对于人类毫无用处的东西，尽管其能够为人力所控制，但肯定无人对之主张权利，因而不能成为物权法上的物。

二、物权客体的分类

（一）不动产与动产

按照物能否移动位置和移动位置是否改变物的性质、形状，物权客体可分为不动产和动产。不动产在传统物权理论中是指土地及其定着物。房屋等建筑物、树木是固定、附着于土地的定着物，属于不动产。一物品固定于建筑物，成为建筑物的组成部分，该物亦属于不动产。土地及其定着物之外的高空空间和深层地身，按照传统物权理论不属于不动产范畴，随着频率、空中航线、卫星轨道、地下管道的加盟，又使不动产的范围从土地及其定着物扩展到空间和地身。不动产除含土地及其定着物外，还包括高层空间和深层地身。概括地说，土地和定着于土地的建筑物、树木等有体物，土地之外的空间、地身，以及定着于空间、地身的频道、航道、轨道、管道等是不动产。动产是不动产以外的物，如图书、船舶、航空器等，电、气、射线也是动产。

不动产的通常定义是不能移动位置或者移动位置就会改变性质、形态的物，动产的通常定义是可以移动位置且不改变性质、形状的物。

不动产、动产是物的最主要的法律划分，它对于物的公示、诉讼管辖、准据法的确定等都具有重要意义。

（二）流通物与限制流通物、禁止流通物

按照物能否作为交易的标的物，物权客体可分为流通物和限制流通物、禁止流通物。流通物又称融通物，是能够作为交易的标的物，在民事流转中允许自由流通的物。限制流通物是在限定领域内允许流通的物，超出特定范围不能作为交易的标的物，如枪支、弹药。禁止流通物不能作为交易的标的物，禁止流通，如刑法中规定的毒品、淫秽制品、某些公有物。流通物和限制流通物、禁止流通物的划分，对于物的流转、物的管理等具有重要意义。

（三）原物与孳息

按照两物在产生上的关系，物权客体可分为原物和孳息。原物指产生孳息之物。孳息是由原物产生的物，包括天然孳息和法定孳息。天然孳息是自然产生的孳息，包括植物的果实，动物的产物如鸡蛋、牛奶、驼绒、马驹、蚕沙。法定孳息是依法律关系产生的孳息，如利息、租金。法定孳息由他人使用原物而产生，自己使用原物不产生法定孳息。出售所有物获得的价金，是出卖物的对价，不是物的孳息。原物、孳息的划分，对于所有权的取得具有意义，法律在抵押权效力等处对孳息还有规定。

（四）主物与从物

按照两物之间能否独立发挥效用，物权客体可分为主物和从物。主物是能够独立发挥效用之物。主物需要从物帮助，方能更好地发挥作用。从物是从属于主物的物，即非主物的成分，常助主物发挥效用，且同属于一人的物。

例如，自行车与打气筒，自行车是主物，打气筒是从物；又如，分体空调机与空调防尘罩，分体空调机是主物，空调防尘罩是从物。现实中区分主物和从物并非易事，时有争议。正确区分主物和从物，一是莫把物的成分当成从物。例如，书桌与抽屉，抽屉是书桌的构成部分，不是从物。二是莫把两个独立之物当成主物和从物。例如，影碟机与电影《英雄》的光盘均为独立之物，电影《英雄》的光盘不是影碟机的从物。主物、从物的划分意义主要在于在交易中从物往往随主物一并转移。

（五）单一物与集合物

按照物单个或者聚合一体的形态，物权客体可分为单一物和集合物。单一物是形态上独立成一体的物，如一只猫、一袋米、一辆汽车、一套房子。集合物是数物聚合一体的物，如遗产、企业财产。单一物、集合物的划分，不仅指明单一物是物权的客体，还明示集合物也可以成为交易的对象，如企业整体拍卖、抵押。

（六）可分物与不可分物

按照物是否宜分割，物权客体可分为可分物和不可分物。可分物是因分割而不改变物的性质或减少价值的物，如金钱、柴、米、油、盐。不可分物是因分割而改变物的性质或减少价值的物，如单个机器、牲畜。可分物、不可分物的划分，对于财产分割等具有意义。可分物可以分割。不可分物不可分割，可以采取作价补偿等方式处理。

（七）特定物与种类物

按照是否注重物的个性，物权客体可分为特定物和种类物。特定物是注重物的个性的物。当事人在一类物中特别指定的物都是特定物，如选中某辆紫黑色轿车。种类物，又称不特定物，是不注重物的个性的物。当事人不作特别指定，能够以种类、品质、数量相同的物相互代替的物，如金钱，都是种类物。特定物、种类物的划分，其意义在于特定物是租赁、借用等合同的对象，种类物是借贷合同的对象，种类物在仓储合同中也有特别意义。

（八）可替代物与不可替代物

按照物能否被替代，物权客体可分为可替代物和不可替代物。能够被他物代替的物，称为可替代物。种类物都是可替代物，绝大多数特定物也是可替代物。不能被他物代替的物，称为不可替代物。唯此一件、一旦灭失则无法再现的物，是不可替代物。可替代物、不可替代物的划分，在承担民事责任中具有意义。可替代物常在代物赔偿中适用，不可替代物如果具有人格象征意义，损害后还需精神赔偿。

第三章

物权的变动

第一节　物权变动的一般原理

一、物权变动概述

何为物权的变动？物权法基本原理认为，物权的变动是指物权的产生、变更和消灭。● 物权的变动，就物权自身而言，是物权的运动状态；就物权主体而言，则为物权的得丧变更；就法律关系而言，是指人与人之间对于物之支配和归属关系的变化。我国《民法典》物权编专设一章"物权的设立、变更、转让和消灭"，其实就是对物权变动的规定。

物权的设立，也就是物权的发生，即民事主体取得了物权，一旦取得物权，那么该民事主体就进入了物权法律关系，成为物权人，其他民事主体属于义务人，因而产生了对特定物的人与人之间的支配关系。物权的发生可以分为原始取得和继受取得，原始取得是非依他人既存的权利而取得物权，如无主物之先占；继受取得是就他人的权利而取得物权，又可以分为移转取得和创设取得。

物权的变更，就是物权的主体、客体或者内容发生了变更，这是广义上的物权变更，其中主体的变更，其实就是物权的转让。我国法律规定，不动产物权的设立、变更、转让和消灭，应当依照法律规定登记。动产物权的设立和转让，应当依照法律规定交付。可见，物权的转让也是物权变更的一种

● 王泽鉴：《民法物权》（第二版），北京大学出版社 2010 年版，第 53 页。

形态。狭义上的物权变更仅仅指物权的客体或者内容发生变更，因为物权主体的变更实质上应归为物权的产生或者消灭。物权内容变更主要是诸如物权的范围、方式等物权形态之变更，如典期延长、抵押权担保债权的部分履行等。在物权变更中，物权人和义务之间对特定物的支配关系，也会发生变化。

物权的消灭，就是物权的丧失，包括相对丧失和绝对丧失两种情形。相对丧失是物权的支配关系，也就是对特定物的支配效力在民事主体之间发生的转移；绝对丧失是作为客体的特定物的灭失，因为物的灭失导致物权人丧失了支配事实，从而使物权消灭。无论是相对丧失还是绝对丧失，都会导致物权法律关系发生消灭，只是在相对丧失的情形下，特定物权法律关系发生消灭后，又会产生新的物权法律关系；而在绝对丧失的情形下，原本存在的物权法律关系发生永久性灭失。

二、基于法律行为的物权变动

（一）基于法律行为的物权变动概述

在引起物权变动的法律事实中，最重要的是法律行为，物权因何种性质的法律行为而发生变动，其要件如何，这是现代各国物权立法政策与立法技术中的重要课题。

英美法有关不动产权利变动系采用"契据交付主义"。按照美国法，不动产权利之变动除让与人和受让人缔结买卖契约外，仅须作成"契据"（Deed）而交付与受让人，即发生不动产权利变动之效力。受让人虽然可将"契据"拿去登记，但依美国大多数州法及其实践，该登记非为不动产权利变动之生效要件而仅为对抗要件，虽然具有公示机能却无公信力。依英国法，土地权利的变动须有两项要件始可发生，即"契约阶段的要件"与"严格证书"之必要性。所谓"严格证书"，与美国法所指称的"契据"有同一含义。

在大陆法系上，迄至20世纪初叶，其物权制度就物权如何发生变动业已形成"三足鼎立"之规制格局。此即以《德国民法典》为代表的物权形式主义，以法国、日本为代表的债权合意主义（意思主义），以及以奥地利、瑞士等国为代表的债权形式主义三种模式。其后的民法立法上，对于物权变动之规制未再创造新的模式。其中，债权形式主义为第二次世界大战以后各国民

事立法所广泛采用，代表着物权变动立法规制模式的基本潮流和趋向。❶

（二）物权变动的三种模式

物权变动模式，是指民事立法对基于法律行为的物权变动进行法律调控的具体方式。综观世界主要国家的民事立法，物权变动模式主要有三种，即债权意思主义模式、物权形式主义模式和债权形式主义模式。

1. 债权意思主义模式

债权意思主义的物权变动模式是指标的物的所有权自买卖契约成立时即行转移，但是动产未经交付或者不动产未经登记，不得产生对抗善意第三人的效力。目前世界上采用此种模式的国家以法国为代表。《法国民法典》规定，当事人双方就其标的物及价金达成合意时，即使标的物尚未交付，价金尚未支付，买卖即告成立，标的物的所有权即依法由出卖人转向买受人。在债权意思主义的立法模式下，发生债权的合意即为产生物权变动的合意，两者为同一的意思表示，在形式上不加以区分，物权变动仅须依当事人的合意而完成，不需履行登记或交付等法定形式，物权变动作为债权的效力而存在，不承认物权行为无因性。由于债权意思主义不承认物权变动与债权变动的法律根据的区分，因此又被称为"同一原则"立法模式。❷

19 世纪末期，日本制定民法典时借鉴了法国的做法，但它并未完全采纳。与《法国民法典》相比，《日本民法典》同样不把交付和登记作为物权变动的要件，但将动产的交付和不动产的登记作为物权变动是否能够对抗第三人的条件。《日本民法典》规定，物权的设立及转移，只因当事人的意思表示而发生效力；动产物权的让与，除非将该动产交付，不得以之对抗第三人。日本法的规定虽然创造了以交付作为对抗要件的对抗主义原则，但其实质仍然是债权意思主义。

2. 物权形式主义模式

物权形式主义源自德国民法，是指标的物所有权的转移除需要当事人之间达成买卖合意和履行登记、交付行为之外，还需要当事人就此标的物所有权的转移作出独立的意思表示，另外达成一个独立于买卖合意之外的以转让

---

❶ 梁慧星、陈华彬：《物权法》（第七版），法律出版社 2020 年版，第 82 页。
❷ 孙宪忠：《中国物权法总论》（第四版），法律出版社 2018 年版，第 167 页。

所有权为内容的物权合意。目前世界上采用此种变动模式的国家以德国为代表。《德国民法典》规定，为了让与土地所有权，为了对土地设定权利，以及为了让与此种权利或对此种权利设定其他权利，除法律另有规定以外，应有权利人和相对人对于权利变更的协议，并将权利变更登记入土地登记簿册；为让与动产所有权必须由所有人将物交付于受让人，并就所有权的转移由双方合意。可以看出，一个物权变动中包括两项契约，即债权契约与物权契约，两者严格区分。债权契约只能发生债权法上的权利义务关系，欲发生物权变动还必须借助独立于债权契约而存在的物权契约。这种立法将债权行为与物权行为进行了区分，并将具有独立性、无因性的物权行为作为物权变动的依据，而不追究其原因行为。

1900 年的《德国民法典》与《法国民法典》有着截然不同的历史背景。19 世纪后期的德国生产力已经发展到比较高的水平，工商业成为社会的主要产业，在经济上已经超过了英国、法国，仅次于美国，居世界第二位，是一个典型的工业化国家。当时在德国市场上流通的物品主要是种类物，而并非《法国民法典》所针对的特定物。信用交易的大量出现使债权与物权在成立时间和职能上发生了分离，从而出现了对形式主义的要求。

3. 债权形式主义模式

债权形式主义是一种介于债权意思主义和物权形式主义之间的物权变动模式，因而也被称为折中主义。当今世界上，采用此种物权变动模式的国家以奥地利、瑞士为代表。债权形式主义是指标的物的所有权不因当事人双方意思表示一致成立买卖契约而转移，如要转移标的物所有权，不动产必须以登记为物权变动的生效要件，动产物权的变动必须以交付为要件。此时登记和交付是物权变动的要件，即原则上尽管要求以交付或登记行为作为标的物所有权转移的表征，但并不承认内含物权合意，而认为债权合同就是所有权转移的根本原因。《奥地利民法典》规定，原则上动产仅能依实物交付而转让与他人；不动产所有权仅于取得行为登记于为此项目而设定的公共簿册中的，始生转让之效力，此项登记称为过户登记。可见，从表面上看，该变动模式与物权形式主义均为债权契约加交付或者登记。

4. 法律中的物权变动模式的选择

根据我国《民法典》第 209 条、第 210 条、第 214 条规定，我国物权变动模式原则上采用债权形式主义，例外采用意思主义。

就不动产物权变动而言，《民法典》第 209 条第 1 款规定："不动产物权的设立、变更、转让和消灭，经依法登记，发生效力；未经登记，不发生效力，但是法律另有规定的除外。"这条规定明确了不动产物权的取得要经依法登记，登记了才生效，采用登记要件主义。此外，根据《民法典》规定，债权形式主义从不动产所有权扩展到了用益物权、担保物权。例如，从《民法典》第 348 条、第 349 条和第 355 条规定可以得出，建设用地使用权的物权变动模式亦采用了债权形式主义，登记是取得建设用地使用权的生效要件。但《民法典》第 333 条第 1 款规定"土地承包经营权自土地承包经营权合同生效时设立"，由此可以看出土地承包经营权的设立采用意思主义。在土地承包经营权互换、转让的情况下，物权变动采用登记对抗主义。登记是对抗要件，而非生效要件。地役权同样采用了意思主义，《民法典》第 373 条第 1 款规定："设立地役权，当事人应当采用书面形式订立地役权合同。"第 374 条规定："地役权自地役权合同生效时设立。当事人要求登记的，可以向登记机构申请地役权登记；未经登记，不得对抗善意第三人。"

就一般动产物权变动而言，《民法典》第 224 条规定："动产物权的设立和转让，自交付时发生效力，但是法律另有规定的除外。"对于一些特殊动产，如船舶、航空器和机动车等同样采用交付作为动产物权变动的依据。《民法典》第 225 条规定："船舶、航空器和机动车等的物权的设立、变更、转让和消灭，未经登记，不得对抗善意第三人。"

综上所述，由于立法背景和立法目的不同，三种物权变动立法模式各有利弊。我国原则上采取债权形式主义、兼采用债权意思主义的物权变动立法模式，是在借鉴世界各国物权立法经验的基础上，从我国的实际出发确立的，既符合我国的国情和司法实际，又符合世界立法潮流。

三、非基于法律行为的物权变动

（一）非基于法律行为的物权变动的主要情形

一般说来，非因法律行为而发生的物权变动，不经登记即可直接生效，故此类物权变动又称为不必公示的物权变动。依我国《民法典》第 229 条、第 230 条、第 231 条的规定，物权非基于法律行为而发生变动的情形和时间如下。

1. 人民法院作出的法律文书

人民法院的生效法律文书可以不经登记或交付直接引起物权变动，物权变动生效的时间以人民法院作出的法律文书生效的日期为准。人民法院作出的法律文书包括判决、裁定、决定、调解书以及各种命令、通知等，其中判决又可以分为给付判决、确认判决和形成判决。

因不同判决生效的时间不同，其所引起的物权变动的具体时间也存在差异。依照民事诉讼法的规定，地方各级人民法院作出的、法律允许上诉的一审判决，当事人未在上诉期内提起上诉的，上诉期限届满，判决即发生法律效力。因此，因该类判决引起的物权变动生效的时间应为上诉期限届满之日。最高人民法院作出的一审判决、中级以上人民法院作出的二审判决和地方各级人民法院作出的不准上诉的一审判决，一经送达立即生效。因此，因该类判决引起的物权变动生效的时间应为判决送达之日。

2. 仲裁机构作出的法律文书

仲裁机构作出的法律文书可以不经登记或交付直接引起物权变动，物权变动生效的时间以法律文书生效的日期为准。仲裁机构作出的法律文书主要是仲裁裁决书和仲裁调解书。依照《仲裁法》第57条的规定，裁决书自作出之日起发生法律效力。因此，因仲裁裁决书引起的物权变动，物权变动生效的时间应为该仲裁裁决书作出之日。

3. 人民政府的征收决定

人民政府的征收决定也可以不经登记或交付直接引起物权变动，物权变动生效的时间以征收决定生效的日期为准。征收是指政府以行政命令的方式强制取得单位和个人财产所有权或使用权的行为。征收是一种行使公权力的行为，具有强制性，被征收人必须服从。我国法律对征收规定了严格的程序和条件。人民政府在进行征收时，应作出征收决定，征收决定送达被征收人时即发生法律效力，被征收的集体土地或者单位、个人的房屋和其他不动产的所有权自征收决定送达时发生转移。

4. 继承

根据我国《民法典》继承编第1121条的规定，继承从被继承人死亡时开始。被继承人死亡后，权利主体即归于消灭。因此，在因继承取得物权的情况下，如果仍然适用物权变动的一般原则，要求物权的取得自登记或交付时生效，因登记或交付往往需要一定时间，势必导致在被执行人死亡后不动产登记或者动产交付前，遗产处于无主状态，加之因继承引起物权变动的情形，物权变动的状态已比较明确。因此，不必再以登记或者交付为生效要件，继承开始时，继承人可以当然地、直接地取得物权。继承人为一人的，由该继承人取得遗产的单独所有权；继承人为多人的，在遗产分割前，遗产归各继承人共有。

5. 合法建造、拆除房屋等事实行为

《民法典》第 231 条规定："因合法建造、拆除房屋等事实行为设立或者消灭物权的，自事实行为成就时发生效力。"所谓事实行为，是指行为人主观上不一定具有发生、变更或消灭正常民事法律关系的意思，但客观上能够引起这种后果的行为，如建造房屋、拆除房屋、制作家具、缝制衣服等。与法律行为必须有意思表示不同，事实行为的行为人虽然也有内心意思，但行为人只要事实上实施了一定行为，无须将内心意思表示出来，即可发生一定的法律效果，建造房屋属于取得权利的事实行为，房屋建成之时就是事实行为成就之时，房屋建好后即在事实上产生了房屋的所有权，建造人亦因此取得了该房屋的所有权。这种所有权属于事实上的所有权，所以不以登记和交付作为权利取得的要件。

（二）物权取得人的处分权的限制

非基于法律行为发生的物权变动无须进行登记或交付即可发生物权变动的效力，但该种情形毕竟是物权公示原则的例外，这种例外会导致实际权利状态与登记或占有所体现的权利状态不一致，造成所谓的事实物权与法律物权的分离。在这种情形下，因为物权变动没有可以从外部认知的表征，社会公众无从知晓权利人享有的物权，加之物权的实际状态与登记或占有所体现的权利状态不一致，物权取得人对取得的物权作进一步处分时，容易妨害交易第三人的利益，对交易秩序和交易安全带来隐患。为避免上述问题，法律应该考虑采取适当的方法，促使物权公示原则在该种物权变动中及时回归，即要求不动产物权取得人在进一步处分物权前，要先进行登记，以充分贯彻不动产物权变动以登记为公示方法的原则，维护第三人的利益和交易安全。

鉴于此,《民法典》第 232 条规定:"处分依照本节规定享有的不动产物权,依照法律规定需要办理登记的,未经登记,不发生物权效力。"

第二节　不动产登记

一、不动产登记的概念与特征

不动产登记是一种事实或行为,是国家专门机关经权利人申请,将有关申请人所拥有的不动产物权及相关权利事项真实地记载于不动产登记簿之上的事实或行为。由于不动产登记的内容主要是关于不动产的种种物权变动的登记,所以许多学者又将不动产登记称为不动产物权登记。

不动产登记具有以下几个特征。

一是登记是依当事人申请的行为。当事人提出登记申请,是不动产登记的起始环节和必经步骤,是启动不动产登记程序的重要法律事实。而且只有与待登记的不动产权利具有直接利害关系的人,如权利人和利害关系人,才能依法定程序向不动产登记机构提出登记申请(除嘱托登记中的有权机关和径为登记中的登记机构外)。没有当事人的申请,就不会产生登记法律关系。

二是登记的实质在于登记机构将有关不动产物权设立、变更、转让等情况登录、记载于登记簿上,以备人们查阅。即使登记的申请已经获得有关登记部门的同意但没有完成登录、记载的手续,仍然不构成登记。

三是登记的内容应能够为人们所查阅。登记的内容都是公开信息,而登记完成以后也意味着将登记的事实向社会公开。如果登记的事实属于不宜向社会公开的,也不构成登记。

四是登记的范围主要是不动产、不动产之上所承载的权利或与不动产相关的行为、法律文书。不动产主要指土地和房屋。

二、登记的效力

(一)不动产登记效力的确定

1. 权利登记模式为原则

从法律关于不动产登记制度的规定来看,很显然采用了权利登记模式,即登记生效主义。《民法典》第 209 条规定："不动产物权的设立、变更、转让和消灭，经依法登记，发生效力；未经登记，不发生效力，但是法律另有规定的除外。依法属于国家所有的自然资源，所有权可以不登记。"

2. 契约登记模式为补充

我国法律以不动产登记生效为原则，但是并非对所有的不动产物权的设立、变更、终止均采取登记生效主义，在以下两种情况，则不需要登记：

一是一些不动产物权不需要登记。《民法典》第 209 条第 2 款规定："依法属于国家所有的自然资源，所有权可以不登记。"依法属于国家所有的自然资源包括矿藏、水资源、海域，城市中的土地，依据法律规定属于国家所有的农村和城市郊区的土地，森林、草原、荒地、滩涂等。这主要是基于对国家所有权的特殊保护。

二是一些不动产的变动不以登记为生效要件。包括：无须登记即能发生不动产变动效力的情形，如人民法院的生效法律文书（包括判决书、裁定书和调解书）和仲裁委员会的生效法律文书（包括仲裁裁决书和调解书）。人民法院、仲裁委员会生效的法律文书和人民政府的征收决定都是具有法律效力的文书，已经起到物权的公示效力，所以自该法律文书生效之日起，不动产物权的设立、变更、转让或者消灭即发生法律效力；因继承取得物权的，自继承开始时发生效力；因合法建造、拆除房屋等事实行为设立或者消灭物权的，自事实行为成就时发生效力。

（二）不动产登记效力的体现

1. 决定因法律行为发生的不动产物权变动能否生效的效力

不动产物权因法律行为发生变动，包括设立、变更、转让和消灭，只能在登记时发生物权变动的后果，不经登记，法律不认可发生了物权变动。

2. 权利正确性推定的效力

即以登记的物权为正确的不动产物权并依法予以保护的效力。从不动产物权交易的安全性和客观公正性的原则来看，法律对此建立的规则只能是：首先，以不动产登记簿记载的权利为正确的权利，并对其提供法律保护；对事实上的权利，应该认定其存在，但是在其不违背不动产登记的前提下对其提供保护；对明知不动产登记簿记载的权利有瑕疵而恶意取得该项权利者，法律不予保护。其次，法律应该许可物权人尤其是事实上的物权人进行异议抗辩的登记，即发生不动产登记有瑕疵而提出异议抗辩，并将这一抗辩纳入不动产登记簿，以防止损害自己利益的结果发生。这种登记即"异议抗辩登记"。

3. 善意保护的效力

即对信任不动产登记簿记载的权利为正确权利而取得该权利的第三人，法律认可其权利取得有效而予以保护，禁止原权利人予以追夺的效力。这就是说，即使不动产登记簿关于物权变动的记载有错误，如果善意第三人信任登记簿记载的权利正确并取得该项权利，不能因登记簿的记载错误而追夺该善意第三人已经取得的不动产物权。这也是不动产交易的客观公正原则的要求。

4. 风险警示的效力

即对各种物权变动均应纳入登记，将各种物权的排他效力通过不动产登记簿的记载予以明确宣示，以达到告诫物权相对人存在不动产交易风险的效力。告诫的目的并不是禁止不动产物权的继续交易，而只是给相对人提供一个公正、公开的法律条件，使其真正能够按照意思自治的原则进行交易。

如上四项效力，是法律对不动产物权变动保护的重要理论基础，依据这些理论基础建立起来的不动产登记制度，是不动产物权法贯彻物权公示原则的具体表现，是不动产交易安全的法律保障。

三、不动产登记的范围

不动产的登记范围是关涉不动产登记将什么作为登记对象，即不动产登记究竟要登记什么的问题。此问题的解决对物权变动模式的选择、权利人的权利救济、善意第三人的保护、登记机构的审查义务和赔偿责任等具有重要影响。综观物权法理论和实践，不动产的登记范围主要体现在以下几个方面。

（一）不动产的自然状态

不动产的自然状态指用文字、图标等方式描述不动产的位置、面积等物理状态。根据域外通行的做法，此部分登记内容主要有三个部分：一是不动产所在地（坐落位置）；二是土地的顺序标号，摘自地籍册的关于土地边界的说明，地籍块号码，记载地籍块的图片、地目、等级、面积及用途等；三是房屋的坐落、号数、建筑物种类、面积、用途及房屋状况等。

（二）不动产的权利状况

不动产的权利状况记载主要包括不动产的所有权、他项权以及其他权利的归属状况，具体如下。

一是不动产所有权。不动产所有权主要包括土地所有权、建筑物所有权和建筑物区分所有权，其登记内容主要有：所有权人（姓名或名称、管理者、住所、身份证号）、义务人（姓名或名称、权利剩余额）、权利种类、权利范围、权利来源、登记的原因发生日期、权利证书号等。❶

二是他项权。他项权主要为土地承包经营权、建设用地使用权、宅基地使用权、地役权、海域使用权、探矿权、采矿权、取水权等。其登记内容主要有：权利人（姓名或名称、管理者、住所、身份证号）、义务人、权利剩余额、权利种类、权利范围、权利价值、存续期限、清偿日期、利息或地租、迟延利息、违约金、债务人、登记的原因发生日期等。

（三）不动产的限制

为保全将来可能实现的不动产权利，法律有必要在一定范围内限制登记名义人任意处分其不动产权利，即限制登记。广义上的限制登记包括查封登记、预告登记、异议登记、扣押登记、破产登记等。也有学者将不动产之租赁、建筑物区分所有权人的管理规约、限制不动产财产权的行政决定、限制登记名义人处分权的约定、相邻关系的约定等作为不动产物权限制登记的内容。❷ 狭义的限制登记仅指查封登记、扣押登记、破产登记。

四、不动产登记的类型

（一）学理上的分类

1. 实体权利登记与程序权利登记

按照登记的权利不同，不动产登记可分为实体权利登记和程序权利登记。

---

❶ 常昱、常宪亚：《不动产登记与物权法：以登记为中心》，中国社会科学出版社 2009 年版，第 173-174 页。

❷ 于海涌：《论不动产登记》，法律出版社 2007 年版，第 175-178 页。

所谓实体权利登记，就是指对于当事人所享有的实体权利的登记。依据物权法定主义原则，对于应当纳入登记的物权，法律需要作出明确的规定。所谓程序权利登记，在不动产法上就是指顺位登记。一切不动产客体上均可承担性质各不相同的多个不动产物权。这些权利的权利人能否全部实现其权利，完全取决于他们的权利所处的登记顺位。

2. 权利登记与表彰登记

按照登记的内容，不动产登记可分为权利登记和表彰登记。所谓权利登记，是指就所有权及其他物权的发生、转移、消灭、保存、处分限制等所进行的登记。这种登记公示着不动产物权的现状及其变动，也是物权变动的形成条件或对抗要件，具有形成力或对抗力。

表彰登记是指对土地、建筑物及其他地上附着物的物理现状进行公示的制度。它将诸如土地的面积、用途或者建筑物的种类、用途、构造、面积等记载于登记簿中。表彰登记与权利登记不可分割，权利登记建立在表彰登记的基础上。

3. 设权登记与宣示登记

形式主义的物权变动模式之下，不动产登记有设权登记与宣示登记之分。所谓设权登记，是指创设物权效力的登记。形式主义的物权变动模式之下，登记具有形成效力。宣示登记，并无创设物权的效力，因为在登记以前物权变动的效力已经发生。不过非经宣示登记，当事人不得处分其物权。可见，这种登记的效力是相对的，而非绝对的，所以又称为相对的登记。宣示登记的目的在于贯彻不动产物权变动的公示原则，以维护交易安全。

4. 本登记与预备登记

按照登记的效力，不动产登记可分为本登记和预备登记。

（1）本登记

本登记又称终局登记，是与预备登记相对应的一种登记，这种登记将不动产物权的转移、设定、分割、合并、增减及消灭记入登记簿之中，有确定的、终局的效力，故又名终局登记。本登记主要包括如下几种类型：

一是总登记。它是指登记机构为确立不动产管理秩序，在对不动产物权进行清理的基础上进行的一种全面登记。这种登记表示的是某一不动产及整体不动产权利关系的总体面貌，以便对不动产物权获得一个概括的认识，从而实现一个和谐的不动产权利秩序。

二是变动登记。变动登记又称为变更登记或动态登记，是指登记机构就不动产物权变动所进行的记载。当总登记做成后，某一不动产物权因买卖、赠与、权利设定等发生变动时，不动产上的权利就与既存登记的一部分或全部发生不一致。此种不一致从不动产物权交易来看，必然增加了交易第三人认识某一不动产权利状态的困难，以致有害于交易的迅捷和安全。所以，当不动产物权因一定原因发生变动后，最终如实地反映不动产权利的真实状态。

三是更正登记。它是指由于当初登记手续的错误或遗漏，致使登记与实体权利关系原始的不一致，为消除这种不一致状态，对既存登记内容之一部分进行订正补充而发生的登记。所以更正登记是以订正、补充为目的的一种登记。更正登记以登记手续的错误或遗漏为修正对象。

四是回复登记。它是指当与实体权利关系一致的登记，因不当原因而从登记簿上消灭，对消灭的登记予以回复，以保持原有登记的效力的登记。回复登记以恢复原有登记效力为目的，依原有登记消灭的原因，其分为灭失回复登记和涂销回复登记两种情形。

灭失回复登记，是指在登记簿的全部或一部分因水灾、地震等而发生物理上的灭失时，予以回复的一种登记。涂销回复登记，是指在登记的全部或一部分不适法地被涂销时，为使登记回复到涂销前的状态而为的一种记载。涂销登记的回复，可因当事人的申请而进行，也可因登记机构的觉察而依职权作出矫正。纵使原来正确的登记被错误地涂销，使登记丧失了如实反映不动产物权实际状况的能力，但在公示公信原则下，于回复之前，人们仍可就该不动产自由地交易，受让人享受公信力的保护。

五是涂销登记。它是指在既存的登记中，基于原始的或后发的理由而致登记事项全部地不适法，从而消灭此一登记的记载行为。涂销登记是以消灭原有的登记事项为目的的一种登记。涂销登记以登记事项全部不适法为必要，如果仅仅是部分不适法，进行更正登记或变动登记即可，无须涂销登记。

（2）预备登记

预备登记是与本登记相对应的一项登记制度，是为了保障登记请求权而为的一种登记。它包括预告登记和异议登记。

预告登记是指在当事人所期待的不动产物权变动所需要的条件欠缺或者

尚未成就的情况下，权利取得人仅仅对将来的物权的取得享有请求权时，法律为保护这一请求权而根据权利人的申请所进行的登记。预告登记的本质是使得被登记的请求权具有物权的效力，纳入预告登记的请求权，对后来发生的与该项请求权的内容相同的不动产物权的处分行为具有排他的效力，以至于将来只能发生请求权所期待的法律结果。在经济生活中，撕毁不动产物权变动合同的常常是经济上的强者，相对一方多是弱者，预告登记制度是行政职权对私法关系的一种规制，符合法律关于保护弱者的价值取向。

异议登记也称为异议抗辩，是指事实上的权利人和利害关系人对现时登记的权利内容提出异议抗辩，限制登记的"正确性推定"效力，以保护特定人利益而进行的登记。

（二）立法上的分类

不动产登记立法上的分类，又称为实践的分类。主要有《不动产登记暂行条例》和《不动产登记暂行条例实施细则》等行政法规。目前我国的不动产登记类型主要有以下几种：首次登记、变更登记、转移、注销登记、预告登记、更正登记、异议登记、查封登记等。

五、登记程序

（一）启动程序

登记启动程序可分为两个阶段：申请和受理。申请是受理的前提，但登记程序启动的标志则是登记机构的受理。

1. 申请

登记程序的启动以当事人的申请为原则，除了申请登记这种最为重要的启动方式，还有嘱托登记和径为登记。

（1）登记申请

1）登记申请的原则。不动产登记申请的原则主要包括：当事人申请原则和共同申请原则。前者是指只要法律没有另行规定，没有当事人的申请，登记机构不能擅自开始登记程序。这意味着虽然登记与否对不动产物权的效力深有影响，但登记与否仍由当事人自己决定，国家登记机构不得凭借公权力越俎代庖，直接强制办理登记。后者是指以当事人双方共同到场申请为原则，以单方申请为例外。尽管不动产登记申请以共同申请为原则，但也不排除单方申请。

2）登记申请的生效要件。登记申请只有满足以下要件方能生效：一是适格的主体。根据物权法原理，由于申请是当事人享有的请求登记机构为或不为一定行为的权利，一旦完成登记，一方当事人就有可能直接获得利益或免除负担，另一方则会失去利益后获得负担。因此，登记申请人不仅须为完全行为能力人，且必须是有处分权之人或其代理人。二是形式的法定要件。考虑到不动产登记关涉当事人的实质利益，为促使当事人谨慎从事，也为了防止登记机构滥用职权私自改变民事主体的权利状态，故要求当事人登记申请应采用书面形式以印证登记结果。三是内容的法定要件。由于申请的运行是当事人通过意思表示请求登记机构为或者不为登记行为的动态表现，因此当事人申请的意思表示必须清晰、完整，即当事人所提出的申请应向登记机构明确表明不动产物权变动的内容（包括变动方式和物权的类型）。

3）申请文件。当事人一般应当提交如下文件：一是登记申请书。登记申请书中应标明申请人身份、登记类型、登记原因、标的等。二是相关证明文书。主要包括：申请人身份证明、物权变动的书面声明、登记原因的证明文件、不动产的所有权证书或他项权利证书等。

（2）嘱托登记

嘱托登记是指国家有权机关在履行其职能过程中需要对不动产物权采取强制措施，根据法律规定要求登记机构予以协助办理的登记。办理嘱托登记的主要情形有：一是人民法院依法作出已经生效的没收不动产、查封不动产、撤销核准登记、破产登记或以其他形式限制不动产权利的判决、裁定；二是公安、检察机关依法对已立案的案件，根据案情需要查封不动产或以其他形式限制不动产权利而作出决定；三是行政机关依法作出没收、收回、征收、征用土地或以其他形式限制不动产权利的决定。❶尽管嘱托登记是国家公权力的行使，无须当事人之同意，但登记所针对的毕竟是当事人的不动产，为了保护当事人的权利，嘱托登记受到法律的严格限制。

---

❶ 于海涌：《论不动产登记》，法律出版社 2007 年版，第 205 页。

（3）径为登记

径为登记是指登记机构依据法定职权，对法律法规有明确规定的情形主动进行的登记，这种登记亦称为"依职权登记"。这实际上是不动产登记的主动机制，即这种登记机制无须当事人主动提出申请，不动产登记机构基于职权直接办理登记即可。在下列情形中可以不经当事人申请而依职权直接进行登记：登记机构依法作出撤销或更正核准登记决定的；依法由人民法院裁定为无主不动产的；抵押期限届满，当事人不按期注销登记的；土地使用年期届满，当事人未按规定注销登记的；无人继承的不动产归国家所有的登记等。

2. 受理

（1）受理的含义

受理申请是不动产登记机构对申请人的申请予以接受的行为。登记机构在收到申请文件时应当按照接受申请的时间先后编排顺序，并给当事人出具收据。登记机构一旦受理申请，就必须严格按照法定的程序、手续、时间和方式开展工作。

（2）受理的一般程序

一是受理前审查。不动产登记机构对于申请登记文件齐全的应当办理收件，出具回执，并当场作出受理的决定。登记机构在受理申请时，应当在收件簿和受理决定书中注明编号，并注明收件日期。

二是收件。登记机构对于符合受理条件的，应点收申请文件，并向申请人开具收据。

三是计收税费。登记机构受理申请后，应当按照法律、法规规定的标准和程序，收取有关的登记费用和税费。收取税费后应当开具正式的收据或发票。

（3）受理后的法律效果

不动产登记机构受理登记申请，标志着不动产登记程序的启动。登记程序一旦启动，对登记机构及利益相关者均产生一定法律效果。具体而言，其法律效果如下。

一是形式效力。受理的形式效力又称为程序效力。此种效力主要体现在决定登记程序中登记行为运作规律和决定登记机构的登记活动范围。

二是实体效力。受理的实体效力主要体现在确定权利顺位关系、对处分行为人（原权利人）处分的限制和影响不动产物权的善意取得。

（二）审查程序

在不动产登记程序中，登记审查是不动产登记制度中的核心环节。

1. 登记审查的方式

我国《民法典》第212条规定了不动产登记机构的审查事项。在登记过程中，登记人员主要在窗口审查申请人是否依法律规定提交各项必要的文件、材料和证件，文件材料是否规范，所载事项是否齐全。只要符合上述程序要件，即予以登记，登记机构对登记内容的真实性、合法性不负责任。如若登记机构于登记审查的过程中，或登记完成后，发现登记的相关事项或材料内容与法律规定的实体要件不相符合，可拒绝登记或撤销已生效之登记。同时，对于恶意造成虚假登记的当事人，或以行政手段（如罚款），或以民事手段（如损害赔偿）对其加大惩罚力度。

2. 登记审查的步骤

对申请进行依法审查，是登记机构的最主要职责。在德国，土地登记事务由法律工作者承担，若遇到难题或产业主对登记事宜不服上诉，则需要仲裁官来裁决。在日本，各登记所的土地登记业务根据不动产登记法的规定由登记官负责办理，而登记官是由法务局局长或法务局局长授权的地方法务局局长在该登记所工作的法务事务官中指定。由此可见，这些国家的不动产登记官员在登记审查时原则上可独立作业。

3. 公告

所谓公告，是指登记机构通过一定媒介或其他方式，依法将登记申请和审查结果向社会公众公布的行为。但公告并非适用于各种登记类型的一个必经步骤。公告期满后，登记机构应予以核准登记，并向申请人颁发房地产权利证书。

（三）决定程序

登记审查之后，能否产生当事人预期的法律后果，要取决于当事人的申请是否符合法律规定的条件，据此，大致会产生以下三种不同的结果，即登记机构办理登记、暂缓登记和拒绝登记，也相应地引发三种程序。

1. 办理登记

办理登记是登记机构对登记申请事项正当性的认可，登记由此产生各种实体性法律效果。但登记机构办理登记的前提是申请符合法定条件，登记机构在此基础上作出办理登记的决定。办理登记应当遵循以下程序机制：其一，登记机构将登记申请内容记录于登记簿中，并予以签署，这标志着登记的完成。登记记载的内容包括登记权利主体、权利类型和内容、登记原因、登记日期等，该记载要清晰、准确、确定。其二，归档。在登记的管理过程中，登记机构对登记过程中的文件、单据和有关资料，进行收集、整理、鉴定，如实记录登记事项变动轨迹，以供查实印证。其三，登记完成后，登记机构应当给权利人发放新的权利证书，收缴原权利证书或者在原权利证书中加注权利变动状况。登记簿记载的权利事项和权利证书的事项应当保持一致，否则，要以登记簿的记载为准。其四，对于依嘱托或者依职权作出的登记，登记机构在完成登记后，应将登记的结果采用书面形式通知嘱托机构或者相关利害关系人。

2. 暂缓登记

如果登记申请不符合法律规定的形式要件，如申请人的资格或者其代理人的代理权存在欠缺、登记申请不符合法律规定的形式、登记申请中记载的事项与证明文件不符等，登记机构可以要求当事人补正这些缺陷。在补正完成之前，登记机构可以暂停登记，此即为暂缓登记。暂缓登记具有保全申请的法律效力，登记申请不因存在这些瑕疵而丧失法律效力，这有利于保护当事人的利益。但暂缓登记的作出须符合以下条件：一是登记机构必须以书面形式将暂缓登记的决定通知当事人，其中写明理由及法律根据，并指出补正的措施。二是当事人必须在法律规定的期限内补正登记申请的瑕疵，超越此期限而不能补正的，登记机构驳回登记申请，暂缓登记不再具有保全登记申请的效力。

3. 拒绝登记

当申请存在根本性缺陷而不能予以补救时，如申请人没有申请权、登记机构没有管辖权、申请的事项没有登记能力、在法定期限内登记申请的瑕疵没有得到补正等，登记机构可以通过驳回登记申请来拒绝登记。

拒绝登记使得当事人的目的不能实现，严重影响着当事人的利益，为了保证驳回申请决定的严肃性和维护当事人的合法权益，法律必须得为当事人提供法律救济。一般而言，对登记申请驳回救济的方式有两种：其一，向登记机构申请复议或者向人民法院提起诉讼。其二，对于由于补正未完全而遭驳回者，可以再行补正。

六、登记责任

《民法典》第222条规定："当事人提供虚假材料申请登记，造成他人损害的，应当承担赔偿责任。因登记错误，造成他人损害的，登记机构应当承担赔偿责任。登记机构赔偿后，可以向造成登记错误的人追偿。"由此条可以看出，在不动产登记中有两种登记责任。

（一）当事人因虚假申请登记所应承担的责任

登记内容的正确与否不仅影响到交易当事人的利益，而且影响到交易的安全和秩序。如果当事人提供虚假申请材料致使登记发生错误，不但会给真正的权利人造成损失，也会给交易当事人造成损失。如某人因故意或过失将他人的财产登记在自己名下，就会使真正的权利人蒙受损失。因此，行为人如果向登记机构提供虚假申请材料从而给他人造成损害的，应当承担损害赔偿责任，具体责任见我国有关侵权责任的相关规定。

（二）登记机构因错误登记所应承担的责任

如果登记机构的故意或重大过失造成登记错误，给他人造成损失的，登记机构应当承担赔偿责任。因为，一方面，登记机构不能仅仅只享有收费的权利，而不对错误登记的后果负任何责任，必须使登记部门在享受一定利益的同时承担一定的责任。另一方面，登记机构对登记内容不承担任何责任，不利于强化登记机构的职责，促使其认真审查登记的内容，以使登记的内容真实可靠，尤其是如果实行登记的实质审查制度，必须使登记机构承担一定的义务和责任。否则，负责登记的机构很难有压力和动力来履行实质审查的义务。还要看到，因为登记机构工作人员的严重过错甚至与他人相互勾结、恶意串通，造成交易当事人损害的，如果登记机构和有关工作人员不承担任何责任，对受害人是极不公平的。

第一，如果登记错误的原因可完全归责于登记机构之行为，如登记机构工作人员错误注销甲房屋上为乙设定的抵押权，后甲死亡，其继承人丙不知该房屋负载抵押权的事实，将该房屋出卖给丁，由于丙和丁对乙不能实现抵押权利益的损失均无可归责的事由，登记机构就要负担全部责任。当然，登记机构在承担责任后，可以向有关工作人员追偿，自无疑问。

第二，如果登记错误的原因源于登记机构和申请人的故意，如登记机构工作人员和申请人恶意串通，故意造成登记错误来侵害他人权利，就构成主观上有意思联络的共同侵权行为，要由登记机构和申请人承担连带赔偿责任。

第三，如果登记错误的原因不仅在于登记机构的过失，还在于申请人的故意或过失，我国司法实务通常采用先由申请人承担赔偿责任，在不能赔偿的范围内，由登记机构承担责任，即登记机构承担的是补充责任。

第三节　动产交付

一、交付概述

物权法上所说的交付，指的是物的直接占有的转移，或者更准确地说，指的是一方民事权利主体按照法律行为要求，将物的直接占有转移给另一方的事实。在大陆法系民法中，交付是表示债的买卖关系中物的所有权转移的一切法律事实，它分为现实交付和拟制交付。现实交付，即物的实际控制的转移，为表示动产所有权转移的方式；拟制交付，即以登记的方式表示交付，为表示不动产所有权的转移方式。在法国民法中，按照意思主义的原则，交付仅仅是履行合同义务的行为，与物上权利的转移无关。

二、现实交付

除法律另有规定或当事人另有约定外，依法律行为取得动产物权，自动产交付时生效。动产物权变动的一般规则中所讲的交付，指的是现实交付，又称直接交付，即一方将物的直接占有转移给另一方的行为。此种交付，一般自动产转移给受让人占有时完成。至于需要附随交付必要单证（如发票、产品合格证、质量保证书、保险单等）的，在单证交付前标的物的所有权是否转移、质权能否成立的问题，我们认为除法律另有规定或合同另有约定外，不影响物权变动的生效。现实交付，可以是受让人自提标的物，也可以是让与人送交标的物。交付的具体时间认定及标的物意外灭失的风险负担等问题，在合同法上有明确规定。

现实交付还有委托交付与拟制交付两种形式。委托交付是指让与人根据约定将动产交付给第一承运人（包括受让人指定的中间人）或邮局的交付方式。此种交付方式中，办理完毕托运、交邮等手续，即为交付。拟制交付，是指让与人将代表标的物权利的有效凭证（如仓单、提单、存款单、票据等）交付给受让人，交付即告完成的交付方式。

三、观念交付

现实生活中，为了交易的便利，在现实交付之外，还存在着一些变通的交付方式，这些方式通常被称为观念交付。所谓观念交付，是指在特殊情况下，法律允许当事人通过特别的约定，不现实交付动产而采用变通的或观念上的方法转移标的物权利的交付方式。观念交付主要包括下列三种形式：

其一，简易交付。又称在手交付，是指动产物权的受让人已因其他关系先行占有了标的物，而后双方又达成了物权变动的合意，因而不必再行交付，物权变动自合同生效时发生的情形。如受让人先因借用、租赁等关系占有了出让人的动产，之后双方又订立买卖合同或质押合同，在此种情况下，物权变动应自买卖合同、质押合同生效时直接发生。简易交付并非标的物没有实际交付，而是在物权变动的合意形成前即已先行交付，因此其实际效果与现实交付无异。在这个意义上，也有人将简易交付视为现实交付的一种情况；而前述的拟制交付，也有人将其归为观念交付的情形之一。《民法典》第 226 条规定："动产物权设立和转让前，权利人已经占有该动产的，物权自民事法律行为生效时发生效力。"

其二，指示交付。又称长手交付或返还请求权的让与，是指当标的物由第三人占有时，让与人将对该第三人的返还请求权让与给受让人并通知占有人，以代物的实际交付。当所有人将其存放于某仓库保管的动产出卖给他人时，可以只将其对于保管人的返还请求权转让给买受人，并将买卖之情势通知保管人即可。《民法典》第 227 条规定："动产物权设立和转让前，第三人占有该动产的，负有交付义务的人可以通过转让请求第三人返还原物的权利代替交付。"

其三，占有改定。是指出让动产时，出让人仍有必要继续占有该项动产的，可以与受让人另行约定由其实际占有该动产而使受让人取得间接占有，以代替实际交付的情形。例如，出卖人将其电脑转让给买受人，并即时转移所有权，但出卖人有必要继续保留电脑两日以便清理个人文档，即可采用这种方式。在出卖标的物的合同中同时约定出卖人回借、回租该标的物的，也通常采用占有改定的方式。占有改定实际上是标的物的所有权转移，但现实占有不转移，只是占有人的占有名义发生了变更（原来是所有权人的占有，现在是以借用人、承租人、保管人的名义占有）。我国《民法典》第228条规定："动产物权转让时，当事人又约定由出让人继续占有该动产的，物权自该约定生效时发生效力。"

显而易见，观念交付在现实生活中具有重要的适用价值，简化了交易的程序，颇为便捷和经济，有利于减少往返交付所造成的无端损耗。但观念交付中的占有改定与指示交付，毕竟未伴随有标的物占有的转移，因此，不具备完整的公示作用，也不具有公信力。为维护交易的安全，法律上通常有必要对其适用及引起物权变动的效力予以适当的限制。

第二编

所 有 权

第四章

所有权的一般原理

第一节　所有权的含义

一、所有权的概念

所有权是一个具有多重含义的概念，可以从不同的角度来理解：一是作为法律制度的所有权，即调整财产所有关系的法律规范的总和，这些规范构成所有权制度；二是作为民事法律关系的所有权，即所有权人因享有所有权而与其他人所发生的权利义务关系，这种关系称为所有权关系；三是指作为民事权利的所有权，各国民法都是从这个意义上规定所有权的，学理上通常也是从民事权利的角度来论述所有权的。

所有权是最为典型的物权，是物权的原型和产生其他物权的基础。但何为所有权？学者们的意见与各国立法上的规定并不完全一致。从立法例上来看，对所有权的定义方式主要有两种：具体列举式和抽象概括式。我国《民法典》第240条规定："所有权人对自己的不动产或者动产，依法享有占有、使用、收益和处分的权利。"

二、所有权的特征

在近现代民法中，所有权除具有物权的客体的特定性、内容的支配性、效力的绝对性与排他性等一般特征外，还具有以下显著特征。

（一）自权性

所有权的自权性，是指所有权系所有人对自己的物所享有的物权。因此，所有权为自物权。所有人在行使对标的物的权利时，无须其他权利的中介，即可以凭自己的意志直接、无条件地行使占有、使用、收益、处分等权利内容。这是所有权与他物权的根本区别。❶

（二）全面性

所有权的全面性又称为完全性，是指所有权是最完全的物权，是一个人对于其物所能享有的最完整、最全面的权利。所以，在法律规定的范围内，所有人对于所有物的为占有、使用、收益及处分等全面的概括的支配，其所能支配的物之价值，既包括使用价值，也包括交换价值。与所有权不同，限制物权则仅限于对标的物的使用价值或交换价值的支配，而不能为全面的支配。其中支配使用价值的，为用益物权；支配交换价值的，为担保物权。

（三）整体性

所有权的整体性又称为单一性或统一支配力，是指所有权对标的物具有概括管领支配力或统一支配力的物权。所有权尽管有占有、使用、收益、处分等各种权能或作用，但所有权并不是这些权能或作用的相加或总和，而是各种权能浑然一体的整体性权利。因此，所有权本身不得在内容或时间上加以分割。❷

（四）弹力性

所有权的弹力性，是指所有权的内容可以自由伸缩，其具体权能可以于一定情况下往复分出、回归。在所有权之上设定限制物权时，所有人对所有物的全面支配权因受到限制而减缩，而于该限制解除时，所有人又恢复了对所有物的圆满支配状态。所有权的弹力性系附随于所有权之上设定的限制物权及债权性使用权而产生的，如果没有这些权利存在而导致的所有权与其部分权能在一定时空条件下的分离，所有权的所谓弹力性也就无从体现。

（五）永久性

所有权的永久性又称为恒久性、无期性，是指所有权因标的物的存在而

---

❶　郭明瑞、唐广良、房绍坤：《民商法原理（二）》，中国人民大学出版社 1999 年版，第 64-65 页。

❷　梁慧星、陈华彬：《物权法》（第七版），法律出版社 2020 年版，第 129-130 页；崔建远：《物权法》（第五版），中国人民大学出版社 2021 年版，第 192 页。

永久存续，不得预定其存续期间。因此，所有权是无期限的物权。所有权的永久性并非指所有权永不消灭或不可消灭，标的物灭失、抛弃、取得时效等原因都可导致所有权的消灭。所有权的永久性，也是其与他物权的重要区别。

（六）观念性

在现代社会，所有权一直具有观念性，不再囿于直接支配标的物的固有形态，而可以观念的存在，即该标的物虽然没有在所有人的现实控制下，所有人也对该标的物享有所有权，这种具有观念性的所有权在私法上也被称为绝对所有权。不同于前资本主义时代，所有权须以对标的物为直接占有为前提，❶而随着时代的发展，人类从实际占有转变为现实控制，再变为一种观念上的承认。

三、所有权的内容

如前所述，所有权为所有人就标的物为全面支配的物权，但所有人对于标的物之支配并不止于抽象的存在，而通常表现为若干具体形式，这些形式即所有权的权能。一般来说，所谓所有权的内容，就是指所有权的权能。我国《民法典》第 240 条规定"所有权人对自己的不动产或者动产，依法享有占有、使用、收益和处分的权利"，学说上称这些权能为所有权的积极权能。所有权尚有消极权能，即排除他人干涉的权能。

（一）所有权的积极权能

1. 占有权能

占有权能，即所有权人对于标的物为实际控制、管领的权能。占有为所有权的基本权能之一，是所有权的事实的权能，行使物的占有权能也是行使对物的直接支配权的基础与前提。占有权能可以由所有权人亲自行使，也可以授权他人享有与行使，也就是说，作为所有权的一项权能，占有权能于一定条件下可以与所有权分离。当占有权能与所有权分离而归属于非所有人时（如保管人、承租人、质权人等对标的物的占有），非所有人享有的占有权能同样受法律保护，所有人不能随意请求返还原物，恢复其对所有物的占有。

---

❶ 梁慧星、陈华彬：《物权法》（第七版），法律出版社 2020 年版，第 130-131 页。

当非所有人的合法占有被他人侵夺时，其同样可以基于所享有的占有权能请求侵夺人返还原物。

2. 使用权能

使用权能，指依物的性能或用途，在不毁损所有物本体或变更其性质的情形下对物加以利用，以实现物的使用价值的权能。所有权的使用权能根基于所有物有使用价值，行使使用权能，是实现物的使用价值的手段。当然，行使物的使用权能，以对物有占有为前提，因此享有物的使用权能必同时享有物的占有权能。但在某些场合，享有物的占有权能却并不一定享有物的使用权能，例如，质权人、保管人只能对标的物进行占有，而不能就标的物加以使用。物的使用权能作为所有权的权能之一，既可以由所有人自己行使，也可以由非所有权人行使。非所有人行使对物的使用权，须有合法的依据（如借用人、承租人、用益物权人的使用等）。无法定或约定原因而使用他人之物的，为无权使用或非法使用，使用人须返还因对物的使用而获得的不当得利并承担其他民事责任。

3. 收益权能

收益权能，是指收取所有物所产生的孳息和其他经济利益的权能。这里所讲的收益，不限于物的天然孳息和法定孳息，还包括在生产经营活动中的劳动收益和利润。

收益权能与使用权能有着密切的联系，通常是由使用方享有收益。但所有人也可以将使用权能授予他人，收益权能也可以与所有权相分离。事实上，在现代市场经济条件下，收益权能常与所有权相分离，且其分离的形式复杂多样。归纳起来，主要有三种情形：其一，所有人与经营人订立契约，在让与资产占有权、使用权、处分权的同时，让与部分收益权，保留部分收益权，从而与经营人按一定比例分享资产的利益；其二，所有人让与占有权、使用权和部分收益权，保留处分权与部分收益权；其三，在一定期限内让与占有权、使用权和全部收益权而仅保留处分权。

4. 处分权能

处分权能，指依法对物进行处置，从而决定物的命运的权能。处分权能为所有权内容的核心和最重要的权能。作为所有权权能之一的处分权，包括事实上的处分与法律上的处分。事实上的处分，指对物进行实质上的变形、改造或毁损等物理上的事实行为，如拆除房屋、抛弃杂物、消费可消耗物等。事实上的处分导致所有权的绝对消灭。法律上的处分，有广义与狭义之分。

所有权中的一项、两项乃至数项具体权能，均可能在一定时空条件下与所有权人分离，但只要没有导致所有权消灭的原因，所有权人的权利不会因这些权能的分离而消灭，相反，权能的分离与恢复，通常恰是所有权人行使和实现其所有权的表现（受法律强制分离的情况除外）。所有权的弹力性、归一力或权能分离理论，对于我们认识和解释诸多法律现象，具有重要的意义。❶

（二）所有权的消极权能

所有权的消极权能，民法理论又称为排除他人干涉的权能。所谓干涉，指对所有权的不法侵夺、干扰或妨害。❷ 例如，强行占有他人财产，兴建大厦遮掩邻地阳光，释放噪声影响邻居生活等，债权受偿后却拒绝返还原物等，均构成对他人所有权的干涉或妨害，所有人可依法予以排除。由于此项权能须于受到他人不法干扰、妨害或侵夺时才能表现出来，否则仅隐而不彰，故称为消极权能。至于所有权的消极权能的根据，则在于所有权的绝对性。排除的方法则主要为法律所规定的所有人的物权请求权，此内容在本书前面章节已有详述，在此不赘述。

第二节　所有权的限制

一、所有权概述

自罗马法以来，所有权就一直被看作对物的最完全的支配权，是物权的最高级形态，但这并不意味着所有权是一种绝对的、不受任何制约的权利。现代各国民法往往在揭示所有权内容的同时，附以遵守法律的限制性规定。对所有权限制的法律，既包括公法，也包括私法。法律上对所有权的限制还包括：积极的限制与消极的限制（前者指规定所有权人负有积极的为一定行

---

❶ 刘保玉：《中国民法原理与实务》，山东大学出版社 1994 年版，第 243-244 页。
❷ 崔建远：《物权法》（第五版），中国人民大学出版社 2021 年版，第 195 页。

— 068 —

为的义务，后者指规定所有权人负有容忍他人侵害或不得自由行使其权利的义务）；动产上的限制与不动产上的限制；公益上的限制与私益上的限制；等等。以下分别从私法限制和公法限制的角度加以说明。

二、所有权的私法限制

首先，民法确立了禁止权利滥用原则。按照现代民法思想，一切私权皆有社会性，其行使须依诚实及信用方法为之，而不得违反公共利益或以损害他人为目的，否则将构成权利滥用而遭禁止。所有权为现代社会最重要的一种私权，所有权人滥用其所有权，理当禁止。

其次，民法还确立了诚实信用原则。权利的行使须遵循诚实信用原则，是现代民法的一项基本理念。所谓诚实信用，究其实质是要求人们在民事活动中讲求信用，信守诺言，诚实不欺，在不损害他人利益和社会利益的前提下实现自己的利益。我国《民法典》第 7 条规定："民事主体从事民事活动，应当遵循诚信原则，秉持诚实，恪守承诺。"这一原则，对于所有权的行使也有规范意义。

最后，所有权受所有物上"第三人物权"的限制。例如，在所有物上设定质权或地上权后，所有权人对于物的使用、收益的权能即由此排除，其所有权即相应地受到限制。

三、所有权的公法限制

公法对于所有权的限制，大都以保障国家公共利益或社会共同生活利益为目的。就其法规种类而言，有土地管理法、大气污染防治法等；就限制的内容而言，既有对取得所有权的限制，也有对所有物使用、收益和处分的限制；就所有权人所受的拘束而言，既有使所有权人负作为义务，也有使所有权人负不作为义务或忍受义务；就所有权人违反此种限制的法律效果而言，既有使所有权人行为归于无效或可撤销的情形，也有使行为人负损害赔偿责任的情形。

四、征收制度

征收是国家以其公权力限制或剥夺私有财产权利的行为，是国家取得财产的一种重要手段，也是现代各国法律的普遍规范对象。我国法律法规亦不例外，如《宪法》第 10 条第 3 款规定："国家为了公共利益的需要，可以依照法律规定对土地实行征收或者征用并给予补偿。"此条是宪法关于征收和公民合法权益保障的体现。我国《民法典》第 243 条第 2、3、4 款规定："征收集体所有的土地，应当依法及时足额支付土地补偿费、安置补助费以及农村村民住宅、其他地上附着物和青苗等的补偿费用，并安排被征地农民的社会保障费用，保障被征地农民的生活，维护被征地农民的合法权益。征收组织、个人的房屋以及其他不动产，应当依法给予征收补偿，维护被征收人的合法权益；征收个人住宅的，还应当保障被征收人的居住条件。任何组织或者个人不得贪污、挪用、私分、截留、拖欠征收补偿费等费用。"《土地管理法》第 48 条第 1、2 款规定："征收土地应当给予公平、合理的补偿，保障被征地农民原有生活水平不降低、长远生计有保障。征收土地应当依法及时足额支付土地补偿费、安置补助费以及农村村民住宅、其他地上附着物和青苗等的补偿费用，并安排被征地农民的社会保障费用。"《国有土地上房屋征收与补偿条例》第 12 条第 2 款规定："作出房屋征收决定前，征收补偿费用应当足额到位、专户存储、专款专用。"第 17 条规定："作出房屋征收决定的市、县级人民政府对被征收人给予的补偿包括：（一）被征收房屋价值的补偿；（二）因征收房屋造成的搬迁、临时安置的补偿；（三）因征收房屋造成的停产停业损失的补偿。市、县级人民政府应当制定补助和奖励办法，对被征收人给予补助和奖励。"由这些条文可以看出，我国的立法也体现了"无补偿无征收"原则。

五、征用制度

征用是各国政府所普遍采用的行为，并各自有着不同的行为制度，其称谓、含义也并不一致。在日本，其行政法称为征用或公用征用。它是指为供特定公共事业之用，而强制地取得私人的特定财产权的活动或制度。其根本法律依据是现行宪法。法国将征用分为公用征收和公用征调。公用征收指行政主体为了公共利益，按照法定的形式和事先补偿的原则，以强制方式取得私人不动产的所有权或其他物权的程序。我国《民法典》第 245 条规定："因抢险救灾、疫情防控等紧急需要，依照法律规定的权限和程序可以征用组织、个人的不动产或者动产。被征用的不动产或者动产使用后，应当返还被征用人。组织、个人的不动产或者动产被征用或者征用后毁损、灭失的，应当给予补偿。"这为有关机关的征用提供了法律依据。同时，将"疫情防控"作为可依法征用组织、个人不动产或者动产的紧急需要原因之一，使政府征收征用的范围更具有明确的代表性。

第三节　所有权的取得

如前所述，物权的发生可以分为原始取得和继受取得。原始取得是非依他人既存的权利而取得物权，如无主物之先占；继受取得是就他人的权利而取得物权，又可以分为转移取得和创设取得。我国《民法典》第九章共安排了12个条文对善意取得、拾得遗失物与漂流物、发现埋藏物或者隐藏物以及孳息等所有权的特别取得作了规定，除此之外，先占、添附等也是所有权的取得方式。

一、善意取得

（一）善意取得概述

善意取得，是指无权处分他人动产或不动产的占有人，在不法将动产或不动产转让给第三人以后，如果受让人在取得该动产或不动产时出于善意，就可依法取得对该动产或不动产的所有权，受让人在取得动产或不动产的所有权以后，原所有人不得要求受让人返还财产，而只能请求转让人（占有人）赔偿损失。

善意取得是适应商品交换的需要而产生的一项法律制度。在广泛的商品交换中，从事交换的当事人往往并不知道对方是否有权处分财产，也很难对市场出售的商品逐一调查。如果受让人善意取得财产以后，根据转让人的无权处分行为而使交易无效，并让受让人返还财产，不仅要推翻已经形成的财产关系，而且使当事人在从事交易活动时，随时担心买到的商品有可能要退还，这样就会造成当事人在交易时的不安全感，也不利于商品交换秩序的稳定。可见，善意取得制度虽然限制了所有权之上的追及权的效力，从而在一定程度上牺牲了所有人的利益，但是它对于维护商品交换的安全和良好秩序具有重要的作用。因此，许多国家和地区的民法都确认了善意取得制度。我国《民法典》第311条规定："无处分权人将不动产或者动产转让给受让人的，所有权人有权追回；除法律另有规定外，符合下列情形的，受让人取得该不动产或者动产的所有权：（一）受让人受让该不动产或者动产时是善意；（二）以合理的价格转让；（三）转让的不动产或者动产依照法律规定应当登记的已经登记，不需要登记的已经交付给受让人。受让人依据前款规定取得不动产或者动产的所有权的，原所有权人有权向无处分权人请求损害赔偿。当事人善意取得其他物权的，参照适用前两款规定。"此为我国法律对善意取得作出的明确规定。

（二）善意取得的要件

由于善意取得的适用将产生所有权的转移，因此，各国法律都对善意取得规定了严格的条件。从我国的情况来看，适用善意取得应具备如下条件。

1. 受让人取得财产时出于善意

如果取得财产时让与人为善意，受让人为恶意，就不适用善意取得制度。受让人善意，是指受让人误信财产的让与人为财产的所有人。由于善意只是受让人取得财产时的一种心理状况，这种状况很难为局外人得知，因此，确定受让人是否具有善意，应考虑当事人从事交易时的客观情况。如果根据受让财产的性质、有偿或无偿、价格的高低、让与人的状况以及受让人的经验等可以知道让与人无权转让，不能认为受让人具有善意。

受让人在让与人交付财产时必须是善意的，至于以后是否为善意，并不影响其取得所有权。如果受让人在让与人交付财产以前具有恶意，可以推定其接受财产时为恶意。

2. 取得的财产必须是依法可以流通的动产或不动产

善意取得的财产必须是法律允许自由流通的财产。全民所有制企事业单位占有的、依法可以由这些单位处分的国有财产，应与集体经济组织和公民个人所有的财产一样，适用善意取得制度。因为这些财产可以在市场上自由买卖，如果对其实行特殊保护，不适用善意取得制度，反而会破坏交易中的平等原则，不利于商品交换秩序的建立。

3. 受让人必须通过交换而取得财产

受让人取得财产必须是通过买卖、互易、债务清偿、出资等具有交换性质的行为实现的。通过继承、遗赠等行为取得的财产，不能产生善意取得的效力。因为继承人、受遗赠人只能从被继承人和遗赠人那里取得其个人的合法财产，而不能通过继承和受遗赠而取得继承人和遗赠人以外的他人的财产。如果允许对这些财产适用善意取得制度，容易引起一些不必要的财产纠纷，妨碍继承和遗赠的正常进行。

如果让与人与受让人之间从事的买卖等行为是无效的或可撤销的民事行为，也不能产生善意取得的效果。在这种情况下，应按法律关于民事行为无效和撤销的规定，由双方或一方返还财产，恢复财产关系的原状。但是，原所有人与让与人（占有人）之间的法律关系无效，并不影响第三人（受让人）对其所受让的财产善意取得。

(三) 善意取得的法律后果

适用善意取得制度的后果是所有权的转移。让与人向受让人交付了财产，从受让人实际占有该财产时起，受让人就成为财产的合法所有人，而原所有人的权利归于消灭。我国《民法典》第 313 条规定："善意受让人取得动产后，该动产上的原有权利消灭。但是，善意受让人在受让时知道或者应当知道该权利的除外。"

善意取得制度在保护善意的受让人的同时，也应保护原所有人的利益。《民法典》第 311 条第 2 款规定："受让人依据前款规定取得不动产或者动产的所有权的，原所有权人有权向无处分权人请求损害赔偿。"由于让与人处分他人的财产是非法的，因而其转让财产获得的非法所得，应作为不当得利返还给原所有人。如果返还不当得利仍不足以补偿原所有人的损失，原所有人有权基于侵权行为，请求让与人赔偿损失以弥补不足部分。如果不法让与人以高于市场的价格让与财产，其超出财产价值部分之所得，也应返还给原所有人。

二、拾得遗失物和拾得漂流物、发现埋藏物或者隐藏物

(一) 拾得遗失物

1. 概述与成立要件

拾得遗失物，是指发现他人遗失之物并予以占有的事实。通说认为，拾

得遗失物同先占一样，也是一种事实行为，它不以拾得人具有民事行为能力为必要。

构成拾得遗失物，须具备以下要件。

第一，必须有拾得的行为。所谓拾得，指发现并且实际占有遗失物的行为。只发现而不占有，不能构成拾得。发现和占有是拾得的两个必备要素，缺少其中之一都不能构成拾得。但拾得并不一定要求拾得人必须在实体上对遗失物进行支配，依社会的一般观念，凡有占有遗失物的事实者，如雇人看守或登报声明，均可构成拾得。❶

第二，标的物必须是遗失物。遗失物是指被所有人或合法占有人丢失而不被任何人占有的动产。构成遗失物一般须具备四个条件：一是应为动产，不动产依其性质不存在遗失问题；二是必须是他人之物，即必须是有主物，如果是无主物，只能成为先占的标的物；三是遗失人丧失了对物的占有，是否构成丧失占有，应依社会一般观念和具体情况而定；四是占有的丧失不是出于遗失人的本意，即遗失人主观上并不想丧失对物的占有，而是由于某种客观原因而导致占有的丧失，若丧失占有是出于遗失人的本意，则是物的抛弃，该物应属无主物而不是遗失物。

2. 法律效果

（1）拾得人的义务

一是通知或招领义务。拾得人拾得他人遗失物之后，不能将其占为己有，而是应当通知遗失人；在不知所有人或不知所有人在何处时，应以一定的方式进行招领公示，通知遗失人前来认领。我国《民法典》第314条规定："拾得遗失物，应当返还权利人。拾得人应当及时通知权利人领取，或者送交公安等有关部门。"第315条规定："有关部门收到遗失物，知道权利人的，应当及时通知其领取；不知道的，应当及时发布招领公告。"

二是保管义务。拾得人拾得遗失物之后，处于无因管理人的地位，应尽善良管理人的义务，对遗失物进行保管。当遗失物易于腐烂、变质时，为保存其价值，拾得人得将其作变价保存。我国《民法典》第316条规定："拾得人在遗失物送交有关部门前，有关部门在遗失物被领取前，应当妥善保管遗

---

❶ 梁慧星、陈华彬：《物权法》（第七版），法律出版社2020年版，第253-254页。

失物。因故意或者重大过失致使遗失物毁损、灭失的，应当承担民事责任。"

三是返还义务。在一定期间内，如果遗失人认领标的物，拾得人应返还标的物。

（2）拾得人的权利

一是费用偿还请求权。拾得人可以请求遗失物受领人返还其所支出的合理费用，如保管费、公告费、送还之交通费及误工费等。我国《民法典》第317条第1款规定："权利人领取遗失物时，应当向拾得人或者有关部门支付保管遗失物等支出的必要费用。"

二是报酬请求权。在经通知或公告找到失主后，大多数国家民事立法都承认拾得人有报酬请求权。报酬的比例根据标的物的价值而分别计算，失主不予支付该法定报酬的，拾得人对拾得物享有留置权。不过这在实践中不利于拾得人返还原物，所以我国《民法典》不予承认。

三是遗失物所有权的取得权。多数国家立法规定，经通知、公告等程序仍不能找到失主的，或失主于一定期限内未予认领的，主管机关得确定由拾得人取得拾得物或其变价的所有权。拾得人享有报酬请求权及取得遗失物所有权之权利，以履行前述义务为前提，否则，如若私自据为己有、拒不交出并为不法使用或处置，不仅将丧失此两项权利，而且形成侵权行为或不当得利，甚至会构成违法及犯罪。

（二）拾得漂流物

漂流物指漂浮于水面的物品，对于拾得漂流物的，准用关于拾得遗失物的规定。依据民法理论，漂流物一般是人非自愿丧失的，当然应将其视为遗失物。我国《民法典》第319条规定："拾得漂流物、发现埋藏物或者隐藏物的，参照适用拾得遗失物的有关规定。法律另有规定的，依照其规定。"

（三）发现埋藏物

1. 发现埋藏物的构成条件

第一，须为埋藏物。对埋藏物的概念应从以下几个方面来理解：①须为动产。通常为金银财宝。若物已成为土地的一部分，则不能构成埋藏物。此外，人类的遗骸一般不能视为埋藏物，但具有考古价值的木乃伊则为埋藏物。②须为埋藏物。埋藏，是指包藏于他物（包藏物）之中，不易从外部发现。

埋藏物的范围不限于土地中的物品，埋藏于他人动产与不动产中的动产均可构成埋藏物，例如，建筑物等不动产以及皮箱夹层、衣物等动产中夹带的物品均可成为埋藏物。至于埋藏的原因，则在所不问。③须为所有权不明之物。所谓所有权不明，通说认为是指根据物之性质、埋藏之状态、埋藏之时日等客观因素足以推知其曾为人所有且现在仍为人所有，但所有人究竟是谁，又无法断定的情形。如果能够判明物品的所有人，不能构成埋藏物。④埋藏物不以价值较高或有价值为限。⑤埋藏物不以长期埋藏为前提条件。

第二，须发现埋藏物。发现是认识埋藏物之关键所在。而且由于埋藏物发现制度的本旨与核心在于"发现"行为本身，而与遗失物的拾得人占有为核心不同，因此，发现人只需有发现行为即可。如果埋藏物的占有人与发现人为不同的人，发现人可以所有人的身份请求返还。但若发现埋藏物后不欲占有而取得其所有权，应以其后占有人为发现人；若发现埋藏物系执行职务，则应以发现人所属的机关为发现人。

2. 发现埋藏物的立法例

一是发现人取得主义，即埋藏物由发现人所有，或由发现人与土地所有人各取得一半。二是公有主义，即埋藏物归国家所有。三是报酬主义，即埋藏物归包藏物（如土地）的所有人所有，但发现人可以请求埋藏物价值一半以下的报酬。我国现行法采取公有主义。

我国《民法典》第 319 条规定："拾得漂流物、发现埋藏物或者隐藏物的，参照适用拾得遗失物的有关规定。法律另有规定的，依照其规定。"即《民法典》第 318 条规定："遗失物自发布招领公告之日起一年内无人认领的，归国家所有。"

（四）发现隐藏物

隐藏物是指隐藏于他物中的物。包藏隐藏物的物是指土地以外的物。隐藏物的法律特征是：一是须为动产；二是须不具有显而易见性，是指所有人为安全的目的将物隐藏在他物之中，因此，从外部不易察觉；三是须所有人不明，若某物隐藏年代久远，但现时仍为其所有人或继承人知情的，则非民法意义上的隐藏物。发现隐藏物的法律后果，各国民法的规定与发现埋藏物的规定相同。

三、孳息

（一）天然孳息

1. 天然孳息的界定

天然孳息是指由于物的自然性能孳生出来的收益，如树结果、鸡生蛋、奶牛分泌牛奶等。天然孳息的构成要件是：①必须是由于物的自然性能，依自然规律产生的收益，而不是依法律关系产生的收益（法定孳息）；②它的产生一般无损于原物；③必须是与原物分离，成为独立的物。天然孳息虽然往往属于劳动成果或必须辅之以人工才能取得，但不以此作为构成要件。

2. 天然孳息的归属

天然孳息是"法定孳息"的对称。原物按其自然规律产生的收益，包括天然出产物（如植物、动物的出产物），以及依物的经济用途以人力取得的出产物（如矿物）。其特点是产生于原物又须与原物相分离，成为原物之外的独立物。确定天然孳息所有权有两种方法：①原物主义，即天然孳息所有权属于分离时享有原物所有权的人；②产生主义，即天然孳息归孳息产生时原物的合法占有人或对原物提供资金或劳务的人。目前各国多将两种方法融合起来，以原物主义为原则，以产生主义为例外。此条亦是两种方法的融合，天然孳息原则上由所有权人取得，但在有用益物权人的情况下，由用益物权人取得；但当事人另有约定的，按照约定确定归属。我国《民法典》第321条第1款规定："天然孳息，由所有权人取得；既有所有权人又有用益物权人的，由用益物权人取得。当事人另有约定的，按照其约定。"

（二）法定孳息

1. 法定孳息的界定

法定孳息是指基于法律关系所获得的收益，如出租人根据租赁合同收取的租金、出借人根据贷款合同取得的利息等。原物依法律关系而产生的收益，如租金、利息等，随时间的持续而发生，与原物并无物理联系，亦不存在与原物分离的问题。

2. 法定孳息的归属

确定法定孳息的归属有两种方法：一是依当事人的约定决定法定孳息的

归属；二是在没有约定或者约定不明确的情况下，按照交易习惯确定法定孳息的归属。我国《民法典》第321条第2款规定："法定孳息，当事人有约定的，按照约定取得；没有约定或者约定不明确的，按照交易习惯取得。"

四、先占

（一）先占的概念与法律性质

一般认为，先占是指占有人以所有的意思，先于他人占有无主动产而取得其所有权的事实。自古至今，各国都承认这种所有权的取得方式，近现代各国法律上对此也大多设有明文规定。关于先占的法律性质，理论上的见解不一，主要有三种学说。

其一是法律行为说。该学说认为，先占的成立须以先占人以所有的意思占有无主动产为条件，而所有的意思即先占人取得所有权的效果意思，故先占应是一种法律行为。

其二是准法律行为说。该学说认为，先占是以意思表示为要素的准法律行为中的非表现行为，属于法律对于一定的意思行为直接承认其有取得所有权效果的制度。

其三是事实行为说。该学说认为，先占的成立中的"以所有的意思"，并非指效果意思，只需先占人事实上对物有完全支配管领的意思即可。法律系基于先占的事实而赋予占有人取得其所有权的效果，先占人只需具备一定的意思能力，不需要具有完全的民事行为能力，故此先占应属于事实行为。❶

以上三种学说，以事实行为说为通说。

（二）先占的构成要件

依多数国家的民事立法，先占须具备如下几个条件。

一是先占之物须为无主物。无主物是指现在不属于任何人所有之物，而不论过去该物是否有主。无主物主要包括野生动植物、其他自然物和抛弃物等。

---

❶ 王泽鉴：《民法物权》（第二版），北京大学出版社2010年版，第166-167页；谢在全：《民法物权论（上册）》（修订五版），中国政法大学出版社2011年版，第145页；史尚宽：《物权法论》，中国政法大学出版社2000年版，第123-124页。

二是先占之物限于动产。在现代法律上，无主不动产一般只能归国家所有，故不能成为先占的标的物，先占的标的物仅限于动产。同时，也并不是所有的动产都能成为先占的标的物，一般认为下列几类动产不能成为先占的标的物：①法律禁止流通的物；②依公序良俗不得认定为无主物的物，如遗体；③受法律保护的文物与珍稀动植物；④他人依法享有排他的独占权的物，如鱼塘、山林的承包人即为其中的动产的先占权人，在其承包范围内的动植物，他人不得依先占取得。

三是须先占人以所有的意思占有动产。一方面，先占人应有"所有的意思"，即先占人将占有的动产归于自己管领支配的意思；另一方面，先占人须实际占有无主动产。行为人仅发现无主动产而不予占有，不能构成先占。至于是否构成占有，通常可依客观情况和社会一般观念认定；另外，占有不限于自己为之，利用或指使他人为之（辅助占有），亦无不可。

四是先占的行为须不违反法律、法规的规定。先占作为动产所有权的一种取得方式，其本身应当是合法的。违法的行为，如在国家规定的禁猎地、禁渔期内狩猎、捕鱼，或在封山育林之地采药砍柴等，均不能成立先占。

（三）先占的法律效果

先占的基本法律效果是先占人取得无主物的所有权，而且一般认为其属于原始取得的方式之一。不过，关于无主物先占取得的立法例，并不完全相同，主要有三种：①先占自由主义，即不分动产和不动产而一律允许自由先占并取得其所有权，此为罗马法所采；②先占权主义，即无主的不动产唯有国家有先占权，而动产也须有法律的许可方能由其他主体先占取得其所有权，此为日耳曼法所采；③二元主义或称折中主义，即对无主的动产适用"先占自由主义"，个人得依先占行为取得其所有权，而无主的不动产则适用国家先占权主义，唯国家可取得其所有权。第三种立法例，为现今世界多数国家所采用。

五、添附

（一）添附的意义

所谓添附，是指不同所有人之物结合、混合在一起或者不同人的劳力与物结合在一起而形成一种新物并导致所有权变动的法律事实。

在学理和立法上，添附包括附合、混合、加工三种形式。其中，附合与混合，为物与物相结合，加工为劳力与他人之物相结合。添附之所以成为所有权取得的一种方式，在于两个以上的物结合或混合成为一个新物或因物之加工而成为新物时，或者不能恢复原状，或者虽有可能恢复原状，但费用过巨，不符合经济与效益原则。因此，从增进社会财富、充分发挥物的效用的原则出发，应承认添附可以发生物权的变动，重新确认添附所形成的新物的所有权归属，使其归于一人所有或形成共有。我国《民法典》第322条规定："因加工、附合、混合而产生的物的归属，有约定的，按照约定；没有约定或者约定不明确的，依照法律规定；法律没有规定的，按照充分发挥物的效用以及保护无过错当事人的原则确定。因一方当事人的过错或者确定物的归属造成另一方当事人损害的，应当给予赔偿或者补偿。"其中，该条款立足于保护无过错当事人的利益，针对一方当事人明知系他人财产仍恶意添附的情况，一般由无过错的当事人取得新物的所有权的规定展现了法律的公正性。

（二）附合

附合，是指不同所有人的物结合在一起而形成新物的添附方式。因附合而形成的新物，称为附合物。在附合的情况下，不同所有人的财产虽从外观上可以识别，但非经毁损不能分离或虽能分离但耗费过巨。

1. 动产与不动产的附合

动产与不动产的附合，简称不动产附合，是指动产附合于不动产之上，成为不动产的组成部分。例如，将砖瓦、地板等建筑、装修材料铺砌在房屋中，即属于不动产附合。这种附合须具备三个条件：一是动产附合于不动产之上，即附合者是动产，被附合者是不动产。附合的原因可以是多样的，如人为的原因或自然的原因，所有人的原因或第三人的原因；行为人是善意还是恶意，有无行为能力，亦在所不问。二是动产成为不动产的重要组成部分。动产附合于不动产上之后，非经毁损或变更其性质不能使两者分离，或者虽能分离但花费过大，并且相互结合的物在社会经济观念上也应被视为一物。三是动产与不动产应分别属于不同的人所有。若动产和不动产原本就属于一人所有，则不产生附合的问题。

　　动产附合于不动产后，所产生的法律效果为：第一，一般情况下，不动产所有人取得动产所有权。这种取得在性质上属于原始取得，是基于法律的规定而直接取得所有权。此时，不动产的所有权扩及整个附合物。第二，动产所有权因附合而消灭，原动产不能单独再成为权利的客体。动产所有人不能请求恢复原状，但可依不当得利的规定要求不动产所有人给予适当的补偿；如不动产所有人恶意进行附合，还可能产生侵权损害赔偿问题。

　　2. *动产与动产的附合*

　　动产与动产的附合，简称动产附合，是指不同所有人的动产互相结合，成为一物。例如，将油漆涂刷于他人的家具上，将钻石镶嵌于戒指的底座上，都属于动产附合。这种附合的成立也须具备三个条件：一是附合物与被附合物都是动产。如同动产与不动产的附合一样，动产附合的原因及行为人的主观样态也可以是多样的。二是动产和动产附合后所形成的附合物非经毁损不能分离或分离花费过大。三是原动产应分属于不同的人所有。同一人的动产相互结合，不产生附合的问题。

　　动产和动产附合后，也会产生所有权变动的法律效果。这种效果表现在：第一，原来各动产的所有人共有附合物，形成对附合物的共有关系，各共有人的应有部分依附合时的价值比例确定或由各共有人协商确定；第二，如果可区别主物和从物，或者一方的动产价值明显高于他方的动产价值，应由主物的所有人或原动产价值明显高的所有人取得附合物所有权，但其应依公平原则对因附合而丧失权利或遭受损失的人给予适当补偿。

　　（三）混合

　　混合是指不同所有人的动产互相混杂在一起而成为新物。例如，将不同所有人的水泥和石灰掺在一起，即属于混合。因混合而形成的新物，称为混合物。混合物通常是气体、液体或粉末状物的结合而生成的新物，这是混合与附合最大的区别，在附合的情形下，即使一物已成为另一物的一部分，人们也能清晰地区分并识别两个物。

　　混合应具备三个成立条件：一是混合的各个物都是动产。不动产之间或不动产与动产之间不发生混合的问题。二是混合物各部分不能够被识别，或者虽能采用某种方法识别但花费过大。三是混合前的各项动产分属于不同的所有人。动产混合后所产生的法律效果，各国立法上一般规定为准用附合的处理原则。

（四）加工

加工是指对他人的动产进行制作、改造，使之形成一种具有更高价值的新物。例如，将他人的布料做成衣服，将他人的玉石雕刻成工艺品，将他人的字画进行精致的装裱等，都属于加工。因加工形成的新物称为加工物。

加工的构成应具备四个条件：一是须有加工行为，即对他人之物进行制作或改造的行为。这是构成加工的首要条件。二是加工的标的物仅限于动产。加工一般都是利用他人的动产进行改造而加工成新的动产。不动产不会产生加工的问题，因为不动产虽然可以改造，但不会形成新的不动产，如对他人的房屋进行装修，并不会引起所有权的变动。三是加工的标的物必须是他人所有的物。对自己的动产进行加工，不会产生所有权的变动。四是因加工行为而制成新物，即加工物与加工之前的动产必须是不同的物品。

关于加工物的归属问题，现代各国立法均已不再采用绝对的加工主义和绝对的材料主义，而采用折中主义的做法，或者以加工主义为原则、以材料主义为例外，或者以材料主义为原则、以加工主义为例外，根据材料价值和加工增值的价值大小比较并考虑加工人为善意或恶意而决定加工物的归属。

本书认为，在确定加工物的归属时，应采用以材料主义为原则，以加工主义为例外的做法。如果是根据加工承揽等合同而为的加工，不属于物权取得方式中所讲的加工，而应适用合同法的规定。原则上，加工物所有权归属于原动产所有人即材料的所有人，但在加工所产生的价值增值明显高于原动产的价值且为善意加工（加工人有合理的理由误认为原料归自己所有而进行加工）的情况下，可由加工人取得加工物的所有权。加工人主观上若为恶意，则无论增值部分价值大小，加工人均不能取得所有权。在加工人虽不能取得加工物的所有权，但其加工行为使财产增值因而原料的主人享有利益的情况下，加工人可请求补偿加工费用。如果加工人的行为非但未使物增值反而致其毁损，应产生损害赔偿责任。

第五章

所有权的主要形式

第一节 国家所有权

一、国家所有权的概念与特征

国家所有权是指国家对全民所有的财产享有的占有、使用、收益和处分的权利。我国《民法典》第 246 条规定："法律规定属于国家所有的财产，属于国家所有即全民所有。国有财产由国务院代表国家行使所有权。法律另有规定的，依照其规定。"第 258 条规定："国家所有的财产受法律保护，禁止任何组织或者个人侵占、哄抢、私分、截留、破坏。"

国家所有权具有如下特征：其一，所有权的主体具有唯一性。国家财产所有权的主体是国家，该主体具有唯一性。而其他类别的所有权主体均无此特性。其二，所有权的客体具有广泛性。国家所有权的客体具有无限的广泛性，任何财产都可以成为国家所有权的客体，如国有土地、矿藏、森林、草原、海洋、湖泊、文物古迹以及车辆船舶、机器设备等。其他主体所能拥有的财产，均可以为国家所有；但国家专有的财产，其他主体则不能拥有。其三，所有权的取得方法具有特殊性。诸如征用、没收、税收等只能产生国家所有权，其他主体的所有权不能以这些方法产生。其四，所有权的行使具有特殊性。国家所有权基本上不由国家直接行使，而由代表国家的专门机关或企事业单位等行使。其五，所有权的保护具有一定的特殊性。例如，国家专有的财产不存在取得时效的适用问题；国家没有授权给公民或法人经营管理的财产受到损害的，也不受诉讼时效的限制；等等。

二、国家所有权的主体

（一）主体的确立

《民法典》第 246 条第 2 款规定："国有财产由国务院代表国家行使所有权。法律另有规定的，依照其规定。"国家所有权就是指全民所有。国家所有权的行使，应当由国务院代表国家在法律授权的范围内行使对国有财产的权利。

应当看到，我国的国家所有权在性质上是对全民所有制关系的反映。国家所有就是全民所有，对此，《民法典》已作出了明确规定。依据法律的授权，国家所有权可以由国务院代表国家行使。其理由在于：

首先，最高国家权力机关很难直接行使对国家财产的管理权。我国全国人民代表大会是最高国家权力机关，对国家的一切重大事务享有最高的决定权。但全国人民代表大会毕竟是最高国家权力机关，它本身不是直接的具体管理各项财产的机构。对国有财产的管理，只能通过法律的授权，由最高国家权力机关的执行机关（国务院）来行使。也就是说，要由国务院在法律授权的范围内来代表国家行使所有权。

其次，由国务院在法律授权的范围内代表国家行使所有权，有利于建立一套完整的管理机构，确立管理机构的职责，从而有利于加强国有财产的管理。国有财产总量庞大，类型复杂，它需要众多的管理机构具体分工负责进行管理。在我国，由国务院、地方人民政府依法分别代表国家履行出资人职责，享有出资人权益，这也必须要由国务院代表国家行使所有权。

最后，如果由最高国家权力机关来管理如此复杂的国有财产的事务，不仅难以操作，而且要在行政机构之外再设立复杂的管理机构，这也是没有必要的。事实上，我国现行的管理体制就是国务院代表国家行使国有财产所有权；对于地方政府出资的企业，地方政府也享有出资人的权益。

国务院代表国家行使所有权，国务院必须在法律授权范围内行使所有权，且必须对最高国家权力机关负责，并接受最高国家权力机关的监督。我国法律授权国务院代表国家享有所有权，也可以认为是最高国家权力机关授权国务院来行使所有权。由国务院代表国家行使所有权，也有利于全国人民代表大会对其进行监督。

（二）国家所有权的行使

第一，国有财产只能由国务院代表国家来统一行使国家所有权。地方政府投资兴办的企业，地方政府也应当享有所有者权益、履行出资人的职责。故对国家出资的企业，应当坚持政府公共管理职能和国有财产出资人职能分开的原则。因此，一方面，应当维护企业作为市场主体的地位及依法享有的各项权利。国有财产管理部门不能随意干预企业的日常经营活动。另一方面，国有财产管理机构对授权监管的国有财产依法履行出资人职责，维护所有者权益，同时要督促企业实现国有财产保值增值，防止国有财产流失。

第二，国家要授权国家机关、事业单位对其直接支配的财产在法律、行政法规规定的范围内，享有一定支配权利。这种支配权利是由法律、国务院的有关规定所界定的。例如，《民法典》规定事业单位可以享有收益权，而国家机关不能享有收益权。未经许可并依照法定的程序，国家机关和事业单位都不能擅自处分国有财产。

第三，国家投资的企业，对其占有的国有财产，依法享有占有、使用、收益和处分的权利。但国家也应当依据法律、法规等的规定，对企业支配的财产享有权利。《行政事业性国有资产管理条例》第3条规定："行政事业性国有资产属于国家所有，实行政府分级监管、各部门及其所属单位直接支配的管理体制。"对国家出资设立的企业，既要按照市场经济的要求，保障其作为市场主体应有的权限，也要加强对国有财产的管理、防止国有财产的流失。为了保护国有财产，保障国家所有权的实现，国家要通过其创设的国家机关颁布法律和规范性文件，对于国有财产的管理进行必要的监督和控制，但国有财产进入民事领域以后，与其他财产一样都处于平等的法律地位，并且要遵循同样的法律规则，承担相同的责任。

第四，国家可以直接以国库的财产为基础，以特殊的民事主体的身份，发行国债、国库券。国家也可以设立专门的机构对国家的外汇储备进行管理和投资。国家可以将其财产转移给集体经济组织、公民和外国投资者使用，如将国有土地使用权转移给他人使用，从而获取一定的经济利益并充分发挥物的效用。

三、国家所有权的客体

（一）专属于国家所有的财产

1. 国家对矿藏、水流、海域、城市的土地的所有权

《民法典》第 247 条规定："矿藏、水流、海域属于国家所有。"第 248 条规定："无居民海岛属于国家所有，国务院代表国家行使无居民海岛所有权。"第 249 条规定："城市的土地，属于国家所有。法律规定属于国家所有的农村和城市郊区的土地，属于国家所有。"第 250 条规定："森林、山岭、草原、荒地、滩涂等自然资源，属于国家所有，但是法律规定属于集体所有的除外。"《矿产资源法》第 3 条第 1 款规定："矿产资源属于国家所有，由国务院行使国家对矿产资源的所有权。地表或者地下的矿产资源的国家所有权，不因其所依附的土地的所有权或者使用权的不同而改变。"这些都是对国家所有的土地等自然资源的规定。所谓自然资源，包括土地资源、水资源、矿产资源、生物资源、气候资源、海洋资源等。

国家所有权的客体的专属性首先表现在矿藏、水流、海域、城市的土地只能专属于国家所有。专属于国家所有的自然资源，是由国家主权所派生的，也是关系到国家经济命脉的最重要的资源。国家对重要资源实行专属所有的原因在于：一方面，这一类财产专属于国家所有，进一步宣示了国家主权，充分保障了我国的社会主义性质，也有利于保障我国的经济安全，实现国家的宏观调控。另一方面，自然资源专属于国家所有，对于合理有序地利用自然资源、保护环境、维护生态平衡都具有十分重要的意义。

2. 法律规定属于国家所有的野生动植物资源

《民法典》第 251 条规定："法律规定属于国家所有的野生动植物资源，属于国家所有。"

（1）法律规定属于国家所有的野生动物资源归国家所有

所谓野生动物，主要是指野生的非饲养的各种动物。根据我国现行《野生动物保护法》第 3 条第 1 款的规定，野生动物资源属于国家所有。将野生动物确认为国家所有，对于维护生物的多样性、保护自然环境，都具有十分重要的意义，同时，《野生动物保护法》第 10 条第 1 款规定国家对野生动物实行分类分级保护制度，形成多层次、全面的保护体系。《民法典》第 251 条

规定野生动物资源归国家所有，就是为了保护、拯救珍贵、濒危野生动物，保护、发展和合理利用野生动物资源。

（2）法律规定属于国家所有的野生植物资源归国家所有

《野生植物保护条例》所保护的野生植物，是指原生地天然生长的珍贵植物和原生地天然生长并具有重要经济、科学研究、文化价值的濒危、稀有植物。《民法典》第251条也规定野生植物资源归国家所有，这对保护、发展和合理利用野生植物资源，保护生物多样性，维护生态平衡等具有非常重要的意义。

3. 无线电频谱资源

无线电频谱一般指9kHz～3000GHz频率范围内发射无线电波的无线电频率的总称。无线电频谱资源是一个国家重要的战略性资源，对国防安全和公共利益影响重大。同时，无线电频谱资源也具有易污染性。如果无线电频率使用不当，就会受到其他无线电台、自然噪声和人为噪声的干扰而无法正常工作，或者干扰其他无线电台站，使其不能正常工作，使之无法准确、有效和迅速地传送信息。另外，无线电频谱资源不是取之不尽、用之不竭的公共资源，其有限性日益凸显。而人类对无线电频谱资源的需求却急剧膨胀，各种无线电技术与应用的竞争愈加激烈，使无线电频谱资源的稀缺程度不断加大。基于此，《民法典》第252条规定："无线电频谱资源属于国家所有。"

4. 国防资产

国防资产是指国家用于国防目的的财和物及由此而引起的各项权利的总和，是国有财产的重要组成部分。基于此，《民法典》第254条第1款规定："国防资产属于国家所有。"国防资产有不同的分类。按管理部门，国防资产可分为国防科技工业资产和军队资产。国防科技工业资产是指国防工业部门和国防科技部门管理和使用的资产；军队资产是指由军队各级管理和使用的资产及军队企业的资产。按使用特点，国防资产可分为经营性国防资产和非经营性国防资产。经营性国防资产是指能够为国防和社会创造使用价值和价值，具有成本核算和营利特点的资产，包括国防工业、国防科技领域部分资产及军队企业资产；非经营性国防资产是指用于国防行政、事业和军队维持、训练、作战等方面的资产。按来源，国防资产可分为有形资产和无形资产。有形资产如国防科技工业的固定资产和流动资产，包括军队营房、军事设施、武器装备等；无形资产如国防科学技术专利、情报信息等。

（二）非专属于国家所有的财产

所谓非专属于国家所有的财产，意指国家拥有这些财产的所有权需要由法律规定，法律未规定的也可由集体或私人所有。主要包括以下两种。

一是非专属于国家所有的自然资源。所谓非专属于国家所有的自然资源，是指可以由集体所有的森林、山岭、草原、荒地、滩涂等自然资源，但不能归属于私人所有。尽管这些自然资源可以由集体所有，但因为这些自然资源仍然具有不可再生性和可耗竭性，需要合理利用，且这些自然资源也关系到国家的经济命脉和基本的经济安全，因而有必要在《民法典》中确认归属。《民法典》第 250 条规定："森林、山岭、草原、荒地、滩涂等自然资源，属于国家所有，但是法律规定属于集体所有的除外。"

二是非专属于国家所有的其他财产。我国历史悠久，文物资源丰富，保存在地上和地下的文物都是我国民族文化遗产的重要组成部分。《民法典》第 253 条规定："法律规定属于国家所有的文物，属于国家所有。"依据我国文物保护法的规定，我国境内地下、内水和领海中遗存的一切文物都属于国家所有。此外，不可移动的文物也归国家所有。除此之外的文物，可以依法归单位或个人所有。《民法典》第 254 条第 2 款规定："铁路、公路、电力设施、电信设施和油气管道等基础设施，依照法律规定为国家所有的，属于国家所有。"

（三）国家机关支配的国有财产

我国《民法典》第 255 条规定："国家机关对其直接支配的不动产和动产，享有占有、使用以及依照法律和国务院的有关规定处分的权利。"

国家机关，是指各级国家权力机关、政协机关、政府机关、审判机关、检察机关以及各民主党派机关等。国家机关所支配的国有财产，虽然是非经营性财产，但也是重要的国有财产，是国家机关正常开展工作所必备的条件。依据《民法典》的上述规定，国家机关对其直接支配的不动产和动产，享有占有、使用以及按照法律和国务院的有关规定处分的权利。这就是说，一方面，凡是国家机关支配的财产，都应当是国有财产。国家机关对其支配的国有财产享有的权利，必须由法律和国务院的相关规定确定，不得超出上述规定的范围来享有并行使权利。换言之，国家机关所具体享有的对国有财产的权利，也只能由法律和国务院的有关规定来确定。另一方面，国家机关对其支配的国有财产，不得享有收益权，因此，国家机关不能将国有的财产出租或者从事其他的交易行为并从中获取利益。如果国家机关将其房屋、车辆出租给他人使用，那么获得的收益应上缴国库，而不是由国家机关享有。

（四）国家举办的事业单位

所谓国家举办的事业单位，是指国家出资兴办的、服务于教科文卫体等公益性事业的事业单位法人。国家事业单位的国有财产包括国家拨给国家事业单位的资产，国家事业单位按照国家规定运用国有资产组织收入形成的财产，以及接受捐赠和其他经法律确认为国家所有的财产，其表现形式为流动资产、固定资产、无形资产和对外投资等。国有事业单位的财产是国有财产的重要组成部分。考虑到事业单位类型非常复杂，对国家举办的事业单位来说，无论是其属于财政全额拨款、差额拨款、自收自支，还是实行其他的方式，其财产都应当推定为国家所有。

对国家举办的事业单位占用的财产，要根据事业单位的类型、财产的特殊性对其收益和处分的权利分别处理：一是国家举办的事业单位对其占用的财产毫无处分权利，如故宫博物院对其占用的某些财产；二是经过审批，国家举办的事业单位对其占用的财产具有部分处分权利；三是国家举办的事业单位对其占用的财产具有完全的处分权利。这就需要通过以后制定国有财产管理法对国家举办的事业单位如何有效行使、如何处分其占用的财产作出明确规定。明确国有事业单位对其直接支配的财产享有的权利，哪些权利必须依照法律和国务院的有关规定行使，这对保护国有事业单位的财产具有重要意义。

（五）国家出资的法人财产

对于国家出资的法人财产，可以分为两种类型，即由中央政府出资设立的企业和由地方政府出资设立的企业。《民法典》第 257 条规定："国家出资的企业，由国务院、地方人民政府依照法律、行政法规规定分别代表国家履行出资人职责，享有出资人权益。"据此，其包括如下几层含义：①国家出资的企业既包括国家单独投资兴建的企业，也包括国家出资参股、控股的企业。

②国家出资既包括中央政府的出资，也包括各级地方政府的出资。③我国《民法典》第257条确立了由国务院和地方人民政府分别代表国家履行出资人职责、享有出资人权益的体制。

四、国家所有权的取得

国家所有权的取得除了与其他所有权取得有相同的方式，还有如没收、征收、国有化、税收、罚款、罚金等方式。只是这些方式只能依法行使公共权力而实施，其他任何集体和个人均不能采用。具体方式如下。

（一）没收

中华人民共和国成立之初，国家在全国范围内没收了官僚资本，把原来属于国民党政府及官僚资本家所有的工厂、铁路、银行、矿山、邮电、航运、港口等重要财产收归国有，并把森林、水利、荒山荒地、盐田、河、沼、湖收归国有。这是当时国有财产取得的重要办法。之后，国家通过对犯罪分子执行刑罚，没收犯罪分子个人所有财产一部分或全部归国家所有。另外，行政机关对某些违法的行为人实施没收个人财产的行政处罚。这些也是国有财产的取得方式。

（二）赎买

中华人民共和国成立初期，国家以赎买的形式将民族资本家所占有的生产资料收归国有。根据国务院在1956年《关于在公私合营企业中推行定息办法》的规定，在一定期限内给参加公私合营的资本家以支付定息的方式，使资本家和生产资料相分离，以实现党和国家对民族资本主义工商业的社会主义改造。这也是当时国有财产的取得方式。但这种国有化方式在生产资料社会主义改造完成后就再也没有实行。

（三）税收

税收是国有财产取得的重要途径，是国家凭借政权的强制力，参与国民收入分配和再分配，取得国有财产的一种重要方式。国家按照税法的规定向负有纳税义务的单位和个人收取实物和货币。

（四）征收

征收是国家依法有偿或无偿地将公民或集体经济组织的某项财产收归国

有的措施。征收取得方式的行使主体只能是国家。征收具有强制性，国家以其强制力取得公民或集体经济组织的财产，不需经对方当事人的同意。

（五）罚款与罚金

根据我国法律的规定，国家执法机关可以对实施了违法和犯罪行为的人处以罚款、罚金。罚款是国家司法、公安或其他行政机关对违法的单位或个人不够刑事处罚的、强制其缴纳一定数额的金钱的民事或行政处罚。罚金是人民法院强制犯罪分子在一定期限内向国家缴纳一定数量金钱的刑罚。我国刑法规定，罚金是一种附加刑，可单独适用，也可随主刑一并适用，但它必须由人民法院依法作出判决，其他任何机关单位和个人都无权作出缴纳罚金的决定。罚款、罚金的收入必须上缴国库归国家所有，不得扣留和私分。

（六）收益

国家通过向国有企业投资后形成经营性资产。国有企业通过扩大再生产而补偿损耗并产生收益。这种收益是国有财产的最重要来源，也是目前我国国家所有权发生的最主要、最经常的方法。

（七）参与民事活动

国家可作为特殊民事主体参与民事活动。例如，通过买卖、互易等法律行为取得财产所有权。另外，国家可以通过其所有的国有企业、事业单位、国家机关与其他民事主体进行民事活动取得财产所有权。

（八）依法取得无主财产

《民法典》第318条规定："遗失物自发布招领公告之日起一年内无人认领的，归国家所有。"第1160条规定："无人继承又无人受遗赠的遗产，归国家所有，用于公益事业；……"以上是无主财产在一定条件下收归国有，这也是我国国有财产的一个来源。

（九）接受赠与

国家接受赠与或遗赠而取得财产，也是国有财产取得的途径之一。例如，单位或个人将自己的财产捐赠给国家，外国政府、国际组织、团体或个人对我国赠与的财产也归国家所有。

五、国家所有权的保护

根据宪法的精神，我国《民法典》第 258 条明确规定："国家所有的财产受法律保护，禁止任何组织或者个人侵占、哄抢、私分、截留、破坏。"对于侵犯了国家财产所有权，应依法追究行为人的民事责任。对国有财产的保护，还应注重对动态利益的保护，要重视保护国有财产的利益、保障国家所有权在经济上的实现。

国有财产关乎国家基本经济制度的健康发展，巩固和发展国有经济，加强对国有财产的保护，有利于发挥国有经济在国民经济中的主导作用，促进社会主义市场经济发展。在国有经济发展中，如何有效监督国有财产管理人员和加强对国有财产的保护，对市场经济发展具有决定性作用。我国应该在《民法典》的基础上，贯彻实施《行政事业性国有资产管理条例》等法律法规，加强行政事业性国有资产监管，促进国有资产管理的法治化、规范化、程序化，构建安全规范、节约高效、公开透明、权责一致的国有资产管理机制，提高国有资产治理水平和治理能力，建立对各类财产包括国有财产进行平等保护的基本的法律规制。

第二节　集体所有权

一、集体所有权的概念与特征

集体所有权，是指集体经济组织依法对集体财产享有的占有、使用、收益、处分并排除他人干涉的权利。《民法典》第 261 条第 1 款规定："农民集体所有的不动产和动产，属于本集体成员集体所有。"第 265 条第 1 款规定："集体所有的财产受法律保护，禁止任何组织或者个人侵占、哄抢、私分、破坏。"第 260 条规定："集体所有的不动产和动产包括：（一）法律规定属于集体所有的土地和森林、山岭、草原、荒地、滩涂；（二）集体所有的建筑物、生产设施、农田水利设施；（三）集体所有的教育、科学、文化、卫生、体育等设施；（四）集体所有的其他不动产和动产。"《土地管理法》第 9 条第 2款："农村和城市郊区的土地，除由法律规定属于国家所有的以外，属于农民集体所有；宅基地和自留地、自留山，属于农民集体所有。"

集体所有权具有如下特征：其一，所有权的主体具有多元性。集体所有权的主体是为数众多的劳动群众集体经济组织，包括城镇集体经济组织和农村集体经济组织，其种类包括工业、农业、商业、手工业等各行各业的集体经济组织。其二，所有权的客体范围受到一定限制。国家专有财产不能成为集体所有权的客体。集体财产所有权的客体具有有限的广泛性。其三，集体所有权由集体经济组织直接行使，无须授权给公民或法人经营管理。但在必要的情况下，也可以授权他人行使。

二、集体所有权的形式

（一）农村集体所有权

农民集体所有的不动产和动产属于本集体成员集体所有。我国《宪法》第 10 条第 2 款规定："农村和城市郊区的土地，除由法律规定属于国家所有的以外，属于集体所有；宅基地和自留地、自留山，也属于集体所有。"

集体所有权主体首先是集体经济组织成员，其次才是集体经济组织。《民法典》第 264 条、第 265 条分别规定了集体经济组织成员的知情权和财产受损时的救济途径。此外，为了更好地顺应改革要求，推动农村社会经济发展，《民法典》第 99 条第 1 款还首次规定了"农村集体经济组织依法取得法人资格"，将农村集体经济组织界定为特殊法人，赋予其法人地位。

（二）城镇集体所有权

《民法典》第 263 条规定："城镇集体所有的不动产和动产，依照法律、行政法规的规定由本集体享有占有、使用、收益和处分的权利。"《民法典》对城镇所有权作出规定是必要的。一方面，城镇集体所有企业是集体所有权的一项重要内容，尽管城镇集体企业的改革正在不断深化，但作为一种财产类型，仍然应当由《民法典》加以确认和保护。另一方面，《民法典》正是通过对城镇集体企业作出规定，来明确产权。应当看到，由于一些城镇集体企业的产权的最终归属不清，并因此引发企业内部对管理者的权利制衡机制不健全（缺乏最终所有者的制衡），因此在一些企业中，集体所有已经蜕变成个人的事实上的"所有"。长此以往，这些企业很难有长期积累和发展的后劲。《民法典》规定了城镇集体企业财产的所有权，实际上从基本法的角度规定了这一类财产形态，不仅对财产发生争议后，为人民法院解决纠纷提供了可供适用的法律依据，也为有关法律法规具体界定城镇集体企业的财产归属确定了基本规则。

三、集体所有权的保护

集体所有的财产，是我国社会主义公共财产的重要组成部分，受国家法律的保护。我国宪法规定，社会主义公共财产神圣不可侵犯，其中包括集体所有的财产。根据宪法规定的原则，我国《民法典》第 265 条第 1 款明确规定："集体所有的财产受法律保护，禁止任何组织或者个人侵占、哄抢、私分、破坏。"所谓侵占，就是指通过各种手段将集体财产非法占有。所谓哄抢，是指组织或者参与由多人在一起所从事的强行抢夺集体财产的行为。所谓私分，是指违反有关规定擅自将集体财产分给某几个或者某一些人。所谓破坏，是指非法毁损集体的财产，造成集体财产的损害。任何单位和个人不得非法干预集体经济组织的内部事务，不得以任何借口平调、挪用、侵吞或私分集体所有制企业的资金、利润、厂房、设备、原材料、产品等一切财产，不得无偿调动集体所有制企业的劳动力。对于侵犯集体所有制企业的合法权益的行为，企业有权予以抵制或依法提起诉讼。我国民法保护所有权的确认产权、返还原物、恢复原状、排除妨害、赔偿损失等方法，也是保护集体所有权的重要措施。除民事制裁外，必要时还应根据侵犯集体财产的不同程度和细节，另行追究不法行为人的行政责任或刑事责任。对集体财产的保护要特别注重对集体土地所有权的保护，禁止有关地方政府以所谓兴办开发区、工业园的名义圈占集体土地，造成耕地的流失；也不能在征地之后，不给予充分的补偿或者截留补偿款等。为了维护集体所有权、保障农民的合法权益，《民法典》规定了集体经济组织成员享有的民主管理权、知情权以及撤销权，从而在集体利益或者成员的利益受到侵害的情况下，集体成员有权提起诉讼，获得司法救济。

第三节 私人所有权

一、私人所有权的概念与特征

私人所有权是指公民个人对其财产依法享有占有、使用、收益、处分并排除他人干涉的权利。《民法典》第266条规定："私人对其合法的收入、房屋、生活用品、生产工具、原材料等不动产和动产享有所有权。"第267条规定："私人的合法财产受法律保护，禁止任何组织或者个人侵占、哄抢、破坏。"

私人所有权具有如下特征：其一，所有权的主体是私人。这里的私人可以是单独的自然人，也可以是由有特定身份关系的数人组成的"户"，如个体工商户、农村承包经营户等。外国公民和无国籍人的财产，也同样受我国法律保护。《民法典》第269条规定："营利法人对其不动产和动产依照法律、行政法规以及章程享有占有、使用、收益和处分的权利。营利法人以外的法人，对其不动产和动产的权利，适用有关法律、行政法规以及章程的规定。"即国家机关和事业单位不享有法人所有权，国家出资的企业则享有法人所有权。该条款明确规定了法人财产权，切实解决了企业法人与企业法人之外的法人的财产权问题。其二，所有权的客体主要是生活资料，但法律允许公民所有的生产资料也属于个人所有权的客体。公民的个人财产主要包括公民的合法收入、房屋、储蓄、生活用品、文物、图书资料、林木、牲畜和法律允许公民所有的生产资料和其他合法财产。随着我国改革开放政策的推行和社会主义市场经济的发展，私人拥有的生产资料的范围日益广泛。其三，所有权主要是通过公民的劳动获得的。但通过继承、遗赠、赠与等非劳动方式取得的所有权，当然也受法律保护。

二、私人所有权的客体

（一）合法收入

根据《民法典》第266条的规定，私人对其合法的收入享有所有权。公民通过自己的劳动所取得的工资收入、报酬等，任何个人从事合法职业以及依据自己的劳动所合法取得的收入，在照章纳税之后，都应当是合法收入。

（二）房屋

根据《民法典》第 266 条的规定，私人对其合法的房屋享有所有权。这里的房屋是指公民的私有房产，包括公民购买的独门独院的房屋以及业主的建筑物区分所有权。房屋是公民的重要财产，也是其基本的生活资料，所以，保护公民房屋所有权也是保护公民的基本人权。我国《民法典》第 266 条明确规定了对公民房屋所有权的保护。

（三）生活用品、生产工具、原材料等不动产和动产

根据《民法典》第 266 条的规定，私人对其合法的生活用品、生产工具、原材料等不动产和动产享有所有权。这些财产既包括了公民的生活资料，也包括了公民的生产资料。例如，机动车就是公民重要的生活资料。

（四）合法储蓄

《民法典》第 125 条规定："民事主体依法享有股权和其他投资性权利。"《商业银行法》第 29 条第 2 款规定："对个人储蓄存款，商业银行有权拒绝任何单位或者个人查询、冻结、扣划，但法律另有规定的除外。"

（五）投资及其收益

《民法典》第 125 条将不属于传统物权类型的"其他投资性权利"纳入其中，通过对其他投资性权利的保护，促进经济发展。"投资性权利"的创设不仅解决了《民法典》与特别法之间的关系，完善了民事权利体系，还预留了弹性空间，后续可通过特别法与《民法典》相结合，给予公民的私人所有权最全面的保护。

（六）继承的财产和其他合法权益

《民法典》第 124 条规定："自然人依法享有继承权。自然人合法的私有财产，可以依法继承。"保护继承权，既是保护财产权的重要内容，也是鼓励人们创造财富的必要措施。除继承的财产之外，公民的其他合法权益都应当受到法律保护。

三、私人所有权的保护

（一）保护的意义

1. 保护私有财产有助于鼓励交易、发展市场

一个正常的交易，首先要求主体对其交换的财产享有所有权，否则就不能就该项财产进行交易。"资产的权利界定是市场交易的前提条件"这一所谓的"高斯定律"，实际上正是从经济学角度阐述了法律上的所有权制度的功能。事实上，所有权的法律与交易的法律是很难截然分开的。法律保护所有权和其他物权的一系列方法，诸如物权法定、客体特定、物权变动的公示原则、对担保物权的保护等，不仅在于保障财产权，还在于维护交易的安全。所以，保护私有财产对于维护市场秩序是十分必要的。在财产权利的归属既定的情况下，为了有效地利用资源，就必须通过交易和所有权权能转移的方式，促进财产权的权能分离和财产流动。在市场经济条件下，财产的流动速度往往与财产价值的增长成正比，不能流动或不能高速流动的财产，不管它具有多大的价值，都不能充分实现自身的价值或产生应有的效益。资产的流动也为资源的合理配置，特别是资产存量的合理化调整提供了方便的途径。而通过资产的流动来提高资产的使用效率，必须加强对财产包括私有财产的保护。

2. 保护私有财产有助于鼓励公平竞争

完整的财产权包括能决定财产命运的处分权，而自由处分财产，必然要求财产所有者能够相对自由地进入交易市场，通过缔结合同而配置资源、组合生产、交换财产。在这个基础上，每个交易者能够根据其自身的意志，按照市场价格的波动，在平等基础上进行竞争，并按照竞争法则求生存、求发展，这样才能够促进市场经济的发展。

3. 保护私有财产，有助于发展公平交易和信用的观念

法律保护财产，意味着任何人都不得非法占有、取得他人的财产，对财产的保护也给每个人施加了尊重他人财产安全的义务，而尊重他人的财产安全实际上就是尊重他人的人格和劳动成果。在健全的财产保护的法律制度下，任何人要取得他人的财产，必须让渡自己的财产，按照市场法则实行公平交易，一旦造成对他人财产的损害，则应按等价交换原则予以赔偿。这种法律后果也正是社会主义市场经济条件下所要求的人与人之间的新型的平等、自由、开放的相互关系和生活方式的内容。

4. 保护私有财产才能刺激社会财富的创造

财富最终是由芸芸众生创造的。充分释放个人创造财富的潜力，是搞活经济、迅速提高我国综合国力的基础，而充分发挥作为市场主体的个体业主的积极性，也是搞活经济的重要措施。从这个意义上说，搞活经济与保护公民个人财产，有着密切的联系。

（二）保护的原则

《民法典》第 207 条延续了物权法中的平等保护原则，该条款规定："国家、集体、私人的物权和其他权利人的物权受法律平等保护，任何组织或者个人不得侵犯。"这是宪法确立的基本经济制度的具体体现。平等保护原则，实际上是将私人的财产置于和国家财产同等保护的位置，这不仅有助于端正人们对私有财产权的观念，而且有助于强化物权的观念。平等保护原则也为依法行政确立了依据。我们政府和人民的利益是完全一致的，政府应保障广大人民的切身利益。但行政机关在执行公务时，要体现行政行为的合法性。判断行政行为的合法性的标准之一，就是要看是否尊重了《民法典》所确立的公民所享有的基本财产权。《民法典》规定的财产权是依法行政的基础，财产权与生命权、自由权一起被并称为公民的三大基本权利，保护合法的财产权，就是保护公民的基本人权，就是保护公民通过诚实合法的劳动创造的财富，保护公民基本的生产和生活条件。

（三）保护的方法

1. 私人所有的财产非依法律规定的程序不得征收、征用

《民法典》区分了征收、征用的概念，明确了征收、征用的条件和程序，尤其是着重完善了对被征收人进行补偿的相关规定。这些规定都切实保护了私人财产权，也有助于强化政府的依法行政意识。

2. 规定了物权请求权和债权请求权的保护方法

物权请求权和债权请求权都可以适用于物权遭受侵害的情形，对权利人提供救济。《民法典》第 267 条规定："私人的合法财产受法律保护，禁止任何组织或者个人侵占、哄抢、破坏。"公民在法律规定的范围内行使其生产资料所有

权，从事正当的生产经营活动，或利用其生活资料满足个人的需要，都受法律的保护。任何单位和个人都不得以任何方式无偿剥夺公民的财产。对于各种非法摊派和收费，公民有权予以拒绝。公民在其所有权受到侵犯时，有权要求侵权行为人停止侵害、返还财产、排除妨害、恢复原状、赔偿损失，或依法向人民法院提起诉讼。

（四）对营利法人所有权的保护

《民法典》第268条规定："国家、集体和私人依法可以出资设立有限责任公司、股份有限公司或者其他企业。国家、集体和私人所有的不动产或者动产投到企业的，由出资人按照约定或者出资比例享有资产收益、重大决策以及选择经营管理者等权利并履行义务。"《民法典》第269条规定："营利法人对其不动产和动产依照法律、行政法规以及章程享有占有、使用、收益和处分的权利。营利法人以外的法人，对其不动产和动产的权利，适用有关法律、行政法规以及章程的规定。"

（五）社会团体法人、捐助法人所有权的特别规定

我国《民法典》确认社会团体法人、捐助法人对自己的合法财产享有财产所有权，禁止任何人非法侵害。《民法典》第270条规定："社会团体法人、捐助法人依法所有的不动产和动产，受法律保护。"

第六章

建筑物区分所有权

第一节 建筑物区分所有权概述

一、建筑物区分所有权的概念

建筑物区分所有权，又称为公寓所有权、楼层所有权或简称为区分所有权，是指业主对建筑物内的住宅、经营性用房等专有部分享有所有权，对专有部分以外的共有部分享有共有和共同管理的权利（参见《民法典》第271条）。建筑物区分所有权是住宅商品化的要求，也是现代社会公民不动产所有权的重要形式，它的出现标志着土地资源与人口之间的矛盾。由于其所涉及的内容较单独的房屋所有权更为复杂，因而在世界范围内对其概念产生了一元论说、二元论说、新一元论说（享益部分说）、三元论说等不同的学说，并且分别为不同国家的立法所支持。❶

本书认为，建筑物区分所有权乃由专有权、共有权和成员权组成。这符合我国《民法典》第271条的规定。这里所说的建筑物，包括住宅和经营性用房。所谓住宅，是指以居住为目的及用途，供家庭居住使用的房屋。所谓经营性用房，是指以经营为目的及用途，供商业使用的房屋。

所谓区分，有的是纵的区分，如分栋纵切；有的是横的区分，如分层横切；更多的是纵切和横切的混合，如三栋28层的公寓大厦被区分为215套房间。

---

❶ 梁慧星、陈华彬：《物权法》（第七版），法律出版社2020年版，第176–180页。

所谓专有部分，是指具有构造上（物理上）和使用上的独立性，并能成为建筑物区分所有权客体的部分。❶ 所谓共有部分，在有些立法例及其理论中被称作共用部分，是指专有部分以外的归业主共同所有的部分，包括楼梯、电梯、走廊、水塔、消防设备等。所谓共同管理，是指业主对于区分所有建筑物的共有部分和由此产生的共同事务所从事的管理。业主对专有部分享有专有权，对共有部分享有共有权及共同管理权。这三种权利共同构成建筑物区分所有权。

所谓业主，在《民法典》中就是指建筑物区分所有权人。按照《物业管理条例》第 6 条第 1 款规定，是指房屋的所有权人，即专有部分的所有权人，并不包括房屋承租人、占有人等。不过需要指出的是，在预售商品房的情况下，往往是在房屋交付给购房人很长时间后才办理房屋所有权及相应的建设用地使用权的变更登记手续。为了保护这些购房人的合法权益，不妨将这些购房人视为业主。对此，《最高人民法院关于审理建筑物区分所有权纠纷案件适用法律若干问题的解释》（以下简称《建筑物区分所有权解释》）已经予以认可，其于第 1 条第 1 款规定："依法登记取得或者依据民法典第二百二十九条至第二百三十一条规定取得建筑物专有部分所有权的人，应当认定为民法典第二编第六章所称的业主。"

二、建筑物区分所有权的特征

建筑物区分所有权作为一项复合型不动产所有权，与一般不动产所有权相比，具有以下特征。

（一）权利主体身份的多重性

由于建筑物区分所有权的权利内容由专有权、共有权和成员权构成，因而，这就决定了建筑物区分所有权主体身份的多重性：建筑物区分所有权人对专有部分享有专有所有权，成为专有所有权人；对共有部分享有共有权，成为共有权人；基于对建筑物的管理、修缮、收益等而享有成员权，成为成员权人。

---

❶ 陈华彬：《建筑物区分所有权法》，法律出版社 2018 年版，第 113 页。

（二）权利客体的复杂性

尽管建筑物区分所有权的权利客体为统一不可分割的建筑物，但其在结构上又能在横向、纵向或纵横向上区分为若干独立部分，而且各部分能够单独使用并能为不同的所有人所专有。此外，权利行使还指向一定的空间。

（三）权利内容的复合性、相对性和复杂性

建筑物区分所有权是一项完整的权利，而不是几个权利的集合。作为一项完整的权利，由专有权、共有权和成员权这三项权利内容复合构成。三项权利结为一体，不得分离，必须一同转让、抵押或继承等。同时，每个建筑物区分所有权人的权利又是相对独立的。建筑物区分所有权人所享有的每项权利，都不是一个独立的权利，而是整个权利中的一部分。在行使权利的时候，三项权利都不能绝对行使，都会在不同程度上有所限制。由于建筑物区分所有权包含三项权利内容，从而使得主体间的权利义务关系与传统的不动产所有权主体的单一的权利义务关系相比，变得较为复杂。它包含了专有权人的权利义务关系、共有权人的权利义务关系、成员权人的权利义务关系。

（四）权利的空间性

建筑物区分所有权除了对有体标的物行使权利，更突出地表现为对由建筑材料所构成的"空间"进行管领、支配。在其空间范围内行使以专有权为主导的权利。

三、建筑物区分所有权的种类

（一）纵割式建筑物区分所有权

纵割式建筑物区分所有权又称为纵切型区分所有权，它一般指在纵割式区分建筑物上，即在连栋式或双并式分间所有建筑物上成立的区分所有权。这种建筑物区分所有权的各区分所有权人之间的共用部分较为单纯，除共用壁、梁、柱子外，一般的走廊、楼梯都是各自独立的，外周壁、屋顶及基地等也均以境界壁为界而分别归属于各自专有。此外，该类建筑物区分所有权与一般独门独院的单独所有的建筑物相比几乎没有什么区别，所产生的特有问题也比较少。因此，一般不作为研究建筑物区分所有权的重点。

（二）横割式建筑物区分所有权

横割式建筑物区分所有权又称为横切型区分所有权，是指把一栋建筑物进行横的水平分割，使各层分属于不同的区分所有人所有而成立的所有权。例如，将一栋三层楼的建筑物，上下横切为三层，分别归属于甲、乙、丙三人所有。该类建筑物区分所有权，其共有部分包括共同壁、梁、柱子、屋顶、楼梯、走廊、外围壁、基地等。它较之纵割式建筑物区分所有权产生的纠纷较多，是研究建筑物区分所有权的重点之一。

（三）混合式建筑物区分所有权

混合式建筑物区分所有权又称为混合式区分所有权，是指将建筑物上下横切、左右纵割分套（单元）所形成的所有权。例如，将一栋三层楼的建筑物上下切为三层后，再左右纵割为一套套的套房（单元）。该类建筑物区分所有权中各区分所有权人的专有部分均为由分间墙和地板构成的封闭空间。二层以上的区分所有权人的专有部分并未与基地直接接触，而是通过走廊、阶梯或电梯与其相通。这是区分所有建筑物最常见的方式。各国建筑物区分所有权法或民法典大多以这种区分所有建筑物为主要规范对象，从而混合式建筑物区分所有权就成为建筑物区分所有权理论的主要研究对象。

第二节　专有所有权与共有所有权

一、专有所有权

（一）专有权的概念与性质

专有所有权又称专有权、特别所有权，系区分所有权的"单独性灵魂"，指建筑物区分所有人对专有部分予以占有、自由使用、收益和处分的排他性的支配权。专有部分所有权的具体内容及其限制，与一般单独所有权大致相同。❶ 关于专有权的性质，我国《民法典》第 272 条规定："业主对其建筑物专有部分享有占有、使用、收益和处分的权利。……"它符合所有权的一般

---

❶ 梁慧星、陈华彬：《物权法》（第七版），法律出版社 2020 年版，第 183 页。

特征，因此，专有权应认定为一种所有权。

（二）专有权的内容

1. 专有权人的权利

专有权作为一种所有权，与一般所有权人所享有的权利相同。该权利也具有绝对性、永久性、排他性的特征。而从具体权利而言，则包括：

（1）区分所有权人对其专用部分享有占有、使用、收益和处分的权利

这是所有权权能的表现。只要区分所有权人不违背区分建筑物本身的用途，不损害其他区分所有权人的合法权益，就可以由其自由行使该权利。他可以自己居住，也可以出租、出借、出典、设定抵押、出卖、维修、装饰等。

（2）区分所有权人对其专有部分有排除他人干涉的权利

当区分所有权人对专有部分专有权的行使受到他人非法干涉、限制时，区分所有权人有权排除干涉、限制，使其权利的行使恢复正常。

（3）相邻使用权

建筑物区分所有权本身决定了区分所有权人之间的相邻性质，因此，区分所有权人可以依民法相邻关系的相关规则行使相邻权。只要有行使专有部分权利的必要，就有权使用共有部分或他人的专有部分。

2. 专有权人的义务

专有权人的义务，一般也可看作专有权人行使专有权的限制。对此，一些国家都通过法律予以规定。我国《民法典》第 272 条规定："……业主行使权利不得危及建筑物的安全，不得损害其他业主的合法权益。"《日本建筑物区分所有权法》规定，区分所有权人不得为对建筑物之保存有害的行为，或其他有关建筑物之管理或使用违反区分所有权人共同利益的行为。德国亦规定，住宅所有权人于行使专有所有权时，须尊重整个建筑物的使用目的，不得侵害其他所有权人的权利，以及不可因个人利益而牺牲全体所有人的集体利益。

考察各国关于专有权人的义务的规定及实务中的具体情况，专有权人的义务应考虑以下几个方面。

（1）不损害全体区分所有权人的共同利益

即专有权人在行使专有权时，不得影响他人的生活安全和生活安宁。例

如，专有权人不得在其专有空间内放置危险品，不得大声喧哗，不得有损住宅所在地善良风俗习惯等。

（2）不得损害或随意改变区分所有建筑物的结构

例如，不得随意改变水、电、暖气等供给系统，不得随意拆除建筑物的墙壁、梁柱等。

（3）不得擅自改变区分建筑物的使用目的

例如，不得将纯生活用房改为商业用房，如开设工厂、舞厅、餐馆等。对此，我国《民法典》第279条规定："业主不得违反法律、法规以及管理规约，将住宅改变为经营性用房。业主将住宅改变为经营性用房的，除遵守法律、法规以及管理规约外，应当经有利害关系的业主一致同意。"

（4）维持建筑物存在的义务

即保护建筑物的基础、结构牢固和安全。我国《民法典》第286条第1款和第2款规定："业主应当遵守法律、法规以及管理规约，相关行为应当符合节约资源、保护生态环境的要求。对于物业服务企业或者其他管理人执行政府依法实施的应急处置措施和其他管理措施，业主应当依法予以配合。业主大会或者业主委员会，对任意弃置垃圾、排放污染物或者噪声、违反规定饲养动物、违章搭建、侵占通道、拒付物业费等损害他人合法权益的行为，有权依照法律、法规以及管理规约，请求行为人停止侵害、排除妨碍、消除危险、恢复原状、赔偿损失。"该条第3款新增了："业主或者其他行为人拒不履行相关义务的，有关当事人可以向有关行政主管部门报告或者投诉，有关行政主管部门应当依法处理。"

（三）专有权的客体：专有部分

建筑物区分所有中的专有部分，指在构造上能明确区分，具有排他性且可独立使用的建筑物之构成部分，如公寓楼中的一套单元住宅。《建筑物区分所有权解释》第2条第1款和第2款规定："建筑区划内符合下列条件的房屋，以及车位、摊位等特定空间，应当认定为民法典第二编第六章所称的专有部分：（一）具有构造上的独立性，能够明确区分；（二）具有利用上的独立性，可以排他使用；（三）能够登记成为特定业主所有权的客体。规划上专属于特定房屋，且建设单位销售时已经根据规划列入该特定房屋买卖合同中的露台等，应当认定为前款所称的专有部分的组成部分。"对此，构成专有部分，须具备三项要件。

其一为构造上的独立性，能够明确区分，即某一专有部分须与建筑物的其他部分在建筑构造上能够客观地区分其范围。在判断建筑物是否具有构造上的独立性时，应该依照一般的社会观念来确定，如一个独立的住宅单元通过楼板、墙壁与另一个住宅单元相隔离。

其二为使用上的独立性，可以排他使用，即专有部分须与一般独立的建筑物相同，具有能满足一般生活目的的独立功能，可以为居住、工作或其他目的而能够单独使用并具有独立的经济效用。在界定建筑物是否具有使用上的独立性时，可参考该区分的部分有无独立的出入门户，如该区分部分必须利用相邻的门户方可出入的，可以判断其不具有使用上的独立性。

其三能够登记成为特定业主所有权的客体。建筑物区分出来的专有部分，因具有以上要件而有排他支配的可能性，于是可通过合法的技术运作，借登记簿上所登记的笔数、位置、面积等完成不动产公示，表现出其独立的所有权性质。这是对《民法典》物权编中"一物一权"主义的发展，并不违背一物一权、客体特定的宗旨。

关于专有部分的范围，学术见解尚有分歧，大致有下列四种学说：其一为中心说或壁心说，该学说认为专有部分的范围达到墙壁、柱、地板、天花板等境界部分厚度的中心；其二为空间说，该学说认为专有部分的范围仅限于由墙壁（共同墙壁）、地板、天花板所围成的空间部分，而墙壁、地板、天花板等界限点上的分割部分等则为全体或部分区分所有人所共有；其三为最后粉刷表层说，该学说认为专有部分的范围及于壁、柱、板等境界部分表层所粉刷的部分，而境界壁与其他境界之本体则属共用部分；其四是壁心和最后粉刷表层说，也称"中央部分属于共用部分，表面属于专有部分说"，该学说认为专有部分的范围应区分内部关系与外部关系而定。

关于专有部分的面积，《建筑物区分所有权解释》第8条规定："民法典第二百七十八条第二款和第二百八十三条规定的专有部分面积可以按照不动产登记簿记载的面积计算；尚未进行物权登记的，暂按测绘机构的实测面积计算；尚未进行实测的，暂按房屋买卖合同记载的面积计算。"

（四）专有部分的使用、修缮、管理与维护

建筑物专有部分的使用、修缮、管理与维护事关业主的利益，需要立法予以明确。关于建筑物专有部分的使用，《民法典》第 279 条规定："业主不得违反法律、法规以及管理规约，将住宅改变为经营性用房。业主将住宅改变为经营性用房的，除遵守法律、法规以及管理规约外，应当经有利害关系的业主一致同意。"《建筑物区分所有权解释》第 10 条规定："业主将住宅改变为经营性用房，未依据民法典第二百七十九条的规定经有利害关系的业主一致同意，有利害关系的业主请求排除妨害、消除危险、恢复原状或者赔偿损失的，人民法院应予支持。将住宅改变为经营性用房的业主以多数有利害关系的业主同意其行为进行抗辩的，人民法院不予支持。"第 11 条规定："业主将住宅改变为经营性用房，本栋建筑物内的其他业主，应当认定为民法典第二百七十九条所称'有利害关系的业主'。建筑区划内，本栋建筑物之外的业主，主张与自己有利害关系的，应证明其房屋价值、生活质量受到或者可能受到不利影响。"关于专有部分的修缮，《物业管理条例》第 52 条第 1 款规定："业主需要装饰装修房屋的，应当事先告知物业服务企业。"

二、共有所有权

（一）共有权的概念与性质

共有所有权也称共用部分持份权，是指建筑物区分所有人依照法律或管理规约的规定，对区分所有建筑物之共用部分所享有的占用、使用及收益的权利。因为共有权部分是建筑物区分所有权中最易发生纠纷的权利，所以有学者认为共用部分是建筑物区分所有的核心重要问题。❶

共有所有权是区分所有权中另一物权性要素，其与专有所有权共同构成区分所有权制度的"两个灵魂"。区分所有权制度中的共有部分所有权与一般的共有所有权在主体、客体、内容等方面有一定的差异，而且其得丧变更取决于专有所有权的得丧变更，区分所有人亦不得请求共有部分的分割。

建筑物区分所有权之共有所有权的性质理论上有共同共有说、按份共有

---

❶　王泽鉴：《民法物权》（第二版），北京大学出版社 2010 年版，第 153 页。

说之分。有的学者主张区分所有建筑物共有部分的性质是共同共有。❶ 这种学说认为，建筑物区分所有权之共有权是依法律之规定或者依契约之规定而结成共同关系之数人，基于共同关系而享有一物之所有权。各共同所有物之全部所有权属于共有人全体，而非按应有部分享有所有权。各共有人对于共有物不仅有占有、使用、收益权，而且也有管理、处分权。在共有关系维持期间，不得请求分割共有物。

按份共有是指各共有人分别按其应有部分，对共有物之全部有占有、使用、收益及处分权。主张按份共有的学者认为，建筑物区分所有是将整栋建筑物在观念上分割为多个专有部分，各专有部分在法律上是完全独立的，但在物理结构上各专有部分不可分离。每个区分所有权人通过各自的专有权对整栋建筑物享有权利，承担义务。这些权利和义务因各区分所有权人拥有专有部分占整个建筑物的比例而应有不同。❷

（二）共有权的客体：共有部分

建筑物的共有部分，是指建筑物及其附属物中除专有部分之外的由全体或部分区分所有人共同使用的其他部分。共有部分依不同的标准可作多种分类，如可分为法定共有部分与约定共有部分、对建筑物的共有部分与对附属物的共有部分、全体区分所有人的共有部分（如地基、梁柱、电梯、走廊、庭院、管道、地下室、大门、维修基金等公用部分和道路、绿地、停车场、游泳池、物业服务用房等公共设施）与部分区分所有人的共有部分（如各单元内的楼梯、各楼层间的楼板、两套住宅间的隔墙）等。除法律、行政法规规定的共有部分外，建筑区划内的以下部分，也应当认定为《民法典》中所称的共有部分：一是建筑物的基础、承重结构、外墙、屋顶等基本结构部分，通道、楼梯、大堂等公共通行部分，消防、公共照明等附属设施、设备，避难层、设备层或者设备间等结构部分；二是其他不属于业主专有部分，也不属于市政公用部分或者其他权利人所有的场所及设施等。建筑区划内的土地，依法由业主共同享有建设用地使用权，但属于业主专有的整栋建筑物的规划占地或者城镇公共道路、绿地占地除外。此外，随着城市化进程的发展和国

---

❶ 梅仲协：《民法要义》，中国政法大学出版社 1998 年版，第 554-555 页。
❷ 何培华：《房地产法》，法律出版社 2003 年版，第 48-49 页。

民经济水平的提高，《民法典》第 275 条和第 276 条在原《物权法》和《建筑物区分所有权解释》的基础上，就车库归属和业主是否享有优先权等问题进行了明确规定。

（三）共有权的内容

1. 共有权人的权利

第一，共有部分的使用权。此为共有人的基本权利。各共有所有权人在兼顾其他区分所有人权益的前提下，有权对共有部分按其用法予以使用（包括共同使用与轮流使用）。《物业管理条例》第 50 条第 2 款规定："因维修物业或者公共利益，业主确需临时占用、挖掘道路、场地的，应当征得业主委员会和物业服务企业的同意；物业服务企业确需临时占用、挖掘道路、场地的，应当征得业主委员会的同意。"第 54 条规定："利用物业共用部位、共用设施设备进行经营的，应当在征得相关业主、业主大会、物业服务企业的同意后，按照规定办理有关手续。业主所得收益应当主要用于补充专项维修资金，也可以按照业主大会的决定使用。"《建筑物区分所有权解释》第 4 条规定："业主基于对住宅、经营性用房等专有部分特定使用功能的合理需要，无偿利用屋顶以及与其专有部分相对应的外墙面等共有部分的，不应认定为侵权。但违反法律、法规、管理规约，损害他人合法权益的除外。"

第二，共有部分的收益分享权。因共有部分为营利性使用所生的利益，如将共有庭院、墙壁出租的收益，区分所有人应按其应有份额分享。《民法典》第 282 条规定："建设单位、物业服务企业或者其他管理人等利用业主的共有部分产生的收入，在扣除合理成本之后，属于业主共有。"《民法典》第 283 条规定："建筑物及其附属设施的费用分摊、收益分配等事项，有约定的，按照约定；没有约定或者约定不明确的，按照业主专有部分面积所占比例确定。"这表明，共有权人可依规约或其共有持分权取得共有部分所生的利益。例如，外墙因悬挂他人的广告牌而取得的租金，屋顶因竖立他人的接收卫星信号的设施而取得的租金，共有的会所因他人占用而取得的租金，等等，共有权人均有权分享。❶ 至于收益的分配规则，有约定的，按照约定；没有约定或者约定不明确的，按照业主专有部分面积占建筑物总面积的比例确定。

---

❶ 崔建远：《物权法》（第五版），中国人民大学出版社 2021 年版，第 220 页。

所谓建筑物总面积，是指建筑物专有部分面积之和。

第三，共有部分单纯的修缮改良权。区分所有人在不影响或损及共有部分固有性质的前提下，可修缮或改良建筑物共有部分。业主基于对住宅、经营性用房等专有部分特定使用功能的合理需要，无偿利用屋顶以及与其专有部分相对应的外墙面等共有部分的，不应认定为侵权。但违反法律、法规、管理规约，损害他人合法权益的除外。《物业管理条例》第 52 条第 1 款规定："业主需要装饰装修房屋的，应当事先告知物业服务企业。"第 49 条第 2 款规定："业主依法确需改变公共建筑和共用设施用途的，应当在依法办理有关手续后告知物业服务企业；……"

第四，物权请求权。《民法典》第 286 条第 2 款规定了业主对于共有部分享有物的排除妨碍请求权、消除危险请求权等。《建筑物区分所有权解释》第 14 条第 1 款规定："建设单位、物业服务企业或者其他管理人等擅自占用、处分业主共有部分、改变其使用功能或者进行经营性活动，权利人请求排除妨害、恢复原状、确认处分行为无效或者赔偿损失的，人民法院应予支持。"

2. 共有权人的义务

第一，按照共有部分的本来用途使用共有部分。所谓本来用途，又称固有用途，是指按照共有部分的种类、位置、构造、性质或依管理规约规定的共有部分的目的或用途使用共有部分。❶ 对此，《物业管理条例》第 7 条第 2 项、第 49 条第 1 款规定了物业管理区域内按照规划建设的公共建筑和公用设施，不得改变用途。第 49 条第 2 款也规定了业主依法确需改变公共建筑和共用设施用途的，应当在依法办理有关手续后告知物业服务企业。

当然，对某些非按其本来用途使用共有部分，但无损于建筑物的保存和不违背业主的共同利益的，则应允许。例如，为求走廊的美观，允许在墙壁上悬挂字画或镜架。❷

第二，分担共同费用和负担。《物业管理条例》第 7 条第 4 项和第 53 条规定了对于建筑物共有部分及其附属设施的保存、修缮及改良，业主应当按照国家有关规定交纳专项维修资金。

---

❶ 梁慧星、陈华彬：《物权法》（第七版），法律出版社 2020 年版，第 199 页。
❷ 陈华彬：《建筑物区分所有权法》，法律出版社 2018 年版，第 180 页。

专项维修资金属于业主所有，专项用于物业保修期满后物业共用部位、共用设施设备的维修和更新、改造，不得挪作他用。

《民法典》第283条规定："建筑物及其附属设施的费用分摊、收益分配等事项，有约定的，按照约定；没有约定或者约定不明确的，按照业主专有部分面积所占比例确定。"

所谓约定，可以表现为管理规约，也可以表现为业主大会的决定。所谓建筑物总面积，可能是指一栋区分所有的建筑物的面积之和，也可能是指整个建筑区划内的全部建筑物的面积之和。究竟何指，需要根据保存、修缮乃至改良的对象及其与业主的利益关系来确定。

第三，征得同意的义务。《物业管理条例》第50条第2款规定："因维修物业或者公共利益，业主确需临时占用、挖掘道路、场地的，应当征得业主委员会和物业服务企业的同意；物业服务企业确需临时占用、挖掘道路、场地的，应当征得业主委员会的同意。"第54条规定："利用物业共用部位、共用设施设备进行经营的，应当在征得相关业主、业主大会、物业服务企业的同意后，按照规定办理有关手续。……"

第四，告知义务。《物业管理条例》第52条第1款规定："业主需要装饰装修房屋的，应当事先告知物业服务企业。"

第五，协助义务。《物业管理条例》第55条第1款规定："物业存在安全隐患，危及公共利益及他人合法权益时，责任人应当及时维修养护，有关业主应当给予配合。"

第六，恢复原状的义务。《物业管理条例》第50条第3款规定："业主、物业服务企业应当将临时占用、挖掘的道路、场地，在约定期限内恢复原状。"

第三节 业主的成员权

一、业主成员权的概念与特征

（一）业主成员权的定义

业主因共同关系组成管理组织，各所有权人就成为该管理团体的一员，享有成员权。所谓业主成员权，是指业主基于专有部分与共有部分、专有权与共有权不可分离而形成的作为建筑物管理团体之一成员所享有的权利和承担的义务。❶

（二）业主成员权的法律特征

建筑物区分所有权的取得是业主成员权取得的前提，取得了建筑物区分所有权就具有了该建筑物的生活共同体资格，也就是说，取得了该共同体的成员权。取得建筑物区分所有人团体成员权后，可以享有全体区分所有权人集会、制定规约、对共同事务发表意见并参与决策等权利，同时承担相应的义务。

1. 永续性

业主成员权是依赖于区分所有人的所有权而存在的。建筑物的构造、权利归属和使用是一个整体，具有不可分割的关系，这是所有区分所有人之间形成的一种共同体关系。这一关系依赖于建筑物的存在而存在，也就是说，只要建筑物存在，这种共同生活关系就不能解散。可见，业主成员权通过共同关系随建筑物存在而存在，具有永续性。

2. 复合性

业主成员权行使的目的是实现团体利益，从而最大化个人合法利益。为实现共同体利益最大化，业主成员权的内容除了享有的权利，还应承担相应的义务。区分所有人在团体管理中可以享有共同管理事务的表决权，参与规约制定、管理人员的监督及对共有部分收益的请求权等。除了包括这些实体权利和义务，还包括程序权利和义务。为了完整行使实体权利，区分所有人可以参与诉讼活动，这样就产生了程序法上的权利和义务。❷

3. 独立性

关于业主成员权独立性问题，学术界认为：业主成员权是区分所有权人的要素之一，与对共同的建筑物专有权、公共部分持份权一样，是建筑物区分所有权的三要素之一。这种观点否定了业主成员权的独立性。❸

---

❶ 段启武：《建筑物区分所有权之研究》，载梁慧星主编《民商法论丛（第3卷）》，法律出版社1995年版，第336页。

❷ 同上。

❸ 陈华彬：《建筑物区分所有权法》，法律出版社2018年版，第223页。

二、业主成员权的内容

作为管理团体成员权的内容指作为管理团体成员在管理过程中所享受的权利和承担的义务的总称。● 成员权包含的内容主要是人身权利，这些权利和义务的产生基础是其作为一个组织的成员的身份。这种身份决定了其享有在组织内的选举权、表决权等权利，并需要对符合大多数成员意志的决定承担义务。成员权在物业管理中表现出来的功能非常重要。建筑物区分所有权人的成员权的内容是指区分所有人作为管理团体成员所享有的权利和承担的义务。

（一）业主所享有的权利

建筑物区分所有权人的成员权属于社员权的范畴，具体来说所享受的权利主要包括共益权和自益权。

1. 共益权方面

共益权主要是为实现社团所担当的社会作用而存在的，是权利人参与团体事务管理而享有的权利。具体而言，建筑物区分所有权人在这方面的权利主要包括：①召集管理团体大会的权利，它是指区分所有权人组织、提议召开团体大会，从而对区分所有建筑物进行民主管理的权利。②参加管理团体大会的权利，它是指区分所有权人出席、参与管理团体大会，从而具体行使各项成员权。③表决权，它是指区分所有权人（业主）经过审议以后对列入建筑物区分所有权人大会（业主大会）中的议案和报告以投票的方式表示最后的态度：赞成、反对或是弃权的权利。④订约权，它是指区分所有权人参加管理团体集会，订立规约的权利。⑤选举权和被选举权，它是指区分所有权人参与决定管理团体工作人员的任免，以及被提议成为管理团体工作人员的权利。⑥监督权，它是指区分所有权人对管理团体的组织活动进行监察、了解以督促其完善管理水平，从而使团体组织的运作更具效率，更能发挥其职能。

我国《民法典》第 278 条第 1 款规定："下列事项由业主共同决定：（一）制定和修改业主大会议事规则；（二）制定和修改管理规约；（三）选举

● 王泽鉴：《民法物权》（第二版），北京大学出版社 2010 年版，第 144 页。

业主委员会或者更换业主委员会成员；（四）选聘和解聘物业服务企业或者其他管理人；（五）使用建筑物及其附属设施的维修资金；（六）筹集建筑物及其附属设施的维修资金；（七）改建、重建建筑物及其附属设施；（八）改变共有部分的用途或者利用共有部分从事经营活动；（九）有关共有和共同管理权利的其他重大事项。"《物业管理条例》第6条第2款规定："业主在物业管理活动中，享有下列权利：（一）按照物业服务合同的约定，接受物业服务企业提供的服务；（二）提议召开业主大会会议，并就物业管理的有关事项提出建议；（三）提出制定和修改管理规约、业主大会议事规则的建议；（四）参加业主大会会议，行使投票权；（五）选举业主委员会成员，并享有被选举权；（六）监督业主委员会的工作；（七）监督物业服务企业履行物业服务合同；（八）对物业共用部位、共用设施设备和相关场地使用情况享有知情权和监督权；（九）监督物业共用部位、共用设施设备专项维修资金（以下简称专项维修资金）的管理和使用；（十）法律、法规规定的其他权利。"

2. 自益权方面

自益权是指为实现社员个人利益而存在的权利，包括：①请求权，是指区分所有权人作为管理团体成员对公共管理事项及公共利益的应得份额所享有的权利。例如，利益分配请求权、剩余财产分配请求权。②利用权，是指区分所有权人对管理团体的共用设施加以使用以满足自身需求的权利。

成员权的权利内容应是一个开放的体系，并不局限于以上所提出的各种权利，凡是团体成员依据成员资格而实现于团体中的各种利益所必需的权利均应是成员权的内容。

（二）业主所负担的义务

1. 执行大会决议的义务

业主大会通过的决议即成为管理团体的整体意志，作为管理团体成员的各个业主有服从和执行大会决议的义务。我国《民法典》第280条第1款规定："业主大会或者业主委员会的决定，对业主具有法律约束力。"但同时第2款也规定："业主大会或者业主委员会作出的决定侵害业主合法权益的，受侵害的业主可以请求人民法院予以撤销。"《物业管理条例》第12条第4款也规定了业主大会或者业主委员会的决定，对业主具有约束力。此外，《民法典》第939条还规定："建设单位依法与物业服务人订立的前期物业服务合同，以及业主委员会与业主大会依法选聘的物业服务人订立的物业服务合同，对业主具有法律约束力。"

2. 遵守规约的义务

业主规约乃是区分所有权人依法订立的契约，对全体区分所有权人均有拘束力。各区分所有权人应当依照规约的规定行使权利、履行义务。我国《民法典》第286条第1款规定："业主应当遵守法律、法规以及管理规约，相关行为应当符合节约资源、保护生态环境的要求。……"《物业管理条例》第41条规定："业主应当根据物业服务合同的约定交纳物业服务费用。业主与物业使用人约定由物业使用人交纳物业服务费用的，从其约定，业主负连带交纳责任。已竣工但尚未出售或者尚未交给物业买受人的物业，物业服务费用由建设单位交纳。"

3. 服从管理人管理的义务

业主成为管理团体的成员，就意味着必须接受管理团体整体意志的约束，而这一整体意志的具体执行就是管理人的管理行为。服从管理人的管理，其实就是服从团体意志的具体化。

4. 出资与缴费的义务

管理团体为开展活动，须有一定的财政支持，作为共同关系体成员的业主就成为筹措资金的主要渠道。本着谁受益谁负担的原则，建筑物区分所有权人必须分担区分所有建筑物的公用部分的共同支出，即缴纳管理费。此处业主缴纳的费用主要满足两个用途：一是维持基于共同关系而产生的管理团体的正常组织运作；二是负担由区分所有建筑物共用部分的管理、维护、修缮所需的各种费用。我国《民法典》第286条第2款和第3款规定："业主大会或者业主委员会，对任意弃置垃圾、排放污染物或者噪声、违反规定饲养动物、违章搭建、侵占通道、拒付物业费等损害他人合法权益的行为，有权依照法律、法规以及管理规约，请求行为人停止侵害、排除妨碍、消除危险、恢复原状、赔偿损失。业主或者其他行为人拒不履行相关义务的，有关当事人可以向有关行政主管部门报告或者投诉，有关行政主管部门应当依法处理。"第287条规定："业主对建设单位、物业服务企业或者其他管理人以及其他业主侵害自己合法权益的行为，有权请求其承担民事责任。"《物业管理条例》第 41 条规定："业主应当根据物业服务合同的约定交纳物业服务费用。业主与物业使用人约定由物业使用人交纳物业服务费用的，从其约定，业主负连带交纳责任。已竣工但尚未出售或者尚未交给物业买受人的物业，物业服务费用由建设单位交纳。"同时，《民法典》第 944 条第 1 款规定："业主应当按照约定向物业服务人支付物业费。物业服务人已经按照约定和有关规定提供服务的，业主不得以未接受或者无需接受相关物业服务为由拒绝支付物业费。"

(三) 业主违反成员义务的责任

《最高人民法院关于审理物业服务纠纷案件适用法律若干问题的解释》第 1 条规定："业主违反物业服务合同或者法律、法规、管理规约，实施妨碍物业服务与管理的行为，物业服务人请求业主承担停止侵害、排除妨碍、恢复原状等相应民事责任的，人民法院应予支持。"

三、物业管理

(一) 物业管理的概念

物业管理是指为维持区分所有建筑物物理机能，并充分发挥其社会的、经济的机能，而对之所为的一切经营活动。《物业管理条例》第 2 条规定："本条例所称物业管理，是指业主通过选聘物业服务企业，由业主和物业服务企业按照物业服务合同约定，对房屋及配套的设施设备和相关场地进行维修、养护、管理，维护物业管理区域内的环境卫生和相关秩序的活动。"通过立法的形式对物业管理下了定义。

一般而言，物业管理的概念可以从广义和狭义上进行分析。广义的物业管理是指业主对自己拥有的物业，依法实行自治管理和委托物业公司进行的专业性、经营性管理的结合。狭义的物业管理是指物管企业通过公开、公平、公正的市场竞争机制接受业主的选聘和授权，依据物业管理法规的规定和物业服务合同的约定行使管理权，运用现代管理科学和新方法、新技术，对授权管理的物业进行维修、养护、改良，对物业区域内的公共秩序进行维护，对物业业主和使用人提供特约服务，并依约定合理收取物业服务费和特约服务报酬的专业服务性行为。由《物业管理条例》第 2 条的规定可以看出，此规定对物业管理的解释显然采用狭义的概念，但条例的条文内容并不限于此，而是对业主自治、政府主管部门对物业管理事务的指导监督也作了规定。

随着经济的发展和社会的进步，现代物业管理也得到了长足的发展，在以为物业所有人和使用人提供高效、良好的综合性服务为宗旨的前提下，开始以经营的方式对已投入使用的物业实施全方位一体化管理，并开创性地将现代管理科学和先进技术综合运用于物业管理当中。

（二）物业管理的内容

从通常意义上讲，物业管理是指有专门的机构和人员，依照合同约定，对已经竣工验收投入使用的各类房屋建筑和附属配套设施及场地，以经营方式进行管理，并对环境清洁卫生、安全保卫、公共绿化、道路养护等统一实施专业化管理，以及为业主提供多方面的综合性业务的行为。但从管理角度讲，物业管理不仅包括物业公司实施管理、提供服务的活动，还涉及其他管理内容。从目前的法律规定来看，物业管理主要涉及三个方面的内容。

一是业主大会及其业主委员会与物业服务企业之间的管理关系。《物业管理条例》第11条规定的业主大会的职责为：制定和修改业主大会议事规则；制定和修改管理规约；选举业主委员会或者更换业主委员会成员；选聘和解聘物业服务企业；筹集和使用专项维修资金；改建、重建建筑物及其附属设施；有关共有和共同管理权利的其他重大事项。该条例第15条规定业主委员会是业主大会的执行机构，履行下列职责：召集业主大会会议，报告物业管理的实施情况；代表业主与业主大会选聘的物业服务企业签订物业服务合同；及时了解业主、物业使用人的意见和建议，监督和协助物业服务企业履行物业服务合同；监督管理规约的实施；业主大会赋予的其他职责。可见，业主大会及其业主委员会与物业服务企业之间的管理关系不是行政上的管理关系，而是业主大会及其业主委员会作为管理团体自治机关与物业服务企业之间的决策与执行、制约与监督的关系，此种关系为平等主体之间的民事关系。

二是物业服务企业与业主及物业使用人之间的管理关系，此种管理关系，多以物业服务企业与业主签订物业服务合同的形式出现。物业服务企业受全体业主的委托，为了全体业主的利益而处理物业管理事务，故这种管理为委托服务合同关系，属于民法调整的合同关系。

三是行业管理。这是把物业管理作为一种新兴产业，由国家对该行业进行的管理行为。

四、业主大会与业主委员会

（一）业主大会

业主大会是业主成员权行使的权力机构，又称为区分所有权人大会、业主协会，是指由物业管理区域内全体业主组成的或业主人数较多时由一定的业主代表组成的，维护物业区域内全体业主的公共利益，行使业主对物业管理的自治权的业主自治机构。业主进行共同事务的管理，不能仅依个人的管理权，要构建整体有序的生活状态，最有效的办法是将其个人的管理权让渡给一个组织集中行使，而业主又能参与组织机构的运作，从而保障业主共同整体利益的实现。《物业管理条例》第8条第1款规定："物业管理区域内全体业主组成业主大会。"业主大会就是这一组织机构的意思决策机关，理应由全体业主组成。区分所有权人借此参与共同事务的管理，系成员权之体现，而为区分所有权"人法"上的重要因素。同时亦是当事人自治的表征，而为私法自治之一环。❶

1. 业主大会的召集

（1）首次业主大会的召集

在建筑区分所有权人获得物业后，通常要通过选举或其他法律规定的方式确定业主委员会。这项工作通常是召集所有业主召开业主大会时确定。

1）首次业主大会的召集人。针对首次业主大会的召集人，地方法规进行了规定，主要有三种：一是开发商有责任和义务组织召开首次业主大会；二是相关行政主管部门召集首次业主大会；三是由开发商会同业主共同召集。

2）首次业主大会召开的时间。为了考虑多数业主的利益，首次业主大会召开必须满足一定条件，其召开时间主要有两种模式：一是入住率达到一定规模。《天津市物业管理条例》第14条规定："已交付使用的新建物业有下列情形之一的，应当成立业主大会：（一）业主入住率达百分之五十以上；（二）首位业主实际入住达到二年以上。"二是出售率或交付使用部分的比例，或当交付使用部

---

❶ 陈华彬：《建筑物区分所有权法》，法律出版社2018年版，第284页。

分不足规定比例，但物业交付使用已达到一定的期限。物业管理由业主通过机构进行管理，必须在物业交付使用满一定期限后召开首次业主大会，将物业管理的权利转交给业主。

首次业主大会有三个主要职能：一是订立业主公约。业主公约是有关使用、维护公共物业及其管理，通过全体业主共同订立或承诺的履行权利义务的行为准则，对所有业主具有约束力。二是选举产生业主委员会。业主委员会是业主行使相关权利的代表组织，是为维护业主权利而成立的合法机构，管理建筑物相关的日常事务。三是通过业主委员会章程。业主委员会章程是业主共同利益在物业管理中得以体现的有力保障，是成立业主委员会的必要条件，也是业主委员会的行为准则，通过业主大会审议通过后实施。业主委员会章程的主要内容包括业主委员会的目的、组成人员、工作范围、章程修改变更程序及经费来源等事项。

（2）后续业主大会的召集

业主委员会成立后，筹备、召集和主持业主大会是业主委员会的主要职能之一，通常召开定期业主大会和临时会议。《物业管理条例》第13条第2款规定"……经20%以上的业主提议，业主委员会应当组织召开业主大会临时会议"，可见召开业主大会会议是业主委员会的职责之一。《物业管理条例》第14条第1款明确规定："召开业主大会会议，应当于会议召开15日以前通知全体业主。"这一规定明确了通知召开业主大会的时间和对象，但是通知的方式没有明确规定。当遇到紧急情况必须召开临时业主大会时，须经占全体业主10%以上持有投票权的业主提议，业主委员会在接到提议后20日内召开业主大会，做好业主大会会议记录，并同时告知所在区居民委员会。

2. 业主大会决议方法的选择

业主大会的决议是业主表达自己意志的主要途径，现对业主大会决议方法进行讨论。业主大会决议通常采用全体业主投票决定的方式。所以，业主的投票权的计算是业主大会必须解决的重要问题。关于投票权的计算与分配，各个国家采用的方法不尽相同，主要有四种方式：①一人一票。按照区分所有权专有部分的"份"数来分配投票，若多人共同拥有一份区分所有权专有部分，则只计一票。这种方法是现代民主制度下的常用方法，在瑞士、德国广泛采用。②以经济投入或建筑物所有权比例来分配投票权。采用这种方式的代表国家有日本和法国，其中日本是根据业主拥有的区分所有权之专有部分室内面积与区分所有建筑物全部专有部分面积之和的比例来分配投票权；而法国则根据业主所有部分与全部区分所有建筑物价值的比例分配投票权。③以业主拥有住宅数量为分配投票权的依据，每套住宅占一票，这种方式以美国为代表。④根据业主拥有的住宅的建筑面积为投票权计算标准。

以上业主投票权的计算方法可归纳为两类：一是按人数；二是按所占的比例。这两类方法都有其自身的优势，也都存在一些不尽如人意的地方。我国《民法典》第 278 条对此做了明确的规定，在原《物权法》的基础上完善了业主共同决定事项的议事规则，要求业主大会决议采取"双三分之二"原则。同时，有些事项如筹集建筑物及其附属设施的维修资金，改建、重修建筑物及其附属设施，以及改变共有部分的用途或者利用共有部分从事经营活动等采用"双四分之三"原则，即应当经参与表决专有部分面积四分之三以上的业主且参与表决人数四分之三以上的业主同意，防止出现因个别业主恣意行为而导致业主大会瘫痪的问题，进一步保障了业主团体的利益。

3. 业主大会决议的效力

业主大会是由全体业主组成的，是建筑物区分所有权相关事务的最高权力机关，代表全体业主的整体利益，其所作出的决议对所有业主均有约束力。而业主委员会是通过业主大会产生的，并对业主大会和所有业主负责，代表业主大会行使全体业主的权利和义务，所以也必须服从业主大会决议。但是，业主大会决议有效性的前提是不得违反法律、行政法规，不得损害社会公共利益，不得损害业主利益。我国《民法典》第 280 条第 2 款规定："业主大会或者业主委员会作出的决定侵害业主合法权益的，受侵害的业主可以请求人民法院予以撤销。"但对其中涉及的程序并没有作出具体规定。

（二）业主委员会

业主委员会是业主成员权行使的执行机构，也叫业主理事会，是指由全体建筑物区分所有权人，通过业主大会选举出来，对区分建筑物之共用部分进行管理，在物业管理区域内就与物业有关的事项代表全体业主实施自治管理的组织，是全体业主主张和实现权利的载体。依据我国目前的法律法规，业主委员会具有以下特点：①业主委员会应由业主大会选举产生，其宗旨是维护全体业主的合法权益。②业主委员会是执行机关，其活动范围应是进行物业的业主自治管理。③业主委员会是由全体委员组成的执行机关。④业主委员会是非营利性机构，且应在有关部门进行登记。

《物业管理条例》第15条规定："业主委员会执行业主大会的决定事项，履行下列职责：（一）召集业主大会会议，报告物业管理的实施情况；（二）代表业主与业主大会选聘的物业服务企业签订物业服务合同；（三）及时了解业主、物业使用人的意见和建议，监督和协助物业服务企业履行物业服务合同；（四）监督管理规约的实施；（五）业主大会赋予的其他职责。"第19条第1款规定："业主大会、业主委员会应当依法履行职责，不得作出与物业管理无关的决定，不得从事与物业管理无关的活动。"第20条第1款规定："业主大会、业主委员会应当配合公安机关，与居民委员会相互协作，共同做好维护物业管理区域内的社会治安等相关工作。"第64条规定："违反物业服务合同约定，业主逾期不交纳物业服务费用的，业主委员会应当督促其限期交纳；逾期仍不交纳的，物业服务企业可以向人民法院起诉。"

业主委员会有以下职责。

1. 召集业主大会，汇报物业管理的实施情况

业主委员会是由全体业主在业主大会上通过选举或其他法律程序成立的，在首次业主大会之前，业主委员会没有成立，所以首次业主大会的召集不是业主委员会的职责，至于首次业主大会由谁召集，这一问题在前文已经进行了详细讨论。除首次业主大会的召集外，其他各次业主大会的筹备、召集和主持均由业主委员会负责，并在业主委员会上向全体业主报告物业管理的实施情况。

2. 代表全体业主行使对外权利

业主委员会代表全体业主与在业主大会上所选定的物业服务企业签订服务合同。在法律规定的范围内，根据业主大会通过的决议，代表全体业主与选定的物业服务企业签订合同，包括对原物业服务企业的续聘或解聘合同。当与相关单位和部门，如物业服务企业或政府相关管理部门发生关系时，业主委员会必须依法行使相关权利，如申诉、协商和接受调解。业主委员会代表业主行使权利的目的是维护业主的合法权益不受侵害。

3. 监督物业服务企业的合同履行情况

业主委员会一方面应及时掌握业主的意见或建议,使业主的意见或建议得到反映;另一方面要对物业服务企业进行监督,协助其更好地履行物业服务合同。可见,业主委员会是业主与物业服务企业沟通的桥梁和纽带,肩负着协助物业服务企业进行物业服务和调查、反映业主意见和建议的双重责任。当业主与物业服务企业发生冲突时,业主委员会一方面代表业主向物业服务企业提出诉求,另一方面承担业主与物业服务企业之间的协调工作。

4. 确保业主公约的实施

业主公约是通过业主大会民主决议通过的议案,是关系到全体业主切身利益的基本准则,对包括持反对意见的业主在内的所有业主具有约束力。业主公约除了包含限制和约束业主部分行为的条款,还包含对违反公约行为的处罚措施。业主委员会有权利和义务确保业主公约的各项措施得到有效执行。

(三)业主委员会与业主大会的关系

当前物业管理主要采用业主大会和业主委员会并存的管理模式,这克服了原来由单一业主委员会来管理的制度所产生的问题。业主大会是由业主委员会召集并主持召开的全体业主大会,由全体业主组成,行使订立规约、确定业主委员会机构的职能,是全体业主整体意志的体现,对公共事务具有决策权,是最高的决策机构。而业主委员会是由业主大会选举成立的,是业主大会的代表机构,是执行业主大会所作的决策并为业主服务的组织机构,属于业主大会管理公共事务的执行机关。业主大会和业主委员会是全体业主为维护区分所有权而成立的组织,目的是为业主服务,所以业主委员会有义务向业主大会负责并报告工作,按照业主大会的决议进行工作,并接受业主大会的监督。

(四)业主对业主大会及业主委员会决议的异议

业主大会是由业主委员会召集并主持的全体业主会议,是全体业主意志的最高决策机构,应在相关法律、业主公约和业主委员会章程下进行,其根本目的是实现全体业主区分所有权的利益,对有关共同事务进行决策。全体业主必须服从业主大会的决策,同时业主也有权对业主委员会进行监督,以维护自身利益。当业主大会或业主委员会的决议事项有违法律、法规,有损业主利益时，业主有权提出异议，并通过合法途径对其效力进行确认。

我国《民法典》第 280 条第 2 款规定："业主大会或者业主委员会作出的决定侵害业主合法权益的，受侵害的业主可以请求人民法院予以撤销。"《物业管理条例》第 12 条第 5 款规定："业主大会或者业主委员会作出的决定侵害业主合法权益的，受侵害的业主可以请求人民法院予以撤销。"

第七章

相邻关系

第一节　相邻关系概述

一、相邻关系的概念

相邻关系是"不动产相邻关系"的简称，自罗马法以来，一直是民法上的一项重要制度。概因民法系权利法，学说又将相邻关系称为"相邻权"。❶但鉴于相邻关系制度的机能在于谋求实现不动产相邻各方发生冲突之际的利害关系的衡平调整，因此本书舍弃相邻权的称谓而径称相邻关系，更能准确地说明相邻关系制度的本旨。❷故本书采用相邻关系的称谓，而不称相邻权。

相邻关系是指相互毗连或邻近的不动产之所有人或使用人之间在行使所有权或使用权时，因相互间依法应当给予方便或接受限制而发生的权利义务关系。不动产的所有人或使用人对于自己所占有使用的不动产，享有使用收益并排除他人干涉的权利，但如果一方所有人或使用人仅注重自己支配力的行使而忽视他方权利人的排他力，那么两者必将发生冲突。为调和该冲突以谋共同利益，各国法律均将相邻关系规定于不动产所有权制度中，并依此制度对不动产相邻各方的利益加以调整，使相邻各方享有法律规定的权利，同时承担法律规定的义务。在罗马法中，通过"排放雨水之诉""潜在损害保证金""调整地界之诉""关于收获果实的令状""关于砍树的令状"等诉讼方

---

❶　史尚宽：《物权法论》，中国政法大学出版社 2000 年版，第 87 页。
❷　梁慧星、陈华彬：《物权法》（第七版），法律出版社 2020 年版，第 213 页。

式确立了相邻关系的法律规则。● 近代各国民法大多沿袭罗马旧制，对相邻关系作了规定。法国民法将相邻关系纳入"法定地役权"的范畴加以规范，但在法律文本中未出现相邻关系的概念。德国、日本等国民法在"所有权"中规定了相邻关系，将相邻关系视为对所有权内容的限制。我国《民法典》第288条规定："不动产的相邻权利人应当按照有利生产、方便生活、团结互助、公平合理的原则，正确处理相邻关系。"该条款规定了处理相邻关系的四项原则，且从原《民法通则》和原《物权法》一直沿用至《民法典》。同时，《民法典》物权编第七章也对相邻关系作出了专门的规定。

相邻关系具有以下特征：

第一，相邻关系的前提是两个或两个以上的不动产相邻。不动产包括土地、房屋、建筑物以及其他土地定着物。所谓相邻，是指不动产相互毗连或邻近，如土地相连、房屋邻接。从本质上说，只要一方不动产支配范围影响到另一方对于其不动产绝对的所有权或使用权行使时，即产生了民法上的相邻关系，不以不动产直接相连为限。

第二，相邻关系的主体是相邻近的不同的不动产权利人，单一的主体无法构成相邻关系。不动产权利人包括不动产的所有人、用益物权人及承租人等依合同关系合法占有使用不动产的人。因此，不仅不动产所有人之间存在相邻关系，邻近的不动产使用人之间，以及不动产使用人与不动产所有人之间也可以发生相邻关系。

第三，相邻关系的客体主要是行使不动产权利所体现的利益。相邻关系的种类十分复杂，不同的相邻关系因其内容不同，权利和义务所指向的对象及客体也不同。例如，在因土地使用权权属不清而发生的相邻关系中，其客体是不动产本身，但绝大多数相邻关系的客体是行使不动产的所有权和使用权所体现的财产权益和其他权益。至于相邻各方的行为，应视为相邻关系的内容而不是客体。所以，相邻关系的客体主要是行使不动产权利所体现的财产利益和其他利益。

第四，相邻关系的内容十分复杂。相邻关系因种类不同而有不同的内容，

● ［意］彼得罗·彭梵得：《罗马法教科书》（2017 年校订版），黄风译，中国政法大学出版社 2018 年版，第 192-196 页。

基本上包括两个方面：一是相邻一方在行使所有权或使用权时，有权要求相邻他方给予便利，而相邻他方应当提供必要的便利。所谓必要的便利，是指非从相邻方得到这种便利，就不能正常行使不动产的所有权或使用权。这种相邻关系是以相邻方的作为为内容的。二是相邻各方行使权利时，不得损害相邻他方的合法权益。例如，从己方土地上排水，应尽量避免给相邻方造成损失。这种相邻关系是以相邻方的不作为为内容的。

第五，相邻关系的产生具有法定性。相邻关系是由法律直接规定的，而不是由当事人通过合同约定的。相邻关系是法定的权利义务，是法律为调和相邻的不动产所有人或使用人之间的利益冲突而对所有权所作的限制，在性质上并不是一种独立的物权，属于不动产所有权制度的一项重要内容。

二、相邻关系的处理原则

在我国，相邻关系常常具有普遍性及复杂性。古语有云："里仁为美""睦乃四邻"，在日常生活中应严于律己，有仁爱之心，特别是处理邻里关系时要多替他人考虑，即《民法典》第288条规定："不动产的相邻权利人应当按照有利生产、方便生活、团结互助、公平合理的原则，正确处理相邻关系。"良好的邻里关系对推进社会文明、守护遵法底线，打造中国特色社会主义新时代文明社会亦具有重要意义。根据这一规定，在处理相邻关系时，应注意如下原则。

（一）有利生产、方便生活的原则

相邻关系是人们在生产、生活中，因行使不动产权利而产生的，与人们的生产、生活有着直接的关系。在《民法典》物权编中设置相邻关系的一个很重要的目的就在于保证人们最基本的生产、生活条件，进而保障人们生产和生活顺利地进行。因此，在处理相邻关系时，应当从有利生产、方便生活的原则出发，妥善解决有关问题。相邻各方不能因行使自己的权利而有损社会生产和他人生活，在处理相邻关系争议时，既要注意保护相邻各方的合法权益，做到物尽其用，又要注意有利于生产和方便生活。例如，在处理地界纠纷时，如果原来未划定地界，就应当根据如何便于经营管理和有利于生产发展的原则，来确定新的地界线。

（二）团结互助的原则

相邻关系发生在相邻不动产的所有人或使用人之间，要求相邻各方在行使自己的权利时必须尊重邻人的权利，为相邻他方行使权利提供方便。如果一方只要求他人给予方便，而自己却不为他人提供方便，就不可能处理好相邻关系，因此，处理相邻关系必须遵循团结互助的原则。这一原则在很大程度上是基于相邻关系中一方应承受的容忍义务的目的相同，为了维持人与人之间和睦、友好的关系，就需要相互之间互让、互谅。但是这种容忍义务并不是无限度忍受和制约，而是相邻一方应当容忍相邻他方所造成的最低限度轻微妨害，如果是超出一般意义上的严重损害或妨害，可主张救济。

该原则是民法中处理民事纠纷的一个基本出发点，对于当今中国和谐社会建设也意义重大。在司法实践中，人民法院在处理此类纠纷时一定要兼顾各方的利益，本着互谅、互让、有利团结的精神协商解决。

（三）公平合理的原则

相邻关系涉及各方不动产权利方面的争议甚至冲突，如果发生纠纷以后处理不当，会造成社会矛盾，从而危害社会的稳定和团结。所以，相邻各方在发生争议之后，应当在公平合理的基础上予以解决；相邻各方在获得便利时，也应当承担一定的义务，对受到损失的一方，应当按照公平合理的原则给予适当的补偿。例如，相邻一方的树木的树枝延伸到了邻人的土地范围内，在一般情况下，该方应当予以剪除以免其影响相邻方行使其土地权利。但是，如果树木本身具有重大的经济价值或者剪除会对树木生长造成影响的，可由双方当事人协商是否予以剪除；如果不予剪除，一方应给予对方补偿。

（四）依据法律、法规和习惯处理相邻关系的原则

《民法典》第289条规定："法律、法规对处理相邻关系有规定的，依照其规定；法律、法规没有规定的，可以按照当地习惯。"此条意指法律、法规对相邻关系的内容作出明确规定的，必须按照这些规定来处理相邻关系；如果没有法律、法规规定的，可依照当地习惯进行处理。

第二节　相邻关系的类型

一、相邻用水关系与相邻排水关系

《民法典》第 290 条规定："不动产权利人应当为相邻权利人用水、排水提供必要的便利。对自然流水的利用，应当在不动产的相邻权利人之间合理分配。对自然流水的排放，应当尊重自然流向。"此条规定了相邻用水关系和相邻排水关系。

（一）相邻用水关系

在我国，水流一般属于国家所有，相邻各方均有使用的权利。在相邻用水关系中，无论是地上水还是地下水，水源地所有人或使用人均有权自由使用水资源，但不得垄断对水的使用权，不得滥钻井眼、挖掘地下水，使邻人的生活水源减少，甚至使近邻的井泉干涸。

处理相邻用水关系的基本原则：尊重水的自然流向，依照由近及远、由高至低的原则合理分配、依次使用，任何一方不得为自身利益而擅自改变水路、截阻水流、独占水流。一方擅自改变、堵截或独占自然水流而影响他方正常生产生活的，他方有权请求排除妨碍，造成他方损失的，应负赔偿责任。在需要改变流向但因此会影响相邻他方用水时，应征得他方同意，并对由此造成的损失给予适当的补偿。

（二）相邻排水关系

相邻一方必须利用另一方的土地排水时，他方应当准许，这就是因排水而产生的相邻关系，但是这种相邻关系又因自然排水和人工排水的不同而有所不同。

对于自然排水，应当遵循的就是自然水流方向。也就是说，高地的使用人应按其流水引水，低地水流使用人对高地使用权人，按照水流的自然流向排水。水流有余时，低地相邻方不得擅自筑坝堵流，使水倒流，或者采取各种方法阻塞流水，从而阻碍高地的正常排水。

作为另一种排水方式，人工排水在现实生活中似乎更能引起人们的普遍关注。实践中，人工排水过程中也应遵循自然规律，即水的自然流向。在这一关系中，低地使用权人没有当然的承水义务即允许水流通过的义务。高处土地所有人或使用权人必须选择于低地损害最小的处所并采取适当的排水措施，将其人工排水安全通过低地，直达江河或公共排水系统，若排水时采取了适当措施仍致低地产生损失时，由受益方合理补偿。相邻一方可以采取其他合理的措施排水而未采取，以致毁损或者可能毁损他方财产的，他方有权要求致害人停止侵害、消除危险、恢复原状、赔偿损失。对于共同使用和受益的渡口、桥梁、堤坝等，相邻各方应共同承担养护、维修义务。修建房屋时，应注意不得将屋檐滴水向邻人屋面排放以致他人受到损害。当发生相邻房屋滴水纠纷时，对有过错的一方造成他人损害的，应当责令其排除妨碍，赔偿损失。

二、邻地通行关系

《民法典》第 291 条规定："不动产权利人对相邻权利人因通行等必须利用其土地的，应当提供必要的便利。"此条规定了邻地通行关系。

通行是维持人们正常生产生活的条件，如果通行权无法得到保障，那么正常的生产生活秩序就会受到严重的干扰，进而引发社会矛盾。为此，我国物权法规定了必要通行权，又称为"邻地通行权"或"袋地通行权"。

所谓必要通行权，是指土地因与公路无适宜的联络，致不能为通常使用时，土地、建筑物的所有人或使用人可以通行周围地以至公路，而周围地所有人或使用人则负有容忍通行的义务。此通行权，具有促进物尽其用之社会经济的整体利益目的，因而享有人不得预先抛弃。须注意的是，行使上述必要通行权应具备以下五个要件。

第一，土地与公路无适宜的联络，致不能为通常的使用。即土地所有人或使用人的土地或建筑物与公路隔离，全无进出的通路，或虽有进出的通路，但费用过巨且有危险（如需航经湖泊海洋），或非常不便（如危崖峭壁，土地与公路高低悬殊）等。另外，土地所有人或使用人欲达到分路，须架设竹桥或木桥，也属土地与公路无适宜的联络。至于公路，不限于国道、省市县乃至乡村之间的公有道路，凡可供公众通行的道路均属于公路。

第二，享有通行权的主体须为土地或建筑物的所有人或使用人。

第三，须非因土地或建筑物的所有人或使用人的任意行为所致。若因其任意行为所致的，则周围土地的所有人或使用人无容忍其通行的义务。因而，土地所有人或使用人任意抛弃原有的通行权，或破坏原有桥梁、通路后而向邻人主张通行的，不宜允许。

第四，须土地或建筑物使用所必要，即"致不能为通常使用"。是否为土地、建筑物通常使用所必要，按土地的位置、地势、面积或用途等考量，而不应以之前的使用方法为标准。因此，土地、建筑物所有人或使用人已变更土地、建筑物原用途，例如由耕种而变更为开设工厂的，原来的小路即不足以实现土地通常使用所必要。至于供当地数百户居民使用的通路，无法通行消防车、垃圾车，则属于数百户居民生活上不便或有危险，而非土地或建筑物所有人或使用人不能依通常情形使用土地。

第五，须支付补偿金。享有通行权的人，虽可通行周围地以至公路，但被通行之地，常常因此而受损害。故依此规定，通行权人应支付补偿金。须注意的是，因该通行权的基础为土地所有权或使用权，只要通行权人的土地与公路无适宜的联络，其通行权即始终存在，并不因未支付补偿金而消灭。此时，被通行地的所有人或使用人，仅可依债务不履行的规定，请求其给付该项补偿金。

土地与建筑物，为国家与社会的最重要的物质基础之一，关乎国家、社会的存续与发展，意义重大。因此，享有通行权的人在选择道路时，应选择对周围地损害最少的路线及方法。例如，只需要小道即可，就不得开辟大道；能够在荒地上开辟道路，就不应在耕地上通行。

三、相邻不动产利用与管线安设关系

《民法典》第 292 条规定："不动产权利人因建造、修缮建筑物以及铺设电线、电缆、水管、暖气和燃气管线等必须利用相邻土地、建筑物的，该土地、建筑物的权利人应当提供必要的便利。"此条规定了相邻不动产利用与管线安设关系。

不动产权利人在自己的土地上建造、修缮房屋或其他建筑物，或因铺设电线、电缆、水管、暖气、燃气管道等有使用邻地或建筑物的必要时，相邻一方应允许其使用并提供必要的便利。具体而言，这种相邻关系的内容包括

两种类型：一是因建造、修缮建筑物需要使用相邻不动产的，相邻一方应当提供必要的便利。例如，建造房屋时，需要临时在相邻的不动产上堆放必要的建料或搭建脚手架等，可以要求相邻方提供这种便利。二是因铺设电线、电缆、水管、暖气和燃气管线等必须利用土地、建筑物的。例如，相邻一方为了维修燃气管道而进入他方建筑物，相邻方应当提供必要的便利。立法规范这一类型的相邻关系的主要目的也是保障人民的基本生活条件，更好地维护公共利益与安全，有效利用资源。

处理邻地利用与管线安设关系应注意以下几个问题：一是不动产权利人因建造、修缮房屋或其他建筑物，或因铺设各种生产、生活所用管线而有使用邻地或建筑物的必要，即若不使用邻地或建筑物，便无法完成该项工作或代价过大；二是不动产权利人应采取适当的方式（如选择适当时间、地点和路径）使用相邻方土地或建筑物，尽量避免或减少对相邻土地或建筑物的损害；三是权利人使用完毕后，应及时恢复原状，并补偿对方因其使用而遭受的损失。

在此需要指出的是，利用他人土地或建筑物的一方，是否必须经过对方同意。根据物权法制度，一方因建造、修缮建筑物或者铺设管线必须利用他人土地建筑物的，相邻他方应当给予这种便利，但是前提是利用相邻权利人不动产的要求必须是合理的，否则，另一方有权拒绝。例如，在建造建筑的过程中，本不需要占用相邻一方的土地堆放建材等杂物，却非要对方同意其堆放这些物品的，后者有权拒绝。因此，在这类相邻关系中，一方面要求这种利用要合理，另一方面还不能给对方造成损失，否则就应承担赔偿义务。当这种要求超出满足基本生产生活的限度时，便要经过对方同意，或作出相应补偿，才能利用；否则，便会导致侵权事实的发生。

四、相邻通风、采光关系

《民法典》第 293 条规定："建造建筑物，不得违反国家有关工程建设标准，不得妨碍相邻建筑物的通风、采光和日照。"该条规定了相邻通风、采光关系。

通风与采光妨害，为现代社会的多发性现象。在现代社会，尤其是现代的大都市，由于土地价值极为昂贵，致使建造的建筑物之间的距离急剧缩小，高楼大厦鳞次栉比，这也使建筑物急速向高空方向发展。因而，相邻建筑物或其他工作物之间的通风与采光妨害问题应运而生。

建筑物（尤其是住宅）的通风、采光和日照，是实现其功能的起码要求，也是建筑物权利人的基本需要。在许多国家，有关通风、采光、日照等内容已经成为一种人格权的内容。我国物权法从相邻关系的角度作出了规定，保障了相邻一方通风、采光、日照等的权利，对于保障人们的基本生活条件、构建和谐社会等都十分必要。

不动产的所有人或使用人在建筑房屋或其他工作物时，必须与相邻方保持适当距离，为相邻方提供通风、采光和日照等必要便利。国家有关部门对各类建筑物的规划设计确立了相应的控制标准，各地城市规划部门也对本地区的城市建设制定了控制性详细规划和修建性详细规划，在建筑物的间距、高度等方面充分考虑了通风、采光和日照等要求。建造建筑物，必须遵守国家和当地有关建筑规划的规定，不得超密超高，妨碍相邻建筑物的通风、采光和日照。即使在城市规划区域之外的农村建造建筑物，也应尊重相邻建筑物权利人的通风、采光和日照权利，如有妨害，相邻方有权要求停止侵害或赔偿损失。

五、相邻环保关系

《民法典》第 294 条规定："不动产权利人不得违反国家规定弃置固体废物，排放大气污染物、水污染物、土壤污染物、噪声、光辐射、电磁辐射等有害物质。"

相邻环保关系，又称为不可量物侵入的防免关系，是指不动产所有人或使用人在行使不动产权利时，应当遵守环境保护法的有关规定而采取措施，防止废气、废水、废渣、恶臭、噪声、光、粉尘、放射性物质等不可量物侵入相邻人的不动产。

在相邻环保关系中，对"相邻"的理解与传统的相邻关系在物理范围内的毗邻或邻接有很大的不同。因为相邻环保关系中的"相邻"主要是一方不动产的使用影响到他人不动产利用的整体或部分空间。由于环境自身的因素，对于不可量物所产生的危害及影响，不能仅从地理位置相邻来认定。正如吕忠梅教授所说："环境保护相邻权不一定是严格的连接，而主要是基于环境的生物性、地理上的整体性、生态的连锁性和环境影响的广泛性而发生的更大程度上的相邻。"

对于不可量物的侵入，首先，要依据国家有关环境保护方面的法律法规来确定，是否违反了国家规定。例如，我国《固体废物污染环境防治法》第14条规定："国务院生态环境主管部门应当会同国务院有关部门根据国家环境质量标准和国家经济、技术条件，制定固体废物鉴别标准、鉴别程序和国家固体废物污染环境防治技术标准。"其次，如果国家还没制定相关的规定，应当根据具体情况来确定是否过度或过量。引起不可量物侵害的实质要件是发生侵害的异常性与过度性，也就是说，一方导致另一方的损害超过了相邻关系通常的忍受限度。此时，若构成侵权，则受害方可依侵权责任法请求救济（如停止侵害、赔偿损失）；而作为相邻不动产权利人，还可以根据相邻环保关系，要求对方停止上述行为。不动产权利人行使这一权利时，无需满足侵权请求权的要件（如证明对方行为的违法性及己方已遭受损害），只需证明相邻方有上述危害行为即可。

禁止相邻方不可量物的侵入是不动产权利人实现其不动产权利的正当要求。但在现代社会中，每个人都生活在各种气体、辐射、噪声等的包围中，完全禁止这些不可量物侵入是不可能的。因此，对于侵入轻微或按不动产的性状及地方习惯认为并未超过必要限度的，相邻人有容忍的义务。例如，相邻各方不得制造噪声、喧嚣、震动等妨碍邻人的生产和生活，对一些轻微的、正常的音响和震动，相邻他方则应给予谅解。

六、相邻损害防免关系

《民法典》第295条规定："不动产权利人挖掘土地、建造建筑物、铺设管线以及安装设备等，不得危及相邻不动产的安全。"相邻损害防免关系，又称为邻地损害的防免关系，指不动产所有人或使用人在行使不动产权利时，应当注意防止、避免给相邻他方造成损害。

有关相邻关系应注意以下两点。

第一，一方权利人在其不动产上实施的挖掘土地、建造建筑物、铺设管线以及安装设备等具有危及相邻方安全的行为。例如，相邻一方在自己的土地上挖水沟、水井等行为，虽然是在自己的不动产上行使权利，但由于其所实施的行为本身可能给相邻不动产的安全造成威胁，因此，为了防止这种危险的发生并对发生的危险后果予以调整加以规范，法律就对这种权利人行使权利作出了一定的限制。如果一方在自己所有的土地上从事挖掘作业，严重威胁到相邻方的人身或财产安全，相邻方就有权采取措施排除和消除危险。也就是说，一方在自己的土地上从事这种类似的行为，在民法上属于合法行使自己物权的行为，但是，法律在保护其行使自己权利的同时，也明确禁止其侵害他人的合法权益。

第二，相邻一方的行为危及相邻不动产的安全。一般来说，这种危及不动产安全的行为包含两类：一是实际侵害，即已经出现了不动产妨害或损害；二是存在实际侵害可能性，即该行为可能给他人的不动产造成侵害，在未来极有可能发生一定的危险，却还未发生，而对此种威胁，相邻方亦有权要求其排除妨碍，消除危险。例如，一方在挖掘土地、建造房屋、铺设管线或安装设备时，存在着危及邻人建筑物的可能性，邻人无需证明其已受到实际的侵害，只需证明此种威胁的存在，即可要求作业方停止其行为。

另外，放置或使用易燃、易爆、剧毒物品，必须严格按照规定办理，并与邻人的建筑物保持适当的距离或采取必要的防范措施，使邻人免遭财产和人身损失，因此造成损害的，应当予以赔偿。相邻一方种植的竹木根枝延伸，危及另一方建筑物的安全和正常使用的，应当分情况，责令竹木种植人消除危险、恢复原状、赔偿损失。

第三节　侵害相邻权的救济

2009 年 12 月公布的《侵权责任法》明确了侵权责任，对保护民事主体的合法权益以及促进社会和谐稳定具有重大的价值和意义，民事权利遭受侵害所应获得的法律救济体系也建立了起来。《民法典》侵权责任编以侵权责任法为基础，总结实践经验，顺应时代发展，针对新的侵权形态，吸收实践相关经验和借鉴司法解释的有关规定，进一步补偿和完善了侵权责任制度。作为所有权扩张的内容，相邻关系被侵害的救济也必然地得到了完善。法律明确规定，出现相邻关系纠纷时，受害人可以要求加害人停止侵害、排除妨碍、赔偿损失等，但这并不意味着立法者将相邻关系作为一种独立的权利，而实质上这种救济仍是根据物上请求权或基于侵权行为的请求权而产生的。因此，要对这一问题进行进一步探讨，我们还要从物权请求权和债权请求权的角度入手。

一、通过物权请求权的救济

物权请求权，是指当物权的圆满状态受到妨害或有可能发生妨害时，物权人为了使其物权恢复到圆满状态，请求妨害人为一定行为或不为一定行为的权利。它源于罗马法中对物的诉讼，是基于物所产生的一种救济权利。不难看出，物权请求权确是在物权遭受侵害的情形下，法律赋予物权人的一种可以对物恢复完全支配状态的救济性权利。因此，设立物权请求权的目的在于恢复并保证物权人对物的完整支配状态，以满足物权人享受物权利益的需求。

物权请求权是以物权为基础的权利，与物权密不可分，它随物权的产生而产生，随物权的变化而变化，又随着物权的消灭而消灭。依赖于物权本身的物权请求权，由于物权受侵害形态不同，又表现为不同的内容和实现方式，包括恢复原状请求权、返还原物请求权、排除妨碍请求权。

具体来说，通过物权请求权的方式来实施法律救济的情形包括以下几种。

一是相邻一方在行使其不动产权利时，给相邻他方造成了一定程度的危险。例如，一方在其院内存放易燃易爆物品，这就使邻人的人身和财产处于一种高度危险的状态。又如，建造房屋一方，挖掘的沟渠严重影响到相邻方地基的安全。在类似情形下，提供便利的一方都可以请求行为人消除危险，或者请求人民法院强制行为人消除危险。

二是相邻一方在行使权利时，给相邻他方造成妨害。例如，一方排放煤烟、臭气等不可量物，侵入邻人的生活空间，或释放的无线电波、放射性物质，使某种妨害产生。在此种情况下，受害方也可直接请求行为人排除妨害，或者请求人民法院强制其排除妨害。

三是一方在行使不动产权利时，对相邻方的不动产造成了妨害。例如，一方的建筑物或构筑物严重影响了对方的通风、采光或日照，诸如此类，相邻方也可以直接请求人民法院来停止侵害或者排除妨碍。

二、通过债权请求权的救济

债权请求权，是指权利人基于债的关系而产生的，请求特定人为特定行为的权利，这种请求权是在权利及权利救济的媒介意义上使用的，在这一层面上的请求权是基于侵权行为而产生的一种救济性的请求权，是针对物权、人身权等绝对权保护的救济性请求权，它是基础权利保护和救济的方法和手段，其功能就在于保护和救济基础性权利。

通常使用债权请求权的情形有如下几类。

一是相邻不动产权利人一方应当给相邻他方提供必要便利，但拒绝提供便利，并给对方造成损害的情况。例如，一方应提供相邻方通行、用水的便利，但却拒绝提供这种便利，致相邻他方的财产受损的，则构成侵害相邻关系的事实。依据相邻关系规则，在符合相邻关系的情形下，其中一方行使不动产权利，如果确需另一方提供必要便利的，就有权要求对方提供这种因其自身物权扩张所应提供的便利。

二是相邻方行使不动产权利时给相邻他方造成其他损害的，可以通过债权请求权进行法律救济。这种情况主要是指，一方依据法律规定扩张其权利，却给相邻方造成了其他损害。例如，在铺设管线时给相邻方造成了其他财产损失，在这种情况下，此种行为虽然构成侵权，但所侵害的并不是相邻关系，而是一种单一的侵权纠纷，可以直接依据侵权责任法规定，要求行为方排除妨碍或者赔偿损失。但这一法律关系，并非本章探讨的相邻关系纠纷。

三是相邻一方故意在行使不动产权利时给相邻方造成侵害的，不属于侵害相邻关系的行为。原因在于这种行为，已经超出了法律对于相邻关系的调整范畴。相邻关系发生始终是围绕在扩张权利和限制权利的范围内的，只要发生在这一范围之内的纠纷，毫无疑问，应当适用相邻关系规则予以调整。但是，当事人之间的争议超出这一关系时，情形就发生了根本性的变化。例如，相邻一方故意在自己的房屋上竖起一个很高的烟囱来遮住邻居的光线，或者故意使自己的建筑物发出噪声，影响邻居正常生活的，不视为对相邻权的影响，而应将其直接定性为侵权行为，受害方也可以直接依据侵权责任法的相关规定寻求救济。

总之，从物权请求权和债权请求权的性质和功能上来看，两者都是物权等绝对权的保护手段和方式，而不同的只是其具体适用要区别物权受侵害的程度和事实状态。更加严格地讲，在相邻关系纠纷中，对于物权请求权和债权请求权的适用是存在差异的，而其主要差别就在于，债权请求权的适用只能是在行为人侵害相邻方的权益，并且造成了实际的损害时，否则，只能用物权保护方法来对相邻权进行保护。在相邻关系遭受侵害的情况下，物权请求权和债权请求权都是受害人获得法律救济的途径。在物权请求权与债权请求权存在竞合的情形下，应当允许不动产物权人选择一种方式来通过法律途径寻求法律保护。

第八章

共 有

第一节 共有概述

一、共有的概念

共有为现代物权法一种所有权形式，是指两个或两个以上的权利主体就同一财产共同享有所有权的法律制度，抑或复数的人就同一标的物共同享有同一所有权的法律状态。各共有人之间因财产共有形成的权利义务关系称为共有关系，在共有关系中，共有的主体称为共有人，客体称为共有财产或共有物。我国《民法典》第297条规定："不动产或者动产可以由两个以上组织、个人共有。共有包括按份共有和共同共有。"

共有是家庭和社会经济生活中常见的现象。不仅自然人之间基于婚姻家庭关系和财产继承关系而产生的共有关系普遍存在，而且自然人之间、法人之间及其相互之间因共同生产经营等而发生的共有关系也大量存在。随着市场经济的发展，自然人之间的合伙经营和法人之间的横向经济联合更加广泛地发展起来，因而财产共有关系在经济生活中的地位会更加重要。法律确认和保护共有关系，对于巩固和发展法人之间的横向经济联合、自然人之间的合伙、自然人与法人之间的联合经营，以及预防和减少因家庭和夫妻财产共有关系而发生的纠纷，促进夫妻之间和家庭成员之间的和睦团结，促进社会和谐发展等，均具有重要的意义。

二、共有的特征

共有作为物权法上一项重要的法律制度，它的基本法律特征是：

第一，共有的主体不是一个而是两个或两个以上的公民或法人，即共有关系的权利主体具有多元性。这种主体的多元性构成共有在主体方面区别于单独所有权的一项重要特征。另外，在共有关系中，多个主体之间的联系具有偶然性，不以团体的结合关系为前提。

第二，共有的客体是一项特定的统一财产，该项财产可以是一个集合物、合成物或者单一物，即共有的客体具有同一性。共有物在共有关系存续期间不能分割，不能由各个共有人分别对某一部分共有物享有所有权，而只能由各共有人对共有物共同享有所有权。

第三，共有的内容是各共有人对同一共有物或者按一定份额享受权利、负担义务，或者依平等原则享受权利、承担义务，即共有的内容具有复杂性。每个共有人对共有物享有的占有、使用、收益和处分的权利，不受其他共有人的侵犯。在多数情况下，共有财产权利的行使与义务的分担，需要体现全体共有人的意志，并由全体共有人决定。

第四，共有是所有权的联合的法律形式，而不是一种独立的所有权类型，即共有所有权具有联合性。共有是多个权利主体基于共同的生活、生产和经营目的，而将其财产联合在一起产生的财产形式。共有可以是同种类型所有权的联合，如集体所有权之间的联合；也可以是不同类型所有权的联合，如集体所有权与公民个人所有权之间的联合。

三、共有的成立原因

按照现代各国物权法，共有通常基于以下原因而发生。

第一，基于当事人的约定而发生，即对同一物具有所有关系的数人，因具有共同所有的意思而约定成立共有关系。例如，数人共同出资购买一辆汽车并约定该车归出资人共有，则该数个出资人之间因此形成车辆共有关系。

第二，基于法律的直接规定而发生，即由于法律的直接规定而在数个权利主体之间产生共有关系。例如，《民法典》第 1062 条规定了夫妻关系存续期间所得财产，归夫妻共同所有。这种共有关系的发生不必由当事人协议，而是符合了法律规定的条件，就依据法律而自然产生了共有关系。

第三，基于财产的性质而发生，亦称为强制共有。由于这些财产的性质具有不可分割性，不实行共有就没有办法解决所有权的问题，因而产生了共有关系。例如保障性住房，在政府和购房者之间形成了房屋共有关系。

第四，基于共同行为而发生，在普通的共同共有和准共有中，很多是基于共同行为而发生的。在这些共同行为中，很难说行为人是有发生共有关系的意志，还是没有这种共同意志，但是因共同行为而发生了共有关系。这种共有可以称为取得共有，以区别于基于共同意志而发生的协议共有。

第五，基于原来的共有关系而发生，在原来的共有关系之上产生的债权，是共有债权，因而产生准共有的法律关系。例如，在合伙经营中产生的债权，由于合伙的财产关系是共有关系，因而这个债权也是共同债权，为准共有性质。《民法典》第 307 条规定："因共有的不动产或者动产产生的债权债务，在对外关系上，共有人享有连带债权、承担连带债务，但是法律另有规定或者第三人知道共有人不具有连带债权债务关系的除外；在共有人内部关系上，除共有人另有约定外，按份共有人按照份额享有债权、承担债务，共同共有人共同享有债权、承担债务。偿还债务超过自己应当承担份额的按份共有人，有权向其他共有人追偿。"

第六，基于不动产相毗邻而发生。在数个相毗邻的土地设置地役权，产生的地役权的性质可能是共有地役权。这种地役权关系，是按份共有关系。

四、共有的分类

共有在历史上曾出现多种形态，典型的有罗马法的共有与日耳曼法的总有和合有制度。罗马法的共有主要是按份共有，而日耳曼法的总有是由一定的团体对标的物享有管理权能，而由其成员享有标的物的收益权能。日耳曼法的合有为共同共有。❶

自近代以来，各国民法对共有的分类并不一致。德国民法典与日本民法典所称共有指"按份共有"，而无共同共有。我国《民法典》第 297 条规定了按份共有和共同共有，第 310 条规定："两个以上组织、个人共同享有用益物

---

❶ 王利明：《物权法研究（上卷）》（第四版），中国人民大学出版社 2016 年版，第 679-680 页。

权、担保物权的，参照适用本章的有关规定。"民法理论界将此条规定推定为准共有。因此，本书所称的共有，包括按份共有、共同共有和准共有。

五、按份共有与共同共有的区别

一是成立的原因不同。共同共有的成立，须以存在共同关系为前提，按份共有则没有此限制，因此，按份共有人之间不存在共有人的结合关系，而共同共有人之间则存在这种关系。

二是享有的权利不同。在按份共有中，共有人对应有部分享有所有权，共有人之间的彼此限制相对较小。在共同共有中，共有人的权利及于共有物的全部，并不是按照应有部分享有所有权，因此，原则上应得到全体共有人的同意后，方可行使对共有物的使用、收益等权利。

三是分割的限制不同。在按份共有中，共有人除了因共有物的使用目的不能分割或契约约定不能分割的情形，随时可要求分割共有物。在共同共有关系中，各共有人则不得请求分割共有物。

四是对共有物的管理不同。在按份共有中，共有人除另有约定之外，对共有物的改良行为需获得共有人过半数同意或其应有部分合计过半数的共有人同意，而对共有物的一般保存行为和简易修缮，则可以单独进行。在共同共有中，除法律规定或当事人另有约定之外，对共有物的管理应获得全体共有人的同意。

五是对应有部分的处分不同。在按份共有中，各共有人可自由处分其应有部分；而在共同共有中，则没有应有部分的处分可言。

六是共有关系的存续期间不同。按份共有就其性质而言，共有人之间不存在婚姻家庭等共同关系，因此其共有关系具有短暂性；而共同共有人之间关系相对比较稳定，因此存续期间较长。

第二节　按份共有

一、按份共有的概念

按照现代民法立法与理论，按份共有是指共有人按照预先确定的份额对共有财产分享权利和分担义务的共有。按份共有是共有的原始形态或通常形态，在实践中最为常见，是各国民法所普遍规定的共有制度。我国《民法典》第 298 条规定："按份共有人对共有的不动产或者动产按照其份额享有所有权。"第 308 条规定："共有人对共有的不动产或者动产没有约定为按份共有或者共同共有，或者约定不明确的，除共有人具有家庭关系等外，视为按份共有。"例如，甲和乙合购一栋房屋，甲出资 80 万元，乙出资 100 万元，甲、乙各按其出资份额对所购房屋享有权利。

二、按份共有的特征

按份共有除具有共有的一般特征外，还具有以下独立的法律特征。

第一，按份共有中权利主体之间的联系是偶然的，不以他们之间存在特殊的团体或身份关系为前提。

第二，按份共有的共有人对共有财产享有确定的份额，该份额通常称为各共有人的"应有部分"或"应有份额"，这是按份共有区别于共同共有的基本特征。

第三，按份共有人对其应有份额享有相当于所有权的权利。在法律或共有协议未作限制的情况下，按份共有人随时都可要求分出或转让其应有部分，即解散共有关系。共有人死亡时，其继承人有权继承其应有份额。

三、按份共有的性质

关于按份共有的性质如何，亦以应有部分的存在为前提，理论上存在物分割主义和权利分割主义两类主张。其中，物分割主义又有实在部分说与想象部分说两种主张，权利分割主义又分内容分属说、计算部分说和权利范围说三种学说。❶

一是实在部分说认为，各共有人的应有部分，确有实在的部分存在。各共有人实质上是就其实在的部分，分别享有所有权。

二是想象部分说认为，按份共有是将共有物分成几个部分，想象共有人

---

❶ 梁慧星、陈华彬：《物权法》（第七版），法律出版社 2020 年版，第 231 页；王利明：《物权法研究（上卷）》（第四版），中国人民大学出版社 2016 年版，第 682-683 页。

享有所有权，而就共有物之上成立一个想象的所有权。

三是内容分属说认为，所有权有数种作用和权能，可以分别由各共有人享有。

四是计算部分说认为，按份共有就是分割共有物的价格而由各共有人分别享有。

五是权利范围说认为，对于共有物，数人共同享有所有权，但为避免权利的冲突而划定个人的权利范围，将所有权从量上划分为数部分，以其各部分分属于各共有人，使个人在其范围内行使其权利，此范围就是个人的应有部分。

根据我国《民法典》的规定，按份共有就是各共有人按照各自的份额对共有物共同享有所有权，共有人权利和义务的范围，取决于其应有份额的大小。因此，我国对于按份共有的性质，采纳的也是权利范围说。

四、按份共有的内部关系

按份共有的内部关系又称为对内效力，是指按份共有人相互之间的权利义务关系。主要包括以下方面。

一是按份共有人有权依其份额对共有财产享有占有、使用和收益权。《民法典》第298条规定："按份共有人对共有的不动产或者动产按照其份额享有所有权。"依据份额享有权利，就是说共有人对其全部共有财产享有并行使权利的大小与其在共有财产中的份额大小成正比，当然无论应有份额的多寡，各共有人权利的行使均及于共有物的全部。为了维护全部共有人的利益，全体共有人应通过协商确定对共有财产的使用方法，而不能由各个共有人随心所欲地行使其对共有财产的权利。共有人未经其他共有人同意擅自处分、占有和使用共有财产，或者超出约定的范围行使权利的，即为侵犯其他共有人的合法权益，需要承担赔偿损失、返还不当得利以及其他民事责任。

二是按份共有人有权处分其份额。按份共有人基于对其应有份额享有的所有权的效力可以自由处分该份额。《民法典》第305条规定："按份共有人可以转让其享有的共有的不动产或者动产份额。……"应有份额的分出，是指共有人通过将自己的应有部分从共有物中分割出来而退出共有关系。共有人对其应有部分的分出不必征得其他共有人的同意，其他共有人也不能限制共有人退出共有关系。但是当法律或共有协议对分出有限制时，按份共有人应遵守该限制。应有份额的转让，是指共有人通过赠与和出卖两种方式将自己的应有部分转让给他人。共有人转让其应有份额也不必经过其他共有人的同意，但是同样需要遵守共有人通过合同对共有份额的分出和转让进行的限制，如果违反合同规定擅自分出或转让其份额，可能由于构成对其他人的违约而承担相应的违约责任。同时，共有人对其份额进行转让时，其他共有人有优先购买权，我国《民法典》第305条规定："按份共有人可以转让其享有的共有的不动产或者动产份额。其他共有人在同等条件下享有优先购买的权利。"第306条规定："按份共有人转让其享有的共有的不动产或者动产份额的，应当将转让条件及时通知其他共有人。其他共有人应当在合理期限内行使优先购买权。两个以上其他共有人主张行使优先购买权的，协商确定各自的购买比例；协商不成的，按照转让时各自的共有份额比例行使优先购买权。"优先购买权是按份共有人的一项重要权利，其成立要件为：第一，共有份额转让，这里的转让应限于有偿转让，若为无偿转让，则不发生共有人优先购买权。第二，在同等条件下行使，这里的同等条件一般理解为转让人与第三人约定的转让条件。第三，在一定期限内行使，按份共有人于该期限届满而未行使其权利，则该权利归于消灭。与此相对应，出卖人在作出转让决定后负有对其他共有人的通知义务，以方便后者行使其权利。

三是按份共有人有权按照约定管理其共有财产。对于共有物的管理，除共有人之间另有约定或法律另有规定外，应当由全体共有人共同进行。共有物的管理主要涉及对物的保存行为和改良行为。保存行为，是指为了防止共有物及其权利遭受损害而实施的对其他共有人有利而无害的行为，以保全共有物的利益为目的，防止共有物的毁损、灭失或权利限制、丧失。保存行为可依某一共有人自己的意志单独进行，而无须经过其他共有人的同意。改良行为，是指在不改变共有物性质的前提下，对共有物进行修理、加工或改造，以增加共有物的价值或效用的行为。与保存行为相比，改良行为不具有紧迫性和必要性，并且会改变共有物的现状，所需要的费用较多，所以一般应以全体共有人的同意为前提，唯对于共有物的简单修缮可由各共有人单独进行。

四是按份共有人应当依照其应有部分分担费用。因共有物而发生的费用，既包括因保存、改良或利用行为所支付的管理费用，也包括税费、对他人的损害赔偿金等其他费用。除非共有人之间另有约定，原则上按份共有人应依照其应有部分的份额分担费用，某一共有人对其支付的超过其应分担部分的数额，可以向其他共有人追偿，其他共有人负有偿还义务。

五、按份共有的外部关系

按份共有的外部关系，是指共有人与第三人之间的权利义务关系。

一是共有人对第三人的权利。在按份共有中，各共有人对其应有部分享有的权利，或共有人基于其应有部分，可以对共有物行使权利，此即我国民法理论所称的"份额权"。❶份额权与所有权具有同样的性质，因此各共有人就其应有部分可对第三人单独主张以下权利：第一，第三人对自己所享有的份额权主张权利时，可以提起份额权确认之诉，即份额权确认请求权；第二，第三人发生妨害共有物的行为时，可请求除去该妨害，即份额权妨害除去请求权；第三，共有物有被妨害之虞时，可行使妨害预防请求权；第四，共有物被他人非法侵夺时，共有人有权依其份额权，提起共有物返还请求权。

二是共有人对第三人的义务。在对共同的债权人的对外关系方面，依不同情形，按份共有人或者承担按份责任，或者承担连带责任。按份共有人仅就自己的份额部分对共同债权人负清偿责任的，为按份责任；依法律规定或者当事人的约定，各按份共有人须就全部债务承担清偿责任的，为连带责任。

第三节　共同共有

一、共同共有的概念

共同共有是共有的另一种形式，我国《民法典》第299条规定："共同共有人对共有的不动产或者动产共同享有所有权。"共同共有一般有广义和狭义之分，广义共同共有是指数人对同一标的物不分份额地共同享有所有权，包括总有和合有。狭义共同共有仅指合有。所谓合有，是指数人基于共同关系，共同享有一物的所有权。总有与合有之间最初无明显区别，只是总有主体人

---

❶　梁慧星、陈华彬：《物权法》（第七版），法律出版社2020年版，第237页。

数多，且团体性质较浓厚。❶ 随着近代社会经济发展，总有逐渐式微，各国立法所称的共同共有一般仅指合有。我们认为，共同共有的成立，一般是以共有人之间存在某种特殊的关系为前提，各共有人之间的共有，应是一种没有应有份额的共有，只有在共同关系结束时，各共有人之间才能进行财产分割，才能就财产享有确定的份额。因此，不分割的共有所有权说是比较合理的。

二、共同共有的特征

第一，共同共有的成立，以共同关系的存在为前提。所谓共同关系，是指数人因共同目的而结合形成的作为共同共有基础的法律关系，如夫妻关系、家庭关系。没有共同关系就没有共同共有，共同关系终止则共同共有也随之消灭。因此，共同共有一般发生在互有特殊身份关系的当事人之间，按份共有人之间则不必然要求此种特殊身份关系的存在。

第二，共同共有是不分份额的共有。在共同共有关系存续期间，共有人不能划分各自对共有物的份额，只有共同共有关系消灭，对共有物进行分割时，才能确定各自的份额。由于共同共有是不分份额的共有，因而共有人无自由处分其应有份额的权利可言。不分份额的共有这一特征是共同共有与按份共有之间的最大区别。

第三，共同共有人平等地享有权利和承担义务。各共有人对于共有物享有平等地占有、使用、收益和处分的权利，同时对整个共有物平等地承担义务。由于共同共有人的权利和义务都是平等的，因而较之按份共有，共同共有人之间具有更密切的利害关系。

三、共同共有的性质

关于共同共有的性质，学界有不同的解释，主要可归纳为以下三种观点。

一是不分割的共有所有权说。该说认为，在共同共有中，没有应有份额的存在。即使有应有份额，这种份额也是潜在的，只有在共同共有关系解散时，才能得到实现。

二是社员权说，也称为人身权说。该说认为，在共同共有关系中，各共

---

❶ 史尚宽：《物权法论》，中国政法大学出版社 2000 年版，第 174 页。

有人享有应有份额，但该份额并非物权法上的应有份额，而是人格法上的应有份额，类似于社员权。

三是结合的共有权说。该说认为，各共同共有人都具有应有份额，但这种共有权与通常意义上的共有权并不完全相同。在共同共有关系中，各共有人不得自由处分自己的应有份额。

以上三种学说中，主张不分割的共有所有权说者占多数。

本书认为，共同共有的成立，一般是以共有人之间存在某种特殊的关系为前提，各共有人之间的共有，应是一种没有应有份额的共有，只有在共同关系结束时，各共有人之间才能进行财产分割，才能就财产享有确定的份额。因此，对共同共有的性质采取不分割的共有所有权说，是比较合理的。

四、共同共有的类型

（一）夫妻财产共有

我国《民法典》第1062条规定："夫妻在婚姻关系存续期间所得的下列财产，为夫妻的共同财产，归夫妻共同所有：（一）工资、奖金、劳务报酬；（二）生产、经营、投资的收益；（三）知识产权的收益；（四）继承或者受赠的财产，但是本法第一千零六十三条第三项规定的除外；（五）其他应当归共同所有的财产。夫妻对共同财产，有平等的处理权。"据此，除法律有特别规定或者夫妻双方另有约定以外，上述财产归夫妻共同共有，这是共同共有的典型形态。夫妻在婚姻关系存续期间，对于共有财产享有平等的占有、使用、收益和处分的权利。夫妻双方在出卖、赠与共有财产时应当取得一致的意见。夫妻共同财产仅于夫妻离婚或者一方死亡之时，才得以分割。

（二）家庭财产共有

家庭共同共有即一定范围内的家庭成员共同共有。对此我国立法上虽然没有明确规定，但民法理论上和司法实践中均主张家庭财产由一定范围内的家庭成员共同共有。家庭共同共有的权利主体应当是对家庭共有财产的形成作出过贡献的家庭成员，其客体则应为家庭成员在共同生活期间取得并用于维持共同生活的劳动收入和其他合法所得。家庭共有财产以维持家庭成员共同生产或生活为目的，每个家庭成员都对其享有平等的权利。除法律另有规定或者家庭成员间另有约定外，对于家庭共有财产的使用、处分或者收益，应当取得全体家庭成员的同意。家庭共有财产只有在家庭共同生活关系终止后，才能进行分割。

（三）遗产分割前的共有

依我国《民法典》继承编的规定，继承开始时，继承人即取得作为遗产的动产或不动产的所有权，在法定继承及未明确遗产份额的遗嘱继承中，若继承人为数人，则在遗产分割前在继承人之间形成共有关系。对于该种共有的性质，虽然我国《民法典》继承编未明确规定，但依通说应为共同共有。

（四）合伙共同共有

因合伙合同的缔结，于合伙人之间产生合伙关系。合伙不产生独立人格，其财产由全体合伙人共同共有，由合伙所生的债务由全体合伙人承担连带清偿责任。❶

五、共同共有的内部关系

一是共同共有人对共有物共同享有所有权，即各共有人的权利及于共有物的全部。共同共有人对于共有物的全部享有平等的使用、收益权，唯不得主张就共有物享有特定的部分。《民法典》第 299 条规定："共同共有人对共有的不动产或者动产共同享有所有权。"第 300 条规定："共有人按照约定管理共有的不动产或者动产；没有约定或者约定不明确的，各共有人都有管理的权利和义务。"

二是共同共有人于共有关系存续期间不得请求分割共有物，只有在共有关系终止时，才可以分割共有物。共同共有关系依共同关系而发生，有共同目的，故在共同关系终止前，各共有人无权请求分割或者转让共有物以求退出或者消灭共同共有关系。

三是共同共有人对共有物享有物权请求权。物权请求权为罗马法以来民法为保护所有物的圆满状态而设立的一项权利保护制度，包括所有物返还请求权、妨害除去请求权及妨害预防请求权。在共同共有关系中，当共有物被

---

❶ 刘家安：《物权法论》，中国政法大学出版社 2009 年版，第 127 页。

他人非法占有、受到他人非法侵害以及有受妨害之虞时，任何共有人皆可行使物上请求权以保全共有物权利的圆满状态。

六、共同共有的外部关系

一是共有物或者共有人造成他人损害时的赔偿义务。根据我国《民法典》第307条规定，因共有的不动产或者动产产生的债权债务，在对外关系上，共有人享有连带债权、承担连带债务。

二是承担部分共有人擅自处分共有财产的法律后果。根据共同共有关系的性质，部分共有人在共同共有关系存续期间擅自处分共有物的，一般应为无效。但是，当第三人为善意时，应维护该第三人的利益，并在满足法律规定条件时终局性地取得该共有物的所有权，此时由擅自处分共有物的人赔偿其他共有人的损失。

第四节　准共有

一、准共有的概念与特征

准共有，是指两个或两个以上民事主体对所有权以外的财产权共同享有权利的共有。它与普通的共有既有联系又有区别，共同组成完整的共有法律制度。《民法典》第310条规定："两个以上组织、个人共同享有用益物权、担保物权的，参照适用本章的有关规定。"此处规定的就是准共有。

准共有具有以下法律特征。

第一，准共有的权利是除所有权以外的其他财产权，不仅包括财产利益内容的民事权利，还包括他物权和知识产权。

第二，准共有优先适用关于该权利立法的特别规定。准共有的财产权利依照法律的专门规定，如共有他物权规定在《民法典》物权编的他物权部分，其中用益物权规定在用益物权当中；担保物权规定在《民法典》担保物权分编或者担保物权当中；共有知识产权在著作权法、商标法或者专利法中，都有专门的立法。

二、准共有的分类

一是用益物权的准共有。最主要的准共有是用益物权的准共有，包括地上权即国有土地使用权、宅基地使用权的共有，地役权的共有，土地承包经营权的共有。《民法典》第310条所涉及的内容即为准共有。所谓准共有，是指数人按份共有或者共同共有所有权以外的财产权的共有，即指对所有权以外的财产权的共有。

二是担保物权的准共有。担保物权的准共有包括抵押权共有、质权共有、留置权共有。例如，甲、乙、丙分别借款给债务人丁，三人同时就丁所有的不动产设定一个抵押权，应有部分均等，在办妥一个抵押权登记时，发生该抵押权的准共有。

三是特许物权的准共有。取得的采矿权、取水权和养殖权等特许物权，如果是两个以上的民事主体共同享有，或者按份共有，或者共同共有的，也是准共有性质的权利。

四是知识产权的准共有。一般是指数个主体依据共同的创造性劳动，共同取得了一个著作权、商标权或者专利权，形成准共有。知识产权的准共有包括著作权共有、专利权共有和商标权共有。

三、准共有的效力

准共有发生以后，基本的效力是发生准共有的权利义务关系。

第一，准共有的权利。每个共有人都对共有的客体享有按份的或者平等的权利。每人都可以依照规定占有、用益、处分该客体，获得收益，保护该权利。

第二，准共有的义务。一是对共有物（或者权利标的）进行维修、保管、改良的义务；二是共同准共有的不得分割共有的义务；三是对外的连带义务或者按份义务。

对准共有的财产权进行分割时，财产如果是共同准共有，应当平均分割。例如，对共有的土地承包经营权进行分割，即应均等分割，每人分得平均的一份。如果是按份共有的，应当按照份额进行分割。在分割准共有财产权的同时，对准共有财产权已经取得的财产利益，即形成的共有财产，一并进行分割，并按照一般共有财产分割的办法，均等分割或者按份分割。

第五节 共有物的分割

共有关系一般因下列原因而终止：共有物灭失、一个共有人取得共有物的单独所有权、共有人协商终止等。当共有关系终止时，共有人应就共有物进行分割。所谓共有物的分割，是指在满足分割条件时，共有人请求按照一定的份额或者均等地分割共有物为每个共有人所有。共有物的分割应遵守一定的原则，按照一定的方法为之。

一、分割原则

（一）尊重共有人意愿的原则

共有财产尤其是按份共有财产是否分割，如何分割，完全属于共有人的事务，原则上应当尊重共有人的选择。物权法允许共有人约定不得分割共有的不动产或者动产，以维持共有关系。按份共有关系中，共有人原则上可以随时要求分割共有物。但是共有物的分割自由也不是绝对的，要受到一定的限制，如因共有物须继续供他物使用或依其使用目的不能分割的，不能自由分割；在共有人通过合同约定不可分割的期限内，共有人不得要求分割共有物。

（二）依法分割的原则

从促进物尽其用和保护他人利益出发，法律要对共有财产的分割作出必要的规范。按份共有人分割共有物时，应遵循法律的有关规定，不得损害国家的、社会的或他人的利益。例如，分割合伙财产、遗产时，应遵守合伙企业法、继承法的有关规定。

（三）物尽其用的原则

所谓物尽其用，即指充分发挥物的效用，物尽其用也是我国物权法的目的之一，因而，在共有财产的分割中，也要充分体现这一原则。分割共有物时，不能毁损共有物的价值，对于不能进行实物分割或实物分割会有损价值的共有物，应采取其他方式分割；对于从事某种职业所必需的物品，应尽量照顾有特殊需要的共有人。

(四) 平等协商的原则

共有人应就共有物分割的范围、期限、方式等方面进行平等协商，如果不能达成一致意见，原则上应依多数人的意见或拥有共有份额半数以上的共有人的意见处理，但不得损害其他共有人的利益。

二、分割方法

《民法典》第 304 条第 1 款规定："共有人可以协商确定分割方式。达不成协议，共有的不动产或者动产可以分割且不会因分割减损价值的，应当对实物予以分割；难以分割或者因分割会减损价值的，应当对折价或者拍卖、变卖取得的价款予以分割。"

据此，共有人对共有物的分割应达成分割协议，在协商不成时，可申请人民法院或仲裁机构进行裁判分割。不论是协议分割还是裁判分割，一般有下列几种方法。

第一，实物分割，即对共有物进行实体分割。实行这种分割的条件是共有物是可分物，分割后不损害共有物的价值。实物分割后，各共有人取得自己的应有部分。

第二，变价分割，即指拍卖、变卖共有物，所得价金由共有人按份额比例分配。这种方式一般在分割实物将严重损害共有物的价值或共有人都不愿接受共有物的情况下进行。

第三，作价补偿，即指由其中某个共有人取得共有物，并由该共有人向其他共有人补偿其应有部分的价值。实行这种分割后，共有物归一人所有。

共有财产分割以后，共有关系即归于消灭。无论是就原物进行分割还是变价分割，各共有人就分得的份额取得单独的所有权。《民法典》第 304 条第 2 款规定："共有人分割所得的不动产或者动产有瑕疵的，其他共有人应当分担损失。"

原共有人仍须就分割后的共有物承担由于分割前的原因而产生的瑕疵担保责任，原共有人有义务担保个人分得的财产不受第三人追索。

第三编

用 益 物 权

第九章

用益物权的一般原理

第一节　用益物权概述

一、用益物权的概念

所谓用益物权，是指以一定范围内的使用、收益为目的，以支配物的使用价值为内容而在他人之物上设立的定限物权。即是指对他人所有的物进行使用、收益的限制物权，是从所有权中分离出来的他物权。

《民法典》第323条规定："用益物权人对他人所有的不动产或者动产，依法享有占有、使用和收益的权利。"

二、用益物权的特征

（一）用益物权是一种定限物权

用益物权作为一种定限物权，主要体现为：一是范围的限制。即用益物权仅具有对物占有、使用和收益权能，与所有权相比，没有处分权能；即使对于占有权能，也须受到限制，不得破坏与减损占有物，对于使用权能限于既有的固定用途使用，如土地承包经营权中，耕地仅能用于农业用途。二是时间的限制。《民法典》第332条第1款规定："耕地的承包期为三十年。草地的承包期为三十年至五十年。林地的承包期为三十年至七十年。"

（二）用益物权以对他人之物的占有为前提

这包括两层含义：其一，用益物权只存在于他人之物上，为他物权的一种；其二，用益物权的成立和实现必须存在对他人之物的占有，只有实际占有了标的物，用益物权人才能实现对标的物的使用和收益。

（三）用益物权的客体是不动产

用益物权的客体以不动产为主，历史上出现的典型用益物权，如传统民法规定的地上权、永佃权、地役权，其标的物均为不动产。然而，德国民法规定的财产用益权和权利用益权却含有动产作为客体。我国《民法典》明确规定了动产可以作为用益物权的客体，但是现行法上所承认的用益物权类型，其标的物仅限于不动产，即土地承包经营权、建设用地使用权、宅基地使用权和地役权。本书认为不动产价值较高，拥有不易，社会上对其所有权与利用权分别归不同的人享有的需求较强，故用益物权通常仅以不动产为标的物。而动产价值通常较低，获得也比较容易，时限较短，赋予用益物权的方式进行利用，则过于烦琐，其用益物权应有的效率反而得不到发挥。

（四）用益物权的设立目的是对物进行使用和收益

物的价值有使用价值和交换价值之分，用益物权侧重于支配物的使用价值，易于物的流转与有效充分利用，是实现物的最高价值的利用。

（五）用益物权是一种独立物权

即物上用益物权不与物的所有权人对物的所有权的得丧变更存在必然联系，除非用益物权人与所有权人属同一主体，否则用益物权不受影响。

三、用益物权制度的演变

第一，用益物权类型随着社会经济发展而不断演变。在罗马法中只有役权、地上权、永佃权等用益物权，而在现代物权法中，许多特别法中还规定了诸如采矿权、水权等用益物权（又称为特许物权）。与此相反，原来在社会中具有重要作用而处于法律规制核心地位的人役权，同样随着其价值的退化而逐渐远离人们的生活。

第二，用益物权客体日趋多元化。传统用益物权客体以土地为主，但随着空间的作用在现代社会中日益明显，人们对土地的利用也从地表向地下和空中发展，出现了土地利用立体化的趋势，这就是所谓的"区分地上权"或"空间地上权"。

第三，用益物权在物权制度体系中的地位不断提高。"政治社会的建立并不是为了别的目的，而仅仅是为了保障每个人今生财产的所有权。"所有权一直是物权制度的核心，但是伴随土地资源的日益稀缺，物权制度的重心已从"所有权"的激情年代到了"用益物权"的黄金时期，可以说，"用益物权具有调剂土地所有和利用的机能"。❶

第二节 用益物权的取得与消灭

一、用益物权的取得

用益物权源于他人的所有权，故用益物权的取得没有原始取得，只有继受取得。用益物权的继受取得可分为创设取得和转移取得。❷

（一）创设取得

用益物权的创设取得，是指在他人所有权上设定用益物权。经创设，用益物权从所有权中剥离，当事人取得用益物权。创设取得的方式主要有依法确权、行政划拨、内部分配、政府征用。

1. 依法确权

用益物权可以基于依法确权产生。《草原法》第 10 条第 1 款规定："国家所有的草原，可以依法确定给全民所有制单位、集体经济组织等使用。"依法确定给全民所有制单位、集体经济组织等使用的国家所有的草原，由县级以上人民政府登记造册，确认草原使用权。全民所有制单位、牧民集体经济组织依照草原法取得草原的用益物权。

2. 行政划拨

国家在法律规定的范围内划拨国有土地使用权。划拨国有土地使用权是指土地使用者经县级以上人民政府依法批准，无偿取得的或者缴纳补偿安置等费用后取得的没有使用期限限制的国有土地使用权。划拨国有土地使用权是国有土地使用权的一种，其特殊之处主要有两个方面：一是权利取得的方式，因为没有向国家支付土地使用费，属于无偿取得国有土地使用权；二是

---

❶ 王泽鉴：《民法物权》（第二版），北京大学出版社 2010 年版，第 241 页。
❷ 王泽鉴：《民法物权》（第二版），北京大学出版社 2010 年版，第 242-243 页。

权利的期限，除有法定期限的情形外，划拨国有土地使用权一般没有使用期限。根据我国土地管理法的规定，可以依法取得划拨国有土地使用权的用地包括：国家机关用地和军事用地，城市基础设施用地和公益事业用地，国家重点扶持的能源、交通、水利等项目用地，法律、行政法规规定的其他符合条件的用地。

3. 内部分配

用益物权可以基于内部分配产生。例如，农民集体经济组织将承包地、宅基地分配给本组织的村民使用。

4. 政府征用

用益物权可以基于政府征用产生。《民法典》第 245 条规定："因抢险救灾、疫情防控等紧急需要，依照法律规定的权限和程序可以征用组织、个人的不动产或者动产。被征用的不动产或者动产使用后，应当返还被征用人。组织、个人的不动产或者动产被征用或者征用后毁损、灭失的，应当给予补偿。"

（二）转移取得

用益物权的转移取得，是指以买卖、互易、赠与、继承、遗赠、判决、裁决、没收、分配、征用等方式取得他人的用益物权。

在用益物权的取得中，再强调一下应注意区分债权对物的使用关系。使用权从所有权中游离有两种原因，一种是基于租赁、借用，另一种是基于确权、划拨、分配、征用等创设方式；前一种产生债的关系，后一种产生用益物权关系。承租权也是法律权利，具有对抗性，这就使承租权在效力上与用益物权不相上下，因此需将合同产生用益物权的做法摒弃，合同产生的就是债权。这样，就能从内部划清债权与用益物权的界限，否则用益物权难免与债权交叉。

二、用益物权的消灭

用益物权的消灭是指用益物权关系的消灭。用益物权的消灭主要体现为以下几种情形。

一是用益物权因用益物灭失而消灭。例如，房屋失火，房屋所有权消灭，用益物权随之消灭。

二是用益物权因回归所有权而消灭。用益物权因回归所有权的情形有多种，如所有权人收回用益物权，用益物权人交回用益物权，用益物权的目的完成，用益物权的期限届满，用益物权人死亡，都会引发用益物权回归所有权。

另外，因不动产或者动产被征收、征用也会致使用益物权的消灭，如《民法典》第 327 条规定："因不动产或者动产被征收、征用致使用益物权消灭或者影响用益物权行使的，用益物权人有权依据本法第二百四十三条、第二百四十五条的规定获得相应补偿。"

第三节　用益物权的行使

一、用益物权行使的概念

《民法典》第 326 条规定："用益物权人行使权利，应当遵守法律有关保护和合理开发利用资源、保护生态环境的规定。所有权人不得干涉用益物权人行使权利。"我国《民法典》将绿色原则作为基本原则之一，而贯彻绿色发展理念，就需要先确立用益物权行使的生态环境，进而明确自然资源权属和科学合理利用规则。《民法典》坚持生态为民，科学利用，依法规范，通过排除对公共自然资源的非法独占性利用，从而保护国家所有权以外严格规范用益物权，在保护合法占有的基础上，实现自然资源、公共资源全民共享、社会公益的理念，体现以人民为中心的立场。此外，《民法典》还牢固树立绿水青山就是金山银山的理念，守住发展和生态两条底线，努力走出一条生态优先、绿色发展的新道路。所有权人不得干涉用益物权人行使权利。该条是关于用益物权人应当保护和合理开发利用资源，以及所有权人不得干涉用益物权人行使权利的规定。分别从用益物权人和所有权人的角度，规定了两个方面的内容。一是用益物权人行使权利时须遵循的义务，即应当遵守法律有关保护和合理开发利用资源的规定；二是用益物权人行使权利时的应有之义，也就是所有权人的义务，即不得干涉用益物权人行使权利。

二、用益物权行使的内容

(一) 用益物权行使的权利

所有权人不得干涉用益物权人行使权利，是由所有权与用益物权、所有权人与用益物权人之间的关系决定的。用益物权虽由所有权派生，但它是一项独立的物权，当事人依法取得用益物权后，对所有人的不动产或动产享有占有、使用、收益和依法转让该用益物权的权利。用益物权具有直接支配性和排他性，可以依法直接行使权利，不受第三人的侵害和所有权人的干涉。

所有权人不得干涉用益物权人行使权利，是用益物权人正常行使权利的基本保障。当然，如果用益物权人在行使权利时存在违背法律规定、未合理利用和保护资源等损害所有权人权益的行为，所有权人有权依法制止，并要求其赔偿损失。

(二) 用益物权行使的义务及其方向

1. 用益物权的合法行使

一是用益物权的设定必须符合法律规定，符合所有权的目的。所有权社会化的功能，一方面在于防止所有人滥用权利，损害社会公共利益；另一方面也在于通过所有权的社会化能够促进财产的利用，提高财产的利用率。在这一点上，用益物权与所有权社会化具有异曲同工之效。因此，所有人在设定用益物权时，必须受法律强制性规定的限制，不得违背所有权的目的。

二是用益物权的行使必须符合社会公益，不得违背所有权社会化的要求。用益物权既然是所有权实现的一种方式，那么用益物权人行使用益物权，其实质也就是所有人实现了所有权。因此，用益物权人在行使用益物权时，也不得违背所有权社会化的要求，不得损害社会公共利益。例如，土地使用人在取得土地使用权后，不得擅自改变土地的用途，不得无故不予开发。

2. 用益物权的合理行使

用益物权的主旨在于权利人对他人之物的使用价值进行支配。用益物权具有调剂土地所有与利用的机能。因此，在有关用益物权的立法中应当贯彻效益原则，鼓励权利人充分有效地利用和获取物的使用价值，以满足权利人的需要，促进社会财富的增长。需要指出的是，既然用益物权的目的在于对标的物的使用、收益，从而取得物的使用价值，但在行使用益物权时应当采用合理原则。

一是产权交易市场化。自然资源稀缺是永恒的主题。在有限的资源中，确认不同个体的资源权利可以调动其积极性，同时保证资源不被闲置，这就明显带来了效率。如果资源"无主"，就可能会导致效率的丧失。然而，没有一个以产权交易所为媒介的用益物权产权交易市场，用益物权的使用会面临很多问题：首先面临的就是交易信息的不对称，即用益物权与资本无法有效接洽，交易效率低下，最佳的用益物权很难遇到最佳的资本。其次，用益物权的评估机制失调及价值失衡。在产权交易市场里，价值的评估及价格的形成必须有规范的形式，即按照既有的程序、规则和惯例进行评估及确定价格，拘束交易双方行为，降低交易成本，约束议价幅度最终形成相对合理的成交价格，否则很可能造成自然旅游资源的评估机制失调及价值失衡。

二是用益物权的生态化。物权一直以来都被认为是绝对权利和排他的权利，强调主体对物的占有、使用、收益和处分，自物权强调物的归属，他物权强调物的利用，具有明显的私权性质和私人利益的属性。然而，在我国公有制背景下用益物权，特别是土地承包经营权、建设用地使用权和以自然资源为主的特许物权，却具有巨大的环境利益、生态利益和经济利益，也就是更加强调公共利益。在对用益物权进行充分、有效的利用时，务必注意对土地、水域及自然旅游资源的保护。

第十章

土地承包经营权

第一节　土地承包经营权概述

一、土地承包经营权的概念与特征

（一）土地承包经营权的概念

我国《民法典》第331条规定："土地承包经营权人依法对其承包经营的耕地、林地、草地等享有占有、使用和收益的权利，有权从事种植业、林业、畜牧业等农业生产。"所谓土地承包经营权，又称为农地使用权，是指农业生产经营者为种植、养殖、畜牧等农业目的，对其依法承包的农民集体所有和国家所有由农民集体使用的土地享有的占有、使用、收益的权利。《农村土地承包法》第3条第1款规定："国家实行农村土地承包经营制度。"立法实践表明，农民及农户主体地位的确立，以及对土地承包经营权的确认，极大地提高了农民的生产积极性。

（二）土地承包经营权的特征

第一，土地承包经营权的主体是农业生产经营者，即农村集体经济组织和公民个人。这里的公民个人一般是农村集体经济组织的成员，且常常是以"户"的名义出现，特点是具有当地的农业户口。《农村土地承包法》第5条规定："农村集体经济组织成员有权依法承包由本集体经济组织发包的农村土地。任何组织和个人不得剥夺和非法限制农村集体经济组织成员承包土地的权利。"但我国亦允许非本集体经济组织成员的单位或个人承包集体所有的土地，但须履行一定的程序。《农村土地承包法》第52条第1款规定："发包方将农村土地发包给本集体经济组织以外的单位或者个人承包，应当事先经本集体经济组织成员的村民会议三分之二以上成员或者三分之二以上村民代表的同意，并报乡（镇）人民政府批准。"

第二，土地承包经营权的客体是农民集体所有和国家所有由农民集体使用的土地，包括种植业用地、林业用地、畜牧业用地和渔业用地等。《民法典》第330条第2款规定："农民集体所有和国家所有由农民集体使用的耕地、林地、草地以及其他用于农业的土地，依法实行土地承包经营制度。"《农村土地承包法》第2条规定："本法所称农村土地，是指农民集体所有和国家所有由农民集体使用的耕地、林地、草地，以及其他依法用于农业的土地。"其中，"其他依法用于农业的土地"主要是指养殖水面、"四荒"土地（荒山、荒丘、荒沟、荒滩）及农田水利设施用地等。

第三，土地承包经营权的内容是承包经营权人依照承包合同的规定所取得的对集体所有或国家所有由集体使用的土地的占有、使用、收益的权利。一旦承包经营权人通过合同或其他合法方式取得承包经营权，承包经营权人对于承包土地等生产资料有权独立进行占有、使用、收益，进行生产经营活动，并排除包括集体经济组织在内的任何组织或个人的非法干涉。《民法典》第331条规定："土地承包经营权人依法对其承包经营的耕地、林地、草地等享有占有、使用和收益的权利，有权从事种植业、林业、畜牧业等农业生产。"

第四，土地承包经营权产生的根据是承包经营合同。承包经营合同是产生承包经营权的前提和根据，承包经营权是订立承包合同的后果。承包经营权的内容和期限主要是由承包合同所确定的。《农村土地承包法》第22条第2款规定："承包合同一般包括以下条款：（一）发包方、承包方的名称，发包方负责人和承包方代表的姓名、住所；（二）承包土地的名称、坐落、面积、质量等级；（三）承包期限和起止日期；（四）承包土地的用途；（五）发包方和承包方的权利和义务；（六）违约责任。"第22条第1款规定："发包方应当与承包方签订书面承包合同。"第23条规定："承包合同自成立之日起生效。承包方自承包合同生效时取得土地承包经营权。"

第五，土地承包经营权的行使目的是从事种植、养殖或畜牧等农业活动为限。一般来说，人们对于土地的利用基本上包括两个方面：一是以建设为目的，二是以农业生产为目的。我国法律对应这两个方面分别设立了建设用地使用权和土地承包经营权。以农业生产为目的，主要指从事种植、养殖或畜牧等农业活动。所谓种植，是指利用耕地从事植物栽培并为收获的活动；所谓养殖，是指利用水面、滩涂等养殖、收获水产品；所谓畜牧，是指利用草原等放牧和饲养牲畜等。

二、土地承包经营权的期限

土地承包经营权是一种有期限的物权，期限届满时则归于消灭。《民法典》第332条规定："耕地的承包期限为三十年。草地的承包期限为三十年至五十年。林地的承包期限为三十年至七十年。前款规定的承包期限届满，由土地承包经营权人依照农村土地承包的法律规定继续承包。"一般而言，只要发包人没有重大的正当理由，均应由原承包人继续承包。

三、土地承包经营权的限制

一是主体身份的限制。首先，土地承包经营权合同主体的承包人为农户即家庭；其次，须具有当地农村户籍为集体经济组织成员。《农村土地承包法》第16条第1款规定："家庭承包的承包方是本集体经济组织的农户。"

二是目的性限制。创设土地承包经营权仅可以从事农业用途，即须依凭农村土地，依农业生产方法取得收获物及其他收益。

三是转让的限制。土地承包经营权可以继承、出租、互换、转让。《民法典》第334条规定："土地承包经营权人依照法律规定，有权将土地承包经营权互换、转让。未经依法批准，不得将承包地用于非农建设。"《农村土地承包法》第36条规定："承包方可以自主决定依法采取出租（转包）、入股或者其他方式向他人流转土地经营权，并向发包方备案。"第38条规定："土地经营权流转应当遵循以下原则：（一）依法、自愿、有偿，任何组织和个人不得强迫或者阻碍土地经营权流转；（二）不得改变土地所有权的性质和土地的农业用途，不得破坏农业综合生产能力和农业生态环境；（三）流转期限不得超过承包期的剩余期限；（四）受让方须有农业经营能力或者资质；（五）在同等条件下，本集体经济组织成员享有优先权。"

四是分割的限制。因其主体的特殊性和我国的现实国情，土地承包经营权应当限制其分割归属于数个主体。如果土地承包经营权人死亡而有数个继承人时，可由数个继承人共有土地承包经营权，或折价归其中一人。❶

第二节　土地承包经营权的变动

一、土地承包经营权的变动模式与规则

土地承包经营权的变动是指土地承包经营权的取得、变更与消灭。《民法典》第333条规定："土地承包经营权自土地承包经营权合同生效时设立。登记机构应当向土地承包经营权人发放土地承包经营权证、林权证等证书，并登记造册，确认土地承包经营权。"由此条可以看出，我国土地承包经营权作为不动产物权采取"债权意思主义"，即只要债权的合意就发生土地承包经营权的变动。《民法典》第335条规定："土地承包经营权互换、转让的，当事人可以向登记机构申请登记；未经登记，不得对抗善意第三人。"

土地承包经营权的变动在中国法律秩序语境下，由于物权转移必须经过物权公示才能发生效力，所以，只可能出现通过"登记以外的其他物权公示方式"而取得不动产物权的真正权利人不得对抗经过物权登记而受让不动产物权的善意第三人的情形。在意思主义规范模式下，由于不经过物权公示就能够发生物权转移的效力，所以，"公示对抗主义"主要就是指未经过物权公示而取得物权的人不得对抗经过物权公示而受让物权的善意第三人。

二、土地承包经营权的取得

（一）基于民事行为而取得承包经营权

1. 土地承包经营权的创设取得

土地承包经营权的创设取得，主要是指承包人与发包人通过订立承包经营合同而取得承包经营权，分为家庭承包与以招标、拍卖、公开协商等方式进行的承包。通过这两种方式承包的，都应当签订承包合同，承包合同自成立之日起生效，承包方于合同生效时取得土地承包经营权。登记机构应当向

---

❶ 梁慧星、陈华彬：《物权法》（第七版），法律出版社2020年版，第281页。

土地承包经营权人发放土地承包经营权证、林权证、草原使用权证，并登记造册，确认土地承包经营权。

2. 土地承包经营权的转移取得

土地承包经营权的转移取得，是指在土地承包经营权的流转过程中，受让人通过互换、转让等方式，依法从承包人手中取得土地承包经营权。我国法律规定，土地承包经营权人依照农村土地承包法的规定，有权将土地承包经营权采取互换、转让等方式流转。流转的期限不得超过承包期的剩余期限。未经依法批准，不得将承包地用于非农建设。土地承包经营权人将土地承包经营权互换、转让，当事人要求登记的，应当向县级以上地方人民政府申请土地承包经营权变更登记；未经登记，不得对抗善意第三人。通过招标、拍卖、公开协商等方式承包荒地等农村土地，依照农村土地承包法等法律和国务院的有关规定，其土地承包经营权可以转让、入股、抵押或者以其他方式流转。

（二）非基于民事行为而取得承包经营权

这里主要是继承问题。《民法典》第 1122 条规定："遗产是自然人死亡时遗留的个人合法财在产。依照法律规定或者根据其性质不得继承的遗产，不得继承。"在遗产范围中没有规定承包经营权，因此我国民法学界对于承包经营权能否继承有不同的看法。农村土地承包法认可承包人应得的承包收益的继承，而有限地认可土地承包经营权的继承。

一是根据《农村土地承包法》第 32 条规定："承包人应得的承包收益，依照继承法的规定继承。林地承包的承包人死亡，其继承人可以在承包期内继续承包。"该条明确规定了林地承包经营权的可继承性，确定了耕地、草地等其他类型土地承包经营收益可以继承，而对于此类土地承包经营权，根据《农村土地承包法》第 27 条第 1 款规定："承包期内，发包方不得收回承包地。"以及"增人不增地，减人不减地"的政策，基于土地承包合同的承包方主体为家庭，故此在家庭即"一户"之内的亲属可以继承。

二是以招标、拍卖、公开协商等方式设立的承包经营权，承包人死亡的，其继承人可以在承包期内继续承包。《农村土地承包法》第 54 条规定："依照本章规定通过招标、拍卖、公开协商等方式取得土地经营权的，该承包人死亡，其应得的承包收益，依照继承法的规定继承；在承包期内，其继承人可以继续承包。"该条的客体主要是指荒山、荒沟、荒丘、荒滩等土地，即现行法律承认以招标、拍卖、公开协商等方式取得的"四荒地"的土地承包经营权的继承。

三、土地承包经营权的变更

（一）农村土地农业用途合理变更

根据现有的法律规定，农地用途有法定用途和约定用途之分，法定用途是农地的根本性用途和国家农业规划的具体土地之用途。而约定用途则是基于发包人与承包人的合同约定为之。农村土地农业用途的合理变更须注意以下情况。

其一，农村土地农业用途类型重大变更。如将耕地变更为草地、林地，或者将农地变更为建设用地，此种变更属重大类型变更，须经所有权人同意。《民法典》第244条规定："国家对耕地实行特殊保护，严格限制农用地转为建设用地，控制建设用地总量。不得违反法律规定的权限和程序征收集体所有的土地。"《农村土地承包法》第11条第1款规定："农村土地承包经营应当遵守法律、法规，保护土地资源的合理开发和可持续利用。未经依法批准不得将承包地用于非农建设。"

其二，农村土地农业用途类型一般变更。如果在设定土地承包经营权时，对土地用途未作特别约定，权利人可在不改变土地属性和登记用途的前提下，根据农业生产经营的需要，对土地用途进行符合农业目的的变更，如将小麦改为大豆等作物种植，对于此类变更，土地所有人不得禁止。

其三，土地承包经营权人对于农地作部分、附属的变更。如在农地上修建水利设施、修筑农机道路等，对于临时性的部分或附属变更，如完全可以恢复原状的，可不须经土地所有权人同意；如对土地有所损害即无法完全恢复原状的，应事先经过土地所有人同意。对于永久性的部分或附属变更，无论是否有利于提高土地的效用，都要事先征得土地所有人同意。

（二）农村承包地部分实行依法调整

《民法典》第336条规定："承包期内发包人不得调整承包地。因自然灾害严重毁损承包地等特殊情形，需要适当调整承包的耕地和草地的，应当依照农村土地承包的法律规定办理。"《农村土地承包法》第28条规定："承包期内，发包方不得调整承包地。承包期内，因自然灾害严重毁损承包地等特殊情形对个别农户之间承包的耕地和草地需要适当调整的，必须经本集体经济组织成员的村民会议三分之二以上成员或者三分之二以上村民代表的同意，并报乡（镇）人民政府和县级人民政府农业农村、林业和草原等主管部门批准。承包合同中约定不得调整的，按照其约定。"因为调整关乎农民切身利益，故此其原因特殊，程序复杂。但是如果出现法定情形对农村承包地部分实行依法调整的，同样引发土地承包经营权的变更。

（三）其他变更形式

根据现有的法律规定，家庭承包的承包农户因依法分户，引起农村承包地分割；承包方是夫妻，因解除婚姻关系，引起农村承包地分割；发包方和承包方的约定权利和约定义务经双方协商同意变更；由于自然原因，导致土地面积的增加或减少等情况，也会引发土地承包经营权的变更。

四、土地承包经营权的消灭

（一）土地承包经营权消灭的原因

1. 土地承包经营权的提前收回

土地承包经营权的提前收回，是指在土地承包经营合同约定的承包期届满之前，发包方在发生特定事由时将承包地提前收回，使土地承包经营权归于消灭的行为。发包方在承包期内依法收回土地，主要包括以下三种情况：一是在上述承包方全家迁入设区的市并转为非农户口的，如果其不交回承包的耕地和林地，发包方可以收回。但在承包方全家迁入小城镇落户的情况下，应当按照承包方的意愿，为其保留承包权或允许承包权流转。二是承包期内，妇女结婚并在新居住地取得承包地的，发包方可以收回其原承包地。但结婚妇女在新居住地未取得承包地的，以及妇女离婚或丧偶但仍在原居住地生活的，发包方不得收回其原承包地。三是承包期内，承包人连续两年弃耕抛荒的，原发包单位应当终止承包合同，收回发包的耕地。土地承包经营权于承包地被收回时消灭。土地承包经营权业已登记的，应当注销登记。

2. 土地承包经营权的提前交回

土地承包经营权的提前交回，是指在土地承包经营合同约定的承包期届满之前，承包方将承包土地交回发包方，其土地承包经营权归于消灭的行为。承包方在承包期内交回承包地，包括两种情况：一是在承包期内承包方自愿将承包地交回发包方。自愿交回承包地的，应当提前半年以书面形式通知发包方，且在承包期内不得再要求承包土地。二是承包期内，承包方全家迁入设区的市，转为非农业户口的，承包方应将承包的耕地和草地交回发包方。土地承包经营权业已登记的，应当注销登记。

3. 土地承包经营权的期限届满

土地承包经营权是一种有存续期限的物权，在期限届满时归于消灭。依《民法典》和《农村土地承包法》的规定，土地承包经营权的期限由承包经营合同明确约定，耕地的承包期为三十年，草地的承包期为三十年到五十年，林地的承包期为三十年到七十年。以其他方式承包的土地，承包期由合同约定。

4. 承包地被征收

国家基于社会公共利益的需要而征收集体所有的农村土地时，在该土地上设立的土地承包经营权当然消灭。但国家在征收土地承包经营的土地时，应当给予承包方充分的、合理的补偿。

5. 承包地使用价值丧失

土地承包经营权是一种用益物权，其目的是利用承包地的使用价值，当承包经营的土地的使用价值丧失时，自然无从实现土地承包经营的目的，该项权利也就归于消灭。这里的"使用价值丧失"既包括土地本身的灭失，也包括承包用途的丧失。

6. 土地承包经营权的转让

土地承包经营权人拥有稳定的非农职业，即可依法将农业用地承包权转让给第三人的，原承包关系消灭，第三人与发包方成立新的承包关系，此为农业用地承包权的相对消灭。

另外，承包方死后无人继承，或者继承人放弃继承也会导致土地承包经营权的消灭。

（二）土地承包经营权消灭的法律后果

一是土地承包经营权消灭，土地承包经营权人负有返还土地给土地所有人的义务。

二是出产物与农用构筑物的取回。土地承包经营权消灭时，土地上的出产物与农用构筑物，都是土地承包经营权人劳动与投资所得，可以取回。在土地承包经营权期限届满时，承包方亦有权取回附属设施，恢复土地原状。但发包方要求以时价购买的，承包方不得拒绝。承包方不取回附属设施的，且保留附属设施对土地使用有益时，发包方应当给予相应的补偿。这种处理方式是出于对承包方和发包方双方利益的考虑，既有利于保护附属设施的经济价值，亦有利于土地的继续使用。土地承包经营权期限届满而没有续期时，发包方应当就土地上的竹木或未收获的农作物，对承包方给予一定的补偿。这是民法上公平原则的直接体现。

三是土地所有人应偿还特别改良费用或其他有益费用。土地承包经营权人为提升土地的生产力或土地使用上的便利，支出了特别改良费用或其他有益费用时，土地所有人如知道情况而不立即表示反对的，土地承包经营权消灭时应向土地承包经营权人偿还以上费用。返还的数额一般以现存的增加利益为限。

第三节　土地承包经营权的效力

一、承包经营权人的权利

（一）自主经营权

承包经营权人对承包的土地享有充分的自主经营权，不受任何第三人的非法干涉。承包经营权人在承包期内有权占有承包的土地，根据承包合同自主地安排生产布局和具体生产计划，在保证履行承包合同所规定的义务的前提下，有权在承包地内自主种植，自主地分配劳动力、聘请雇工；有权在自愿互利的基础上，与他人进行联合经营。农村土地承包经营权设立的目的，就在于让承包人在集体的土地上进行耕作、养殖或者畜牧。因此，承包人在不改变土地用途的前提下，有权对其承包的土地进行合理且有效的使用，并有权获取土地的收益。至于从事农业生产的方式、种类等均由承包人自行决定，其他任何第三人都无权进行干涉。对承包土地的使用不仅仅表现为进行传统意义上的耕作、种植等，对于因进行农业生产而修建的必要的附属设施，如建造沟渠、修建水井等构筑物，也应是对承包土地的一种使用，所修建的附属设施的所有权应当归承包人享有。同时，对土地承包经营权流转亦属自愿，任何组织或个人不得强迫或者阻碍承包方进行土地承包经营权的流转。承包期内，发包方不得以单方面解除承包合同，或者假借少数服从多数强迫承包方放弃或者变更土地承包经营权而进行土地承包经营权流转，不得以划分"口粮田"和"责任田"等为由收回承包地搞招标承包，不得将承包地收回抵顶欠款。

（二）收益权

收益权就是承包方有获取承包地上产生的收益的权利，这种收益主要是从承包地上种植的农作物及养殖畜牧中所获得的利益，例如，果树产出的果实，粮田里产出的粮食。无论是从土地利用效率的角度，还是从生存保障的角度，承包方对承包地享有的收益权都是农村集体土地家庭承包制度的重要内容。承包经营权人以自己的劳动在承包土地上所获得的收益，承包经营权人对其所有的农产品有权自行处分。

（三）流转权

土地承包经营权人即承包方对土地承包经营权依法进行流转是承包方对承包地权利的一个重要体现，这有利于农村经济结构的调整，也有利于维护农村土地承包关系的长期稳定。国家相关政策和法律明确规定，国家保护承包方依法、自愿、有偿地进行土地经营权的流转。承包方土地承包经营权流转的权利，主要体现在承包方有权依法自主决定土地承包经营权是否流转和流转的方式。例如，承包方可以自主决定采取转包、出租、互换、转让或者其他方式进行流转。

转包，主要发生在农村集体经济组织内部农户之间。转包方是享有土地承包经营权的农户，受转包方是承受土地承包经营权转包的农户。转包方对土地承包经营权的产权不变。受转包方享有使用土地承包经营权的权利，获取承包土地的收益，并向转包方支付转包费。转包无须经发包方许可，但转包合同须向发包方备案。

出租，主要是农户将土地承包经营权租赁给本集体经济组织以外的人。出租方是享有土地承包经营权的农户，承租方是承租土地承包经营权的外村人。出租是一种外部的民事合同。承租方通过租赁合同取得土地承包经营权的承租权，并向出租的农户支付租金，但出资期限受到《民法典》和《农村土地承包法》的限制，即出租期限不得超过剩余土地承包的期限，也不得超过20年。超过20年的，超过部分无效。租赁期限届满，当事人可以续订租赁合同，但约定的租赁期限自续订之日起不得超过20年。农民出租土地承包经营权无须经发包方许可，但出租合同须向发包方备案。

互换，是农村集体经济组织内部的农户之间为方便耕种和各自需要，对各自的土地承包经营权的交换。互换是一种互易合同，互易后，互换的双方均取得对方的土地承包经营权，丧失自己的原土地承包经营权。双方农户达成互换合同后，还应与发包方变更原土地承包合同。承包方之间为方便耕种或者各自需要，可以对属于同一集体经济组织的土地的土地承包经营权进行互换。

转让，是农户将土地承包经营权转移给他人，转让将使农户丧失对承包土地的使用权。转让的对象应当限于从事农业生产经营的农户。具备转让条件的农户将土地承包经营权转让给其他农户，应当经发包方同意，并与发包方变更原土地承包合同。

入股，是指实行家庭承包方式的承包方之间为发展农业经济，将土地承包经营权作为股权，自愿联合从事农业合作生产经营；其他承包方式的承包方将土地承包经营权量化为股权，入股组成股份公司或者合作社等，从事农业生产经营。

(四) 土地征收补偿权

《民法典》第338条规定："承包地被征收的，土地承包经营权人有权依据本法第二百四十三条的规定获得相应补偿。"即征收集体所有的土地，应当支付土地补偿费、安置补助费、地上附着物和青苗的补偿费等费用，并足额安排被征地农民的社会保障费用，维护被征地农民的合法权益，保障被征地农民的生活。土地补偿费是给予土地所有者和承包人因投入而造成损失的补偿，应当归土地所有者和承包人所有；安置补助费是用于被征地的承包人的生活安置的；地上附着物和青苗的补偿费归地上附着物、青苗的所有者（即承包人）所有。国家基于公共利益的需要，依法对集体土地进行征收，土地承包经营权当然消灭。此时，农民获得的补偿不仅包括土地现存利益、地上附着物及土地承包经营权本身的价值，还有对失地农民的社会保障费用。

二、承包经营权人的义务

第一，承包人必须依法获得承包经营权，不得采取欺诈、胁迫、依仗权势压价承包等不正当手段取得承包经营权；更不得在未取得承包经营权之前，强占或抢占集体的耕地。

第二，维持土地的农业用途，不得用于非农建设。承包经营权人必须依照法律和合同的规定，合理地利用集体土地，不得擅自改变承包合同所规定的生产经营内容即农业用途，不得在承包的土地进行非农用途。

第三，保护和合理利用土地，不得给土地造成永久性损害。不得将土地长期抛荒、弃耕；也不得只顾眼前利益搞破坏性、掠夺性的生产经营，造成自然资源的损失、浪费和破坏。

三、发包方的权利与义务

（一）发包方的权利

《农村土地承包法》第 14 条规定："发包方享有下列权利：（一）发包本集体所有的或者国家所有依法由本集体使用的农村土地；（二）监督承包方依照承包合同约定的用途合理利用和保护土地；（三）制止承包方损害承包地和农业资源的行为；（四）法律、行政法规规定的其他权利。"由此条可以看出，发包方的权利表现如下。

1. 发包本集体所有的或者国家所有依法由本集体使用的农村土地的权利

这是发包方的发包权，是发包方享有其他权利的前提。发包方可以发包的土地有两类：一类是本集体所有的农村土地，另一类是国家所有依法由本集体使用的农村土地。第二类土地的发包方虽然不是所有人，但也享有法律赋予的发包权。

2. 监督承包方依照承包合同约定的用途合理利用和保护土地的权利

土地是一种宝贵的自然资源，是人类生存和生活的基本生活资料。随着我国人口的增长和经济的发展，有限的土地资源与无限的土地需求的矛盾日益突出。我国是一个人口众多的农业大国，耕地、林地和草地人均面积很少，必须合理利用和保护土地。

3. 制止承包方损害承包地和农业资源的行为的权利

土地必须合理利用和保护，而损害土地和农业资源的行为必须予以制止。损害土地和农业资源的行为有许多表现，如在耕地上建房、挖土、挖沙、挖石、采矿，将耕地挖成鱼塘，毁坏森林、草原开垦耕地，将土地沙化、盐渍化，使水土流失和污染土地，围湖造田等。对于承包方的这些行为，发包方都有权制止。

4. 法律、行政法规规定的其他权利

这是一项兜底的规定。有关农村集体经济组织、村民委员会及村民小组对于土地及其他相关方面的权利，除农村土地承包法外，农业法、土地管理法、森林法、草原法等法律及国务院的行政法规都有涉及，发包方的权利不限于以上明确规定的三项。

在此需要注意的是，发包方的上述权利是法定权利，即使在承包合同中未约定，也仍然依法享有这些权利；同时，不得在承包合同中限制这些权利，如果有限制这些权利的条款，该条款无效。

（二）发包方的义务

《农村土地承包法》第15条规定："发包方承担下列义务：（一）维护承包方的土地承包经营权，不得非法变更、解除承包合同；（二）尊重承包方的生产经营自主权，不得干涉承包方依法进行正常的生产经营活动；（三）依照承包合同约定为承包方提供生产、技术、信息等服务；（四）执行县、乡（镇）土地利用总体规划，组织本集体经济组织内的农业基础设施建设；（五）法律、行政法规规定的其他义务。"由此条可以看出，发包方的义务表现如下。

1. 维护承包方的土地承包经营权，不得非法变更、解除承包合同

国家实行农村土地承包经营制度，这是一项基本国策。法律保护农民的

承包经营权，我国农业法、土地管理法等法律对农民的土地承包经营权的保护都作了规定。《农村土地承包法》第5条第2款也明确规定："任何组织和个人不得剥夺和非法限制农村集体经济组织成员承包土地的权利。"农村集体经济组织成员依法享有的土地承包经营权是通过签订土地承包合同来体现的。因此，发包方有义务维护承包方的土地承包经营权，不得非法变更、解除承包合同。

2. 尊重承包方的生产经营自主权，不得干涉承包方依法进行正常的生产经营活动

生产经营自主权是承包方自主安排生产、自主经营决策的权利，是承包经营权的最重要的内容。发包方有义务尊重承包方的生产经营自主权，不得干涉承包方依法进行的正常的生产经营活动。由于发包方享有发包权，也有监督和制止承包方损害承包的土地和农业资源的权利，因此，很容易干涉承包方的经营活动。现实中也经常出现强迫承包土地的农民种植某种作物等情况，规定发包方的这项义务是非常必要的。

3. 依照承包合同约定为承包方提供生产、技术、信息等服务

我国实行的以家庭经营为基础、统分结合的双层经营体制，"统"的含义就是要求集体经济组织要做好为农户提供生产、经营、技术等方面的统一服务。发包方有义务帮助承包方做好生产经营，提供生产、技术、信息服务，并在水利排灌、农机推广、机械作业（大型播种、收割机械作业等）、生产资料（化肥、种子等）、道路设施、农业技术等方面提供更全面的服务。

4. 执行县、乡（镇）土地利用总体规划，组织本集体经济组织内的农业基础设施建设

土地利用总体规划是指在一定区域内，根据国家社会经济可持续发展的要求和当地自然、经济、社会条件，对土地的开发、利用、治理、保护在空间、时间上所作的总体安排。县、乡（镇）人民政府都有组织编制土地利用总体规划的职责。总体规划在编制时，要严格保护基本农田，控制非农业建设占用农用地，提高土地利用率，统筹安排各类、各区域用地，保护和改善生态环境，保障土地的可持续利用。执行县、乡（镇）土地利用总体规划是发包方必须履行的法定义务。

农业基础设施建设一般包括农田水利建设，如防洪、防涝、引水、灌溉

等设施建设，也包括农产品流通重点设施建设，商品粮棉生产基地、用材林生产基地和防护林建设，也包括农业教育、科研、技术推广和气象基础设施等。农业基础设施建设对于农业的发展意义重大，农村集体经济组织有义务组织本集体经济组织内的农业基础设施建设。

5. 法律、行政法规规定的其他义务

有关农村集体经济组织对于土地及其他相关方面的义务，除农村土地承包法外，农业法、土地管理法、森林法、草原法等法律及国务院的行政法规都有涉及，发包方的义务不限于以上明确规定的四项。这是一项兜底的义务。

第十一章

建设用地使用权

第一节　建设用地使用权概述

一、建设用地使用权的概念

《民法典》第344条规定："建设用地使用权人依法对国家所有的土地享有占有、使用和收益的权利，有权利用该土地建造建筑物、构筑物及其附属设施。"根据这一规定，建设用地使用权是指对国家所有的土地占有、使用和收益，在该土地上建造并经营建筑物、构筑物以及其附属设施的权利。其中的建设用地是指建造建筑物、构筑物的土地，包括城乡住宅和共同设施用地、工矿用地、交通水利设施用地、旅游用地、军事设施用地等。

建设用地使用权的内容包括对国有和集体的土地享有的占有、使用和收益并排斥他人干涉的权利。建设用地使用权是在国有土地所有权和集体土地所有权的基础上派生出来的一种权利，也就是说这一权利依据土地所有权的存在而存在，没有土地所有权也就没有建设用地使用权。建设用地使用权是一种对土地的直接占有支配权，建设用地使用权可以对土地实行一种消费性的使用，如居民在土地上建造住宅以自用；也可以从事一种经营性的使用，如开发商在土地上建造商品房以出售。建设用地使用权设立目的在于使权利人获得土地的使用价值，从土地利用中获得经济利益和为其他活动提供空间场所。

二、建设用地使用权的特征

第一，建设用地使用权是对他人所有的土地为占有、使用、收益的权利，因而是他物权。建设用地使用权以对他人土地实施占有为权利实现的必要条件。它既然以在他人土地上建造为自己所有的建筑物或者其他附着物为目的，就必须对他人土地进行物质支配，而这种支配只有对他人土地实施占有才能实现。建设用地使用权的目的是将他人土地作为自己所有的建筑物或其他附着物的基地来使用。建设用地使用权虽以保存建筑物或者构筑物及其他附属设施为目的，但其主要内容在于使用他人的土地。因此，上述建筑物或者构筑物及其他附属设施的有无与建设用地使用权的存续无关。

第二，建设用地使用权是利用国家或集体所有的土地的定限物权。一方面，建设用地使用权是在一定范围内对国家所有的土地为使用收益，既要受到法律的一般限制，如在权能范围上不包括处分权，在期限上不得为永久设定，又要受土地所有权人对其内容的限制，如设定建设用地使用权时对土地用途、使用费的约定，对建设用地使用权人有约束力；另一方面，建设用地使用权也是对土地所有权有所限制的物权，建设用地使用权一经设立，土地所有权的大部分权能即由建设用地使用权人独立行使，约束了土地所有权人对土地的支配力。

第三，建设用地使用权的取得方式特殊。国有土地的使用权主要通过有偿出让的方式取得，特殊条件下也可通过无偿划拨的方式取得；集体土地用于非农业建设的，我国《民法典》第361条规定："集体所有的土地作为建设用地的，应当依照土地管理的法律规定办理。"可见，如果使用集体所有的土地进行非农业建设的，须依法经过审批程序，并由县级人民政府登记造册，核发证书，方能确认其建设用地使用权。当出让关系中的受让人具备一定条件时，还可以通过转让、出租等方式将建设用地使用权让与第三人。

第四，建设用地使用权是以在国有或集体所有的土地上建造建筑物、构筑物以及其附属设施为内容的权利。此点于德国、瑞士及日本的民法典中都有近似的规定，均规定以土地之上建设建筑物为唯一内容，即在所有权上设立一特有内容的用益物权。

第二节　建设用地使用权的变动

一、建设用地使用权的取得

建设用地使用权的取得就是建设用地使用权的产生。根据建设用地使用权的概念，可将建设用地使用权的取得分为两大类：在国家所有的土地上设立的建设用地使用权和在集体所有的土地上设立的建设用地使用权。

（一）国有土地上设立的建设用地使用权

1. 国有土地有偿使用方式

国有土地有偿使用是指国家将一定时期内的土地使用权提供给单位和个人使用，而土地使用者一次或分年度向国家缴纳土地有偿使用费的行为。目前，国有土地有偿使用的方式主要有两种。

其一，国有土地使用权出让。这是指国家将一定年限内的土地使用权出让给土地使用者，由土地使用者一次性向国家支付土地使用权出让金和其他费用的行为。我国规定土地使用权出让的年限，由国家和土地使用权受让方通过出让合同来约定，但是出让的最高年限为：居住用地70年，工业用地50年，教育、科技、文化、卫生、体育用地50年，商业、旅游、娱乐用地40年，综合或其他用地50年。合同约定的年限不得超过国务院规定的最高年限，超过最高年限的无效。目前，国有土地使用权出让的方式一般有招标、拍卖和协议出让三种形式。形式一为招标，是指在规定的期限内，由符合规定的单位或个人（受让方），以书面投标形式，竞投某块土地的使用权，土地使用权出让方评标决标、择优而取；形式二为拍卖，是指在指定的时间、地点，利用公开场合由政府的代表者即土地行政主管部门主持拍卖指定地块的土地使用权（也可以委托拍卖行拍卖），由拍卖主持人首先叫出底价，诸多的竞买者轮番报价，最后出价最高者取得土地使用权；形式三为协议出让，是指出让方与受让方（土地使用者）通过协商方式有偿出让土地使用权，经双方协商达到一致后，签订土地使用权出让合同。根据我国法律规定，工业、商业、旅游、娱乐和商品住宅等经营性用地以及同一土地有两个以上意向用地者的，应当采取拍卖、招标等公开竞价的方式出让。采取拍卖、招标、协议出让等方式设立建设用地使用权的，当事人应当采取书面形式订立建设用地使用权出让合同。

其二，国有土地使用权租赁。这是国家将一定时期内的土地使用权让与土地使用者使用，而土地使用者按年度向国家缴纳租金的行为。目前这种方式正在试点之中，并取得了较好的效果，弥补了国有土地使用权出让中一些单位一次支付出让金有困难的问题，满足了中小投资者的需要，具有灵活性。同时对现有划拨土地使用权逐步纳入有偿使用轨道也是一种很好的办法。

2. 国有土地无偿使用方式

划拨是国有土地无偿使用方式，是指土地使用人只需按照一定程序提出申请，经主管机关批准即可取得建设用地使用权，而不必向土地所有人交付租金及其他费用的方式。划拨土地使用权具有以下特点：其一，划拨土地使用权没有期限的规定。其二，划拨土地使用权不得转让、出租、抵押，即不得流转。如果需要转让、出租、抵押等，应当办理土地出让手续或经政府批准。土地使用者不需要使用时，由政府无偿收回土地使用权。其三，对划拨土地使用权用途不得改变，要改变用途须经批准，并重新签订合同。不属于划拨范围的，要实行有偿使用。其四，取得划拨土地使用权，只需缴纳国家取得土地的成本和国家规定的税费，不需缴纳土地有偿使用费。土地管理法对可以采取划拨土地使用权的范围作出了规定：国家机关用地，军事用地，城市基础设施用地，公益事业用地，国家重点扶持的能源、交通、水利等项目用地及其他项目用地，法律和法规明确规定可以采用划拨方式供地的其他项目用地。上述以划拨方式取得建设用地，须经县级以上地方人民政府依法批准。

（二）集体所有土地上设立的建设用地使用权

集体所有的土地作为建设用地的，应当依照土地管理法等法律规定办理。

1. 乡（镇）村公益用地使用权

农村集体经济组织或者由农村集体经济组织依法设立的公益组织，在经过依法审批后，对用于本集体经济组织内部公益事业的非农业用地享有建设用地使用权。根据土地管理法和土地管理法实施条例的规定，乡（镇）村公共设施、公益事业建设，需要使用土地的，经乡（镇）人民政府审核，向县级以上地方人民政府土地行政主管部门提出申请，按照省、自治区、直辖市规定的批准权限，由县级以上地方人民政府批准。

2. 乡（镇）村企业建设用地使用权

农村集体经济组织使用乡（镇）土地利用总体规划确定的建设用地兴办企业，或者与其他单位、个人以土地使用权入股、联营等形式共同举办企业的，应当持有关批准文件，向县级以上地方人民政府土地行政主管部门提出申请，按省、自治区、直辖市规定的批准权限，由县级以上地方人民政府批准。如果其中涉及占用农用地的，应当依照土地管理法的有关规定办理审批手续。

二、建设用地使用权的消灭

(一) 建设用地使用权消灭的原因

建设用地使用权是物权，因此，关于物权消灭的一般原因，如标的物灭失、混同、公用征收，对之亦同样适用，无须赘述。以下仅就其特有的消灭原因进行阐述。

1. 抛弃

抛弃是权利人对其民事权利的处分行为，在不损害社会公共利益和他人合法利益的前提下，自得行使。由于建设用地使用权在本质上是一种民事权利，建设用地使用权人当然可以抛弃其建设用地使用权，无须征得他人同意，但以不损害社会公共利益和他人合法权益为前提。权利人放弃权利，但无法免除其支付转让金或地租的义务。

2. 期限届满未予续期

建设用地使用权是有存续期限的用益物权，于期限届满时未予续期的，则建设用地使用权消灭。《民法典》第359条规定："住宅建设用地使用权期限届满的，自动续期。……非住宅建设用地使用权期限届满后的续期，依照法律规定办理。……"建设用地使用权为有期物权，因而该规定对之也是适用的。有些类型的建设用地使用权，法律规定了最高存续期限。《城镇国有土地使用权出让和转让暂行条例》第12条就规定了土地使用权出让最高年限：居住用地为70年，工业用地为50年，教育、科技、文化、卫生、体育用地为50年，商业、旅游、娱乐用地为40年，综合或者其他用地为50年。当事人只能在法定最高期限内约定具体的使用权期限，超出法定最高期限的，其关于期限的约定无效，此时，使用权期限以法定最高期限为准。在法定期限内约定期限的，在约定期限届满时未予续期的，建设用地使用权应归于消灭。

3. 撤销

建设用地使用权撤销，是指在发生法定事由时，土地所有人可撤销建设用地使用权，收回土地。建设用地使用权的撤销是土地所有权人的单方法律行为，无须征得建设用地使用权人的同意，但应将撤销的意思表示书面告知建设用地使用权人。为了平衡土地所有人与建设用地使用权人之间的利益，保护建设用地使用权人安全使用土地的权利，撤销事由应当由法律明确规定，只有具备法定撤销事由时，土地所有人才可以撤销建设用地使用权。从我国现行立法的规定来看，法定的撤销事由有以下两项。

其一，因不履行支付出让金的义务且积欠达一定时期而撤销。我国现行立法规定，建设用地使用权人未按照合同约定支付土地使用权出让金的，土地管理部门有权解除合同，并可以请求违约赔偿。

其二，因擅自改变土地的用途施加可导致永久性伤害而撤销。按照法律的规定和出让合同的约定使用土地，是建设用地使用权人应当承担的法定义务。我国《城镇国有土地使用权出让和转让暂行条例》第17条第2款规定："未按合同规定的期限和条件开发、利用土地的，市、县人民政府土地管理部门应当予以纠正，并根据情节可以给予警告、罚款直至无偿收回土地使用权的处罚。"该条虽然是关于建设用地使用权人擅自改变土地用途应承担的行政责任的规定，但其中暗含了土地所有人在土地使用人擅自改变土地用途时，享有对建设用地使用权予以撤销的权利。

4. 收回

《民法典》第358条规定："建设用地使用权期限届满前，因公共利益需要提前收回该土地的，应当依据本法第二百四十三条的规定对该土地上的房屋以及其他不动产给予补偿，并退还相应的出让金。"根据法律、行政法规的规定，建设用地使用权可以因公共利益、城市规划的需要，以及土地闲置和使用权人其他违反合同的行为提前收回。因公共利益、城市规划等收回的，应当给予使用权人适当的补偿。

5. 土地的灭失

土地作为建设用地使用权的标的物如果消灭了，建设用地使用权自然随之归于消灭，但是部分灭失而不影响其他部分使用的，则未灭失部分仍可继续使用。我国《城市房地产管理法》第 21 条规定："土地使用权因土地灭失而终止。"

6. 约定消灭事由成就

当事人间设定建设用地使用权时，如有约定特定的消灭事由，例如约定于地上物灭失时，建设用地使用权消灭或约定有特定事由发生时，土地所有人可以终止建设用地使用权人的权利，在此等特约事项发生时，建设用地使用权自发生消灭的事由成立或土地所有人宣布终止并在办理建设用地使用权变更登记后，始发生建设用地使用权消灭的效力。

(二) 建设用地使用权消灭的法律后果

1. 建设用地使用权人取回地上物

建设用地使用权消灭后，建设用地使用权人可以恢复土地原状，取回地面工作物。而土地所有人则可以提出以时价收买，地上权人不得拒绝。对此，日本民法和德国民法，均有建设用地使用权（地上权）人取回权的规定。然而我国《城镇国有土地使用权出让和转让暂行条例》第 40 条规定："土地使用权期满，土地使用权及其地上建筑物、其他附着物所有权由国家无偿取得。土地使用者应当交还土地使用证，并依照规定办理注销登记。"我们认为，根据立法法，对于剥夺公民财产的法律，国务院的行政法规无权规定，以及对物权制度的基本原理与理念的理解，原建设用地使用权人的取回权是正当的。

2. 建设用地使用权人的有益费用偿还请求权

建设用地使用权人为了充分发挥土地的功能，在使用土地的过程中，可能投入相当多的费用去改良土地，其结果是相关土地因此而获得增值。建设用地使用权消灭后，使用权人可以请求土地所有人偿还其因增加土地的价值而支出的有益费用，称为"有益费用偿还请求权"。有益费用，主要是指建设用地使用权人在土地上安装排水设备、改良工事等，而使土地的客观价值得以实际增加所支出的费用。

3. 建设用地使用权人的补偿请求权

当建设用地使用权期限届满后，对于存留在土地上的建筑物，土地所有权人有义务按当时的市场价格支付补偿。虽然法国民法称之为"补偿"，但其实乃是土地所有人以时价购买该建筑物，立法例上因此确定为收买建筑物。

4. 交还土地原状以及进行注销登记的义务

建设用地使用权消灭后，原土地使用人失去了合法占有依据，应将土地交还国家，并办理建设用地使用权注销登记。《土地管理法》第81条规定："依法收回国有土地使用权当事人拒不交出土地的，临时使用土地期满拒不归还的，或者不按照批准的用途使用国有土地的，由县级以上人民政府自然资源主管部门责令交还土地，处以罚款。"第82条和第83条也有类似规定。如原使用权人拒不交还土地，土地管理部门可以给予处罚。对未申请注销登记的，土地管理部门可以直接办理注销土地登记，注销土地证书。

5. 土地所有人对地上物的购买请求权

建设用地使用权消灭时，土地所有人以市场价格购买土地之上的建筑物或者其他附着物的，建设用地使用权人不得拒绝，这就是土地所有人对建筑物或其他附属物的购买权。该制度是物权制度社会化的表现，其功能在于贯彻资源有效利用原则，促进社会整体效益。因为建设用地使用权人行使取回权时，通常会使地上的建筑物或其他附属物流于无用或减损其价值。

6. 在建设用地使用权上设立的抵押权消灭

建设用地使用权设立抵押的，当建设用地使用权终止时，由于抵押物消灭，抵押权也随之消灭。例如，在人民政府依法因公共利益收回建设用地使用权的情况下，原权利人的建设用地使用权即归于消灭，土地回归到国家所有权的单一状态，因此，设定于该建设用地使用权之上的抵押权也随之消灭，抵押权作为物权的追及力在此不能发挥效力，这与一般抵押中抵押物转让时抵押权发生追及效力是不同的。对于原权利人从国家获得的经济补偿及其他补偿，在担保债权的范围内，抵押权人应享有物上代位权，即抵押权人有权优先受偿。

第三节 建设用地使用权的效力

一、建设用地使用权人的权利

（一）对土地的占有、使用的权利

建设用地使用权就是为保存建筑物或者构筑物及其他附属设施而使用土地的权利，因此使用土地是建设用地使用权人的最主要权利。建设用地使用权人对土地的使用，应当在设定建设用地使用权的行为所限定的范围内进行。例如，限定房屋的高度或者限制房屋的用途的，建设用地使用权人使用土地时不得超出该项范围。由于建设用地使用权为使用土地的物权，建设用地使用权人为实现该权利，自然以占有土地为前提。同时，建设用地使用权人也可以准用不动产相邻关系的规定。建设用地使用权人建造的建筑物、构筑物及其附属设施的所有权属于建设用地使用权人，但有相反证据证明的除外。

（二）将建设用地使用权转让、出租、抵押或者赠与的权利

《民法典》第 353 条规定："建设用地使用权人有权将建设用地使用权转让、互换、出资、赠与或者抵押，但是法律另有规定的除外。"建设用地使用权的转让，是指建设用地使用权人将其土地使用权再转移给他人的行为，包括赠与、出售和互易。由于建设用地使用权与地上建筑物或其他工作物具有不可分割的特点，因此我国法律规定，建设用地使用权转让时，其地上建筑物或其他工作物的所有权也应一并转让，不允许单独转让土地使用权。建设用地使用权的出租，是指土地使用权人将其土地使用权租赁给他人使用并收取租金的行为。出租建设用地使用权时，土地上的建筑物或其他工作物也应一并出租。建设用地使用权的抵押，是指土地使用人为担保债务的履行，将其土地使用权抵押给他人的行为。在进行建设用地使用权抵押时，不仅须遵守土地使用权的有关规定，还须遵守担保法的有关规定。需要说明的是，建设用地使用权转让、互换、出资、赠与或者抵押的，当事人应当采取书面形式订立相应的合同。使用期限由当事人约定，但不得超过建设用地使用权的剩余期限。

（三）从事必要附属行为的权利

建设用地使用权人为行使土地使用权，可以在依法占有使用的土地范围内，进行与营造、使用建筑物或其他工作物有关的附属行为，如开辟道路、修筑围墙、种植花木。

（四）获得补偿的权利

建设用地使用权期限届满前，因公共利益需要提前收回该土地的，应当依照《民法典》第358条规定对该土地上的房屋及其他不动产给予补偿，并退还相应的出让金。

（五）住宅用地期满续期的权利

住宅建设用地使用权期限届满的，自动续期。这个权利确保了住宅不因建设用地使用权期限届满而必然丧失。非住宅建设用地使用权期限届满后的续期，依照法律规定办理。该土地上的房屋及其他不动产的归属，有约定的，按照约定；没有约定或者约定不明确的，依照法律、行政法规的规定办理。

二、建设用地使用权人的义务

（一）支付建设用地使用权出让金的义务

以出让方式取得建设用地使用权的，使用权人必须依法支付出让金；以划拨方式取得建设用地使用权的，无须支付出让金，但在转让时，应当由受让方办理建设用地使用权出让手续并缴纳出让金。《民法典》第351条规定："建设用地使用权人应当依照法律规定以及合同约定支付出让金等费用。"

（二）返还土地的义务

建设用地使用权人在建设用地使用权消灭时，应当将土地返还给所有权人，原则上应恢复土地的原状。《城市房地产管理法》第22条第2款规定："土地使用权出让合同约定的使用年限届满，土地使用者未申请续期或者虽申请续期但依照前款规定未获批准的，土地使用权由国家无偿收回。"

（三）不得改变土地用途的义务

《民法典》第350条规定："建设用地使用权人应当合理利用土地，不得改变土地用途；需要改变土地用途的，应当依法经有关行政主管部门批准。"

第 347 条第 3 款规定："严格限制以划拨方式设立建设用地使用权。"

（四）登记的义务

一是设立登记的义务。设立建设用地使用权的，应当向登记机构申请建设用地使用权登记。建设用地使用权自登记时设立。登记机构应当向建设用地使用权人发放建设用地使用权证书。

二是变更登记的义务。建设用地使用权转让、互换、出资或者赠与，应当向登记机构申请变更登记。

三是注销登记的义务。建设用地使用权消灭的，出让人应当及时办理注销登记。登记机构应当收回建设用地使用权证书。

第十二章

宅基地使用权

第一节　宅基地使用权概述

一、宅基地使用权的概念与特征

（一）宅基地使用权的概念

宅基地使用权是我国特有的一种用益物权，《民法典》第 362 条规定："宅基地使用权人依法对集体所有的土地享有占有和使用的权利，有权依法利用该土地建造住宅及其附属设施。"根据这一规定，宅基地使用权是指农村集体经济组织的成员依法享有的依法定程序取得在集体所有的土地上建造个人住宅及其附属设施的权利。由于农村宅基地是与集体经济组织成员的资格联系在一起的，宅基地在一定程度上具有福利和社会保障的功能，以切实保障农村村民的生存居住条件为目的。农村宅基地使用权是我国特有的一项独立的用益物权，它具有严格的身份性、无偿使用性、永久使用性等特点。该权利与我国广大农民身份息息相关，贴合中国特色社会主义的实际和特点。

（二）宅基地使用权的特征

第一，主体特定性。宅基地使用权的主体只能是农村集体经济组织的成员。城镇居民不得购置宅基地，除非其依法将户口迁入该集体经济组织。农村的宅基地与集体经济组织成员的权益是联系在一起的。农民申请宅基地，在很大程度上是因为农民是农村集体经济组织的成员，每个成员都有权以个人或者农户的名义申请宅基地，土地的有限性决定了集体经济组织以外的人员一般不能申请宅基地。

第二，客体特定性。宅基地使用权的用途仅限于村民建造个人住宅。个人住宅包括住房以及与村民居住生活有关的附属设施，如厨房、院墙。

第三，"一户一宅"原则。宅基地使用权实行严格的"一户一宅"原则。根据土地管理法的规定，农村村民一户只能拥有一处宅基地，其面积不得超过省、自治区、直辖市规定的标准。农村村民建造住宅，应符合乡（镇）土地利用总体规划，并尽量使用原有的宅基地和村内空闲地。农村村民住宅用地，经乡（镇）人民政府审核，由县级人民政府批准，但如果涉及占用农用地的，应依照土地管理法的有关规定办理审批手续。农村村民出卖、出租住房后，再申请宅基地的，不予批准。

第四，社会福利性。权利取得的无偿性即所谓的社会福利性。农村的宅基地具有一定的社会福利的性质，这种福利主要表现在农民能够无偿取得宅基地，获取基本的生活条件，这也是农村村民与城市居民相比享有的最低限度的福利。由于提供了宅基地，农村村民享有了基本的居住条件，从而维护了农村的稳定。

二、宅基地使用权与建设用地使用权

宅基地使用权与建设用地使用权具有一定的相似性，两者都是权利人为了在他人土地上建造房屋和其他附属设施的一种权利。但是宅基地使用权与建设用地使用权具有明显的区别，主要表现在：

一是两者权利主体身份限制不同。宅基地使用权人受到特定身份的限制，只有集体经济组织成员才可以享有，城市居民不能享有宅基地使用权。而建设用地使用权的主体是不受身份限制的，不管是自然人还是法人，不管是城市居民还是农村村民，都可以享有建设用地使用权。

二是两者权利客体不同。在我国，农村宅基地使用权是在集体土地之上设立的，在一定程度上与集体经济组织的成员资格和福利联系在一起，发挥着最基本的农村社会保障作用，❶ 这就决定了它不可能作为交易的对象自由转让。而建设用地使用权的客体主要限于国有的土地，除了划拨的土地，建设用地使用权的取得必须通过出让、转让、出租的方式进行。这些方式在本质

---

❶ 杨立新：《民商法理论争议问题——用益物权》，中国人民大学出版社 2007 年版，第 149 页。

上都是一种等价交换的交易方式。建设用地使用权主要是在国家所有权的基础上产生的，是在国有土地上建造建筑物、构筑物及其他附属设施的权利。建设用地使用权主要是针对城市的用地，而不包括农村的宅基地使用权。

三是两者权利内容不同。建设用地使用权的权利人可以利用其建造建筑物、构筑物及其附属设施，并通过出售营利。宅基地使用权只能用于建造住宅，而建设用地使用权人可以建造工业用房、商业用房、娱乐用房等，不限于建造住宅用房。

四是两者流转的限制不同。对宅基地使用权的流转，法律有严格的限制，原则上宅基地使用权人不能将建设用地使用权互换、转让或投资入股，也不能从事各种经营活动。但建设用地使用权是可以自由流转的，法律对此种权利的流转并没有作出过多的限制。

五是两者权利的存续期间不同。建设用地使用权都是有期限限制的用益物权，期限届满后，该权利就消灭。即使住宅建设用地使用权期限届满后适用自动续期的规则，其也不是完全没有期限限制的，因为如果房屋改变用途或者被征收等，也没有必要再继续延长期限。但是，对宅基地使用权，法律却没有期限的限制。

六是两者权利取得是否需要支付对价方面不同。建设用地使用权的取得，只要是依据出让的方式，权利人必须支付相应的对价，即土地出让金。而宅基地使用权是基于集体经济组织成员的身份取得的，而且具有社会保障的性质，因而其取得是无偿的。

总之，本书认为，宅基地使用权是一种不同于建设用地使用权的独立的用益物权类型，建设用地使用权不能包括宅基地使用权。

第二节　宅基地使用权的变动

一、宅基地使用权的取得

（一）通过行政审批取得

宅基地使用权应通过行政审批取得，是指不以他人的权利和意思为依据，根据行政法律的规定直接取得宅基地使用权。由于我国宅基地使用权的特殊性，即私权须经公法管理的属性，也就是需满足行政法以及行政规章的规定与程序，行政机关以行政行为分配宅基地，农民才能取得宅基地使用权。基于我国土地公有制的特殊性，土地管理法规定了严格的审批程序和审批条件，并作出了一些限制性规定。

依据审批的方式取得农村宅基地使用权，前提必须具备主体资格，即必须是本集体经济组织的成员或其他法律明确规定可以获得宅基地使用权的人。城镇居民、一户多宅的人，以及把原有住房出卖、出租或赠与他人的农村村民不得申请农村宅基地使用权。《土地管理法》第62条第4款规定："农村村民住宅用地，由乡（镇）人民政府审核批准；其中，涉及占用农用地的，依照本法第四十四条的规定办理审批手续。"具体而言，农村宅基地使用权的申请程序体现为：首先是农村村民向所在的村民委员会提出宅基地使用权申请（以户为单位）；其次是村民委员会根据村镇规划，对宅基地使用权申请进行审核，经村民会议或者农村集体经济组织全体成员讨论同意；最后是经乡（镇）人民政府审查后，报县级人民政府土地行政主管部门审核，由同级人民政府批准。农村村民必须对宅基地使用权进行申请，获得批准后才可以使用宅基地，不得在未获批准前擅自使用宅基地。

同时，在申请宅基地使用权时还应符合法律规定的条件，申请条件有积极条件和消极条件之分。其中，积极条件包括：居住拥挤，宅基地面积少于规定的限额标准的；因结婚等原因，确需建新房分户的；原住宅影响村镇规划需要搬迁的；经县级以上人民政府批准回原籍落户，农村确无住房的，包括批准回乡定居的职工、离退休干部、复员退伍军人、回乡定居的华侨、港澳台同胞等非农业人口等。消极条件包括：年龄未满18周岁的；原有宅基地的面积已经达到规定标准或者能够解决分户需要的；出卖或者出租村内住房等农村村民不予批准使用宅基地。

（二）继受取得

宅基地使用权的继受取得，是指以他人的权利和意思为依据而取得宅基地使用权。虽然法律严禁宅基地使用权的流转，但是宅基地使用权继受取得的现象仍普遍存在，主要表现为随房流转，具体情况如下。

一是出租。宅基地使用权人在房屋建成后将房屋出租，出租房屋的同时也出租了宅基地使用权。宅基地使用权人享有房屋所有权，当然可以对其自由处分，由于宅基地使用权的从属性，将房屋出租的，宅基地使用权同时发生转移，承租人在获得房屋使用权的同时取得了宅基地使用权。这是继受取得宅基地使用权的最普遍的方式。

二是赠与和遗赠。房屋所有人将房屋赠与、遗赠给他人时，该他人取得了房屋的所有权，同时也获得了该房屋宅基地的使用权。

三是继承。继承人在继承了被继承人房屋的同时继受了宅基地的使用权。

四是买卖。房屋所有人或抵押权人将房屋出售或拍卖、变卖后，买受人在获得房屋所有权的同时取得宅基地的使用权。

二、宅基地使用权的消灭

（一）宅基地使用权消灭的原因

我国《民法典》第 364 条规定："宅基地因自然灾害等原因灭失的，宅基地使用权消灭。对失去宅基地的村民，应当依法重新分配宅基地。"此条是关于宅基地使用权消灭的规定，但却列明宅基地因自然灾害而灭失这一项消灭原因。从现有法律规定来看，宅基地使用权会因下列原因消灭。

第一，宅基地灭失。宅基地是宅基地使用权的客体，宅基地因地震、火山喷发、河流改道、山体滑坡等自然灾害的影响，不能恢复原状，不能继续使用或者灭失的，宅基地使用权归于消灭。当然，如果只是宅基地上的建筑物或其他附属设施灭失的，不影响宅基地使用权的效力。

第二，国家对宅基地的征收。国家为了公共利益的需要，对宅基地进行征收，并改变了该宅基地的用途的，该宅基地使用权消灭，但权利人可就宅基地上的建筑物取得相应的补偿。

第三，宅基地的收回和调整。土地所有权人根据城镇或乡村的发展规划，可以收回或调整宅基地。土地所有权人收回宅基地的，应当另行批准相应的宅基地使用权，以保证居民生活需要。

第四，住宅所有权的变动导致宅基地使用权的消灭。因房屋的出租、出卖、继承、赠与和遗赠等行为而引起原宅基地使用权人的使用权消灭和另一方对该使用权的取得。

第五，宅基地使用权的抛弃以及宅基地的长期闲置。宅基地使用权人抛弃宅基地使用权可以导致宅基地使用权的相对消灭，或者长期闲置宅基地，致使所有人收回宅基地，进而导致宅基地使用权的消灭。

（二）宅基地使用权消灭的法律后果

第一，宅基地使用权作为一种设立在集体土地上的用益物权，基于其无偿性和福利性，属于对农民的社会保障方式，因此当宅基地使用权消灭时，根据《民法典》第364条的规定，宅基地因自然灾害等原因灭失的，宅基地使用权消灭。对失去宅基地的村民，应当重新分配宅基地。

第二，不再审批分配宅基地使用权。原宅基地使用权经抛弃而归于消灭，"抛弃宅基地使用权的，不得再申请新的宅基地使用权"。宅基地使用权被抛弃后，该宅基地上的所有权恢复圆满状态，可以再设立新的宅基地使用权。农村村民出卖、出租住房后，再申请宅基地的，不予批准。

第三，登记注销。经登记的宅基地使用权消灭后，应及时办理注销手续。

第三节　宅基地使用权的效力

一、宅基地使用权人的权利

（一）占有和使用的权利

《民法典》第362条规定："宅基地使用权人依法对集体所有的土地享有占有和使用的权利……"宅基地使用权人依法享有对宅基地的占有权，权利人只有在占有宅基地的基础上，才能够实际地利用宅基地建造住宅。如果宅基地经过申请并批准后没有交付，权利人可以根据宅基地使用权请求交付。宅基地使用权人也享有对宅基地的使用权，但该使用权应限于建设并保有住宅居住为目的，而不能进行其他商业性的利用。如前所述，宅基地使用权是一种无期限限制的无偿使用权，所以，除非基于法律规定的原因而导致宅基地使用权归于消灭，宅基地使用权人则享有无期限限制的权利。宅基地上的建筑物或者其他附属物灭失的，不影响宅基地使用权的效力。

（二）建造房屋、添加附属设施的权利

《民法典》第362条规定："宅基地使用权人……有权依法利用该土地建

造住宅及其附属设施。"宅基地使用权设立的目的就在于，使权利人能够利用该土地建造住宅及其附属设施，满足基本的生活和生存需要。所谓"建造住宅"，按照有关部门的解释，就是宅基地使用权人有权在依法取得的宅基地上建造房屋及添加附属设施，如厕所、猪舍、工棚。

（三）相邻权

宅基地使用权是在不动产上享有的权利，它在房屋建成后附属于房屋所有权，当然适用不动产相邻关系的规定。而且，相邻权随着宅基地使用权的发生而发生，并随着宅基地使用权的消灭而消灭。宅基地使用权人有权行使相邻权，保障权利的充分行使。当自己的相邻权受到侵害时，有权要求相邻关系的另一方停止侵害、排除妨碍并赔偿损失。

（四）宅基地灭失后的重新分配权

《民法典》第 364 条规定："宅基地因自然灾害等原因灭失的，宅基地使用权消灭。对失去宅基地的村民，应当依法重新分配宅基地。"该条就确定了宅基地使用权人享有的重新分配的权利。

（五）有限制的处分权

宅基地使用权人对宅基地享有的仅仅是使用权，不享有所有权，宅基地的所有权归集体经济组织所有，因此，宅基地使用权人不能随意处分其使用权。依据现行规定，农村住宅所有权流转是受限制的，只能向本集体经济组织内部成员转让。尽管宅基地使用权本身不可以转让，但可以随着住宅一同转让。当然，依据《土地管理法》第 62 条第 5 款的规定："农村村民出卖、出租、赠与住宅后，再申请宅基地的，不予批准。"也就是说，在宅基地使用权处分之后，不能再申请新的宅基地。由于房屋可以继承，所以宅基地使用权实际上也可以继承。此外，村民将房屋置换、赠与他人等，宅基地的使用权也应当一并转移给新的房屋所有人。但宅基地的所有权仍然应当归集体所有。从法理上讲，宅基地使用权是使用权人的一项权利，当然有权对其进行处分；而且在实践中，随着经济的发展，对宅基地使用权进行单独转让的行为非常普遍，法律的这一限制性规定越来越受到挑战。

（六）受法律保护的权利

宅基地使用权是一项用益物权，法律规定的各种物权请求权都可以适用：

在权利不明时可以提出宅基地使用权确认之诉，被侵夺时可以提出宅基地使用权返还之诉，受妨害时可以提起宅基地使用权排除妨害之诉，还可以提出消除危险之诉等，并且可以要求适当的赔偿。当国家或集体对宅基地进行征收时，宅基地使用权人有权向集体经济组织申请重新获得新的宅基地使用权，并可以要求给予合理补偿。

二、宅基地使用权人的义务

（一）维持法定用途的义务

按照规定的用途来使用，也就是所谓的正当使用义务。宅基地使用权人必须按照规定的用途来使用宅基地，不得随意变更宅基地的用途。宅基地是用来建造房屋供村民居住的，不得以其他的方式使用宅基地。取得宅基地使用权的人必须在批划的宅基地上建造住宅，不得擅自改变用途，新批划的宅基地，使用权人应在规定的期限内建造住宅。宅基地使用权人在使用宅基地时必须尽到善良管理人的义务，对宅基地进行合理使用，注意管理和修缮，不得损害所有权人的利益。同时，法律明确规定宅基地使用权人不得出租、买卖、抵押或以其他形式非法转让宅基地。

（二）遵守"一户一宅"原则的义务

农村村民一户只能拥有一处宅基地，面积不得超过省（自治区、直辖市）规定的标准，各地应结合本地实际，制定统一的宅基地面积标准。宅基地使用权人只能在批准的宅基地面积范围内行使使用权，不得以任何方式直接或变相地扩大既有的宅基地使用面积。

（三）注意相邻关系的义务

宅基地使用权人在行使权利时有义务维护公共利益和他人的合法权益，其行为不得损害公共利益和他人的合法权益，造成损害的应承担赔偿责任。

（四）接受规划的义务

服从国家、集体土地利用总体规划或公共利益需要的义务，因国家公共利益需要或建设集体公益设施而需要变更使用权人的宅基地时，使用权人不得阻挠，但因变更给使用权人造成困难或损失时，应依法予以补偿。

（五）及时办理登记的义务

《民法典》第 365 条规定："已经登记的宅基地使用权转让或者消灭的，应当及时办理变更登记或者注销登记。"此规定是为方便宅基地使用权的管理，健全宅基地管理制度，宅基地使用权人有义务在宅基地使用权取得、转让或消灭的情况下及时办理登记。

第十三章

居住权

第一节　居住权概述

一、居住权的概念与特征

（一）居住权的概念

居住权，是指按照合同约定，为满足生活居住的需要，对他人所有的住宅享有占有、使用并排除房屋所有权人干涉的用益物权。《民法典》第 366 条规定："居住权人有权按照合同约定，对他人的住宅享有占有、使用的用益物权，以满足生活居住的需要。"居住权属于典型的人役权，是老年人、妇女及未成年人等特殊群体居住他人住房而享有的权利，具有保护弱者权益的功能。

（二）居住权的特征

1. 居住权具有用益性

居住权是在他人所有的房屋所有权之上设立的物权，因此，其基本属性是他物权。居住权的设立，是房屋所有权人行使所有权的结果，也是房屋所有权在经济上得以实现的手段和途径。[1] 这种他物权的性质是用益物权，设立的目的是解决房屋的占有和使用问题，用益性是居住权的基本性质。居住权以居住权人占有、使用为内容，在当事人有约定时居住权人可以享有出租权，因此，《民法典》第 366 条明确了居住权属于用益物权。故居住权是所有权的负担。

---

[1] 钱明星：《关于在我国物权法中设置居住权的几个问题》，载《中国法学》，2001 年第 5 期。

2. 居住权具有人役性

居住权的基本性质虽然是用益物权，但是其设立并不是为了商业目的或者其他经济上的目的，而是为了满足自然人的赡养、扶养等需要，满足自然人的生活用房的特定生活需要，因而具有人身性，其主体一般都是具有特定身份的自然人，而不是法人或者非法人组织。在此，应当区分居住权人和有权享受居住利益之人。后者包括居住权人的家庭成员及其必需的服务人员。家庭成员一般包括亲生子女、养子女和共同生活的继子女，不论是居住权设定之前还是设定之后产生的亲子关系，均应享有居住权。服务人员，一般包括为权利人本人或者权利人的家庭提供服务而与权利人一起生活的人员，如保姆、护理人员等。❶

3. 居住权具有独立性

居住权是一种物权而不是一种债权，因而具有长期性和稳定性的特点。居住权的设立通常是根据合同的约定或者遗嘱的内容而确定的，居住权具有独立的物权属性。居住权期限由设立居住权的合同约定；如果没有约定居住权的期限，应当推定居住权的期限至居住权人死亡时止。居住权的最长期限，不应当超过居住权人的终身。

4. 居住权具有不可转让性

居住权的设立通常是无偿的，居住权人取得居住权一般不必支付对价。《民法典》第368条规定："居住权无偿设立，但是当事人另有约定的除外。……"因此，居住权的设定是一种恩惠行为。在居住权行使过程中通常要支付费用，其费用的标准不应当超过租金，因为一旦居住权的费用等于或者超过租金，则无法区分居住权和租赁权。

二、我国居住权存在的必要性

《民法典》新创设居住权制度非常必要。住宅的居住人，例如，无自己宅院的长辈居住于晚辈的住宅，离异的配偶一方于其暂无居所时居住于另一方的住房等，这些"栖身者"对一项尽可能稳定的法律地位的需求，其合理性，

---

❶ 崔建远：《我国物权立法难点问题研究》，清华大学出版社2005年版，第224页。

自无须待说。❶

第一，充分发挥房屋的效能。用益物权是为不动产的利用效能充分发挥而设立的他物权，包括土地的用益权和房屋的用益权。但在我国的用益物权体系中，只重视土地的役权，而忽视、轻视房屋的役权，因而对房屋的利用效能的发挥具有阻滞作用。居住权可以更好地发挥房屋的利用效能，建立全面的用益物权体系。

第二，居住权制度充分尊重所有权人的意志和利益。所有权是最充分的物权，所有权人对自己所有的财产具有最完全的支配力。对自己所有的房屋设定居住权，是所有权人支配自己财产的意志的体现，符合自己的利益。通过遗嘱、遗赠及合同等方式，对自己的房屋设定居住权，体现了自己支配财产的意志，即使是在其死后根据其遗嘱或者遗赠而设立的居住权，也完全是其支配财产意志的体现。确立居住权，能使所有权人支配自己权利的意志得到充分尊重。

第三，居住权制度可以为一些弱势群体解决居住需要。随着人口老龄化时代的来临，以房养老成了老年人最关心的现实问题。将居住权物权化，居住权就有了对抗第三人的效力，老年人的居住权也就得到了有效保障。除此以外，现实中出现大量无房离婚配偶基本住房问题难以解决的情况。通过居住权制度，还可以将居住权扩展至解决远亲、好友、收留的流浪儿童、孤寡老人、无继承权或处于第二继承顺位的继承人等群体的居住问题。

第二节　居住权的取得

按照物权取得的一般理论，物权取得有原始取得和继受取得之分。但是，居住权虽为物权的一种，却因《民法典》明确其以居住权合同、遗嘱设立为发生原因，明文禁止居住权转让、继承而无传来的继受取得途径。至于原始取得，适用《民法典》第 368 条关于"居住权无偿设立"的规定，若允许善意取得，则在表面上不符合《民法典》第 311 条第 1 款第 2 项要求的"以合理的价格转让"，在利益衡量的层面对住宅的真正所有权人过于苛刻，对"居

---

❶　[德] 鲍尔、施蒂尔纳:《德国物权法（上册）》，张双根译，法律出版社 2004 年版，第 635 页。

住权人"关照过分，故不宜承认居住权的善意取得。不过，在居住权合同的双方约定有偿设立居住权，并适用《民法典》第 368 条中"但是当事人另有约定的除外"的情况下，若具备《民法典》第 311 条第 1 款规定的善意取得的要件，则可承认居住权的善意取得。

居住权有两种取得类型，一是意定居住权，二是法定居住权。两种类型有不同的设立方法。

一、意定居住权及其设立

意定居住权是指根据房屋所有权人的意愿而设立的居住权，设立人必须是房屋所有权人，其他人不得在他人所有的房屋之上设立居住权。

（一）以书面形式的居住权合同设立居住权

《民法典》第 367 条第 1 款广泛承认以书面形式的居住权合同设立居住权。居住权的设立不是原始取得，而是创设的继受取得，属于基于法律行为而发生的不动产物权变动。只有居住权合同合法、有效，居住权才可以设立；若该合同不成立、被撤销、无效，则居住权未设立。居住权合同应当采用书面形式。《民法典》第 367 条第 2 款规定："居住权合同一般包括下列条款：（一）当事人的姓名或者名称和住所；（二）住宅的位置；（三）居住的条件和要求；（四）居住权期限；（五）解决争议的方法。"虽然《民法典》第 367 条措辞为"应当采用书面形式"，但也不应把该规定理解为强制性规定，更不应将之确定为效力性的强制性规定。因为强制性规定系调整社会公共利益关系的法律规定，该规定调整的是住宅所有权人与居住权人之间的利益关系，不属于社会公共利益关系，所以它非为强制性规定。不过，该规定毕竟呼吁当事人"应当采用书面形式"，这不同于典型的任意性规定，王轶教授把它划归倡导性规定。❶

（二）依据遗嘱的方式设立居住权

房屋所有权人可以在遗嘱中就死后房屋作为遗产的使用问题，为法定继承人中的一人或者数人设定居住权，但必须留出适当房屋由其配偶终身居住。

---

❶ 参见王轶：《论倡导性规范：以合同法为背景的分析》，载《清华法学》2007 年第 1 期。

《民法典》第 371 条规定："以遗嘱方式设立居住权的，参照适用本章的有关规定。"按照《民法典》第 214 条的规定，居住权设立的事项被记载于不动产登记簿簿页时，居住权设立。

(三) 依据遗赠的方式设立居住权

《民法典》第 371 条规定："以遗嘱方式设立居住权的，参照适用本章的有关规定。"房屋所有权人可以在遗嘱中，为非法定继承人之外的人设定居住权。例如，遗嘱指定将自己所有的房屋中的一部分，让自己的保姆终身或者非终身居住。

按照《民法典》第 371 条的规定，以遗嘱方式设立居住权的，必须是该遗嘱生效，遗嘱继承人或受遗赠人或遗产管理人，持该遗嘱向不动产登记机构申请居住权登记。如果《民法典》第 371 条所谓设立居住权的遗嘱不合物权法定主义的要求，不发生物权法上的效力，但可以发生债法上的效力，除非该遗嘱存在着无效的原因。在这里，物权法与债法的相互衔接和配合照样具有必要性，奉行意思自治原则的遗嘱制度恰恰能完成受法定主义羁绊的物权法"不可做"之事。

二、法定居住权及其设立

法定居住权是指依据法律的规定直接产生的居住权。法律可以直接规定父母作为监护人对未成年子女的房屋享有居住权，或者未成年子女对其父母的房屋享有居住权。对于依据裁判方式取得的居住权，法律也予以认可。例如，人民法院在离婚裁判中，将居住权判给有特殊需要的一方享有。有学者认为，这也是依照法律设定居住权的一种方式。

法定居住权为特定的人依据法律的规定而当然享有，所有人不得通过遗嘱、遗赠或者合同的方式予以剥夺。

三、居住权登记

设立意定居住权，应当向登记机构申请居住权登记。《民法典》第 368 条规定："……设立居住权的，应当向登记机构申请居住权登记。居住权自登记时设立。"没有经过登记的居住权，不具有对抗第三人的效力。

第三节　居住权的效力

一、居住权人的权利

（一）占有权

《民法典》第366条赋予居住权人占有住宅之权。此处的占有，应为直接占有，即居住权人生活居住于作为居住权客体的住宅之中。假如承认间接占有亦为《民法典》第366条所谓占有，就相当于张三以自己名义取得对李四所有的住宅的居住权，却较长时间地让王五生活居住于此，属于变相的转让，这就背离了人役权制度系专为特定人的特定需要而设计的本质属性。[1]

（二）使用权

居住权人对设立居住权的房屋享有使用权，也可以享有该住房共用部分的使用权。其使用的范围，以居住权合同约定的内容为准。如果是区分所有的建筑物，依照建筑物区分所有权的内容确定使用权的内容：就建筑物的部分取得居住权的，使用权的范围包括该住房的共用部分；对住房附属的树木及果实等自然孳息，如果没有特别约定，居住权人应当享有收取的权利。[2] 住房的使用方式，应以保障居住权人正常居住、生活为限。居住权人使用该房屋一般不支付使用费。

（三）进行必要改良和修缮的权利

居住权人为了正常使用房屋，可以对房屋进行必要的改良和修缮，如进行装修、安装空调等，但不得进行重大的结构性改变。居住权人对房屋进行的必要改良和修缮的费用，在居住权消灭返还原物时，不享有返还请求权。

（四）排除所有人侵害的权利

居住权人取得居住权，能够对抗房屋的所有权人，有权要求所有权人不

---

[1]　梁慧星、陈华彬：《物权法》（第七版），法律出版社2020年版，第346页。
[2]　杨立新：《物权法》（第八版），中国人民大学出版社2021年版，第202页。

为妨害其居住的行为，所有权人不得对居住权人行使排除妨害、返还原物等物上请求权。

（五）对抗房屋所有权人变更的权利

在居住权存续期间，即使住房所有权人发生变更，由于居住权是所有权的负担，居住权跟随所有权的转移而转移，故所有权人的变更并不影响居住权，居住权人的权利不受其影响，所有权人不得以此为理由而撤销居住权。

二、居住权人的义务

（一）合理使用房屋的义务

居住权人不得将房屋用于生活消费以外的目的，不得改建、改装和作重大的结构性改变。

（二）支付必要费用的义务

居住权人应当支付住房及其附属设施的日常维护费用和物业管理费用，但应以通常的保养维护费用、物业管理费用为限。如果房屋需要进行重大的修缮或者改建，只要没有特别的约定，居住权人不承担此项费用。约定有偿使用的，还应当按照约定支付费用。

（三）对房屋合理保管的义务

居住权人在居住期内，应当尽到善良管理人的注意义务，不得从事任何损害房屋的行为。如果房屋存在毁损的隐患，居住权人应当及时通知所有权人进行修缮或者采取必要的措施。

（四）不得转让、出租和继承的义务

《民法典》第369条规定："居住权不得转让、继承。设立居住权的住宅不得出租，但是当事人另有约定的除外。"居住权人对其居住的房屋不得转让、不得出租，该房屋也不能成为居住权人的遗产，不能通过继承来由其继承人继承。但是，不得出租有例外，即当事人另有约定的除外。

第四节 居住权的消灭

一、居住权消灭的事由

(一) 居住权抛弃

居住权人采用明示方法抛弃居住权的，居住权消灭。明示抛弃的意思表示应当对所有权人作出。居住权人作出抛弃表示的，即发生消灭居住权的效力，不得撤销，除非得到所有权人的同意。

(二) 居住权期限届满或居住权人死亡

依照《民法典》第 370 条规定，居住权设定的期限届满，居住权即时消灭，所有权的负担解除；居住权人死亡，其权利主体消灭，居住权也随之消灭。

(三) 解除居住权条件成就

在设定居住权的遗嘱、遗赠或者合同中，对居住权设有解除条件的，该条件成就时居住权消灭。

(四) 居住权被撤销

居住权人具有以下两种情形的，房屋所有权人有权撤销居住权。一是故意侵害住房所有权人及其亲属的人身权或者对其财产造成重大损害的；二是危及住房安全等严重影响住房所有权人或者他人合法权益的。房屋所有权人行使撤销权，应当经过人民法院裁决，不得自行为之。

(五) 住房被征收、征用、灭失

房屋被征收、征用，以及房屋灭失的，居住权都消灭。

二、居住权消灭的后果

居住权消灭，在当事人之间消灭居住权的权利义务关系，居住权人应当返还住房。住房被征用、灭失的，如果住房所有权人因此取得补偿费、赔偿金，居住权人有权请求分得适当的份额；居住权人如果没有独立生活能力，也可以放弃补偿请求权而要求得到适当安置。

　　因居住权人故意或者重大过失致使住房毁损或者灭失的，居住权人不仅不享有这样的权利，还应当对所有权人承担损害赔偿责任。由于居住权的变动以登记为生效要件，其登记不单纯地具有公示的功效，而且具有公信力。如此，居住权的登记直接关涉第三人的利益，尤其是交易第三人的切身利益。居住权登记作为公示方式，对于住宅的行政管理、征收决定作出前听取意见等有影响。所有这些都决定了居住权消灭时有必要及时办理注销登记。

第十四章

地役权

第一节　地役权概述

一、地役权的概念

地役权是指为了自己不动产的便利及效益的提升而对他人的不动产进行一定程度的利用或者对他人行使土地权利进行限制的权利。

《民法典》第 372 条规定："地役权人有权按照合同约定，利用他人的不动产，以提高自己的不动产的效益。前款所称他人的不动产为供役地，自己的不动产为需役地。"可见，地役权须产生于两个不动产之间，其中享受使用便利的不动产称为需役地，提供便利的不动产则称为供役地。这里所谓利用他人的不动产，既包括他人所有的不动产，也包括他人拥有用益物权的不动产。在我国，地役权主要是建立在他人拥有用益物权的土地之上的。作为需役地的权利人，可以是不动产所有人，也可以是对土地拥有用益物权的人，在我国主要是对土地拥有用益物权的人。

二、地役权的特征

（一）地役权是利用他人不动产的权利

地役权的客体是不动产，并以该不动产属于他人所有或者使用为要素。由于地役权的内容在于以此不动产供彼不动产之役，因而地役权的成立，必须有两块土地的存在。其一是为其便利而使用他人土地之地，即需役地；其二是为该土地便利而供其使用的土地，即供役地。地役权以不动产为其客体，不动产通常指土地，但不限于土地，在建筑物上也可设定地役权。我国《民法典》第372条规定他人的不动产为供役地，自己的不动产为需役地。由于地役权不限于需役地所有人与供役地所有人的关系，供役地的承包经营权人、地上权人、典权人、采矿权人、承租人也应当受地役权的约束，自属当然之理。

（二）地役权是为需役地便利或是提升其效益的权利

地役权以供役地供需役地的使用便利而设，以特定需役地的存在为前提。地役权对物不对人，它不是为特定人的利益而设定的，不以某不动产所有人或使用人的便利为转移。从法律技术的角度来看，这个物权最特别之处就在于不仅客体属物，而且主体属物，这当然不是说权利主体是物，有权利能力的永远只有人，所谓主体属物，是说地役权主体随土地（所有权）而定，所有权转移其也当然转移，地役权必属于"各时"所有人，一旦与土地所有权分离，就变成了人役权。此项必须有需役地与供役地关系存在，始得设定地役权之特质，实为地役权与地上权、永佃权之重大不同处，亦为地役权从属性产生之原因。❶

就一般情况而论，地役权的内容一般有以下几类：一是以供役地供使用，如通行地役权。二是以供役地供收益，如用水地役权。三是避免相邻关系的任意性规范的适用。四是禁止供役地为某种使用，如禁止在邻地建高楼，以免妨碍眺望。

（三）地役权是使供役地负一定负担的物权

地役权，从需役地的角度观察，它是为需役地便利而设定的权利，但从供役地的角度看，则是对他人不动产设定的一定负担。这些负担的内容和范围非常广泛，包括允许他人通行于自己的土地，对自己行使土地的权利进行某种限制，放弃部分使用的权利，容忍他人对自己土地实施某种程度上的损害等。地役权人的负担主要表现为容忍和不作为义务，但不负一定作为的积极义务。供役地的负担，由当事人约定，只要不违反法律的强制性规定与公序良俗，地役权人可根据需役地的需要，在供役地上设定各种形式的负担，

---

❶ 谢在全：《民法物权论（上册）》（修订五版），中国政法大学出版社2011年版，第515–517页。

法律对此并无严格的限制，但该负担应以需役地便利所需为限。地役权人不能超出需役地需要而要求供役地人负过度的容忍及不作为义务。在不妨害地役权行使的前提下，供役地人对其不动产仍可行使所有权或使用权。

（四）地役权具有从属性

地役权的成立必须是需役地与供役地同时存在，其存在依附于需役地而不能单独转让和抵押。因此，在法律属性上地役权与其他物权不同，地役权虽然是一种特别的用益物权，并非需役地所有权或者使用权的扩张，但它仍应当与需役地的所有权或者使用权共命运，这就是地役权的从属性。

一是地役权必须与需役地所有权或者使用权一同转移，不能与需役地分离而让与。需役地所有人或者使用人，不得自己保留需役地所有权或者使用权，而单独将地役权让与他人，不得自己保留地役权而将需役地所有权或者使用权让与他人，也不得将需役地所有权或者使用权与地役权分别让与两个人。我国《民法典》第 380 条规定："地役权不得单独转让。土地承包经营权、建设用地使用权等转让的，地役权一并转让，但是合同另有约定的除外。"

二是地役权不得与需役地分离而为其他权利的标的，为需役地所有权人或使用权人的从权利，故不得因需役地分离而为其他权利的标的。如果在需役地上设立其他权利，地役权亦包括在内。例如，在需役地上设立建设用地使用权，则建设用地使用权人也得行使地役权，不能单独将地役权作为其他权利的标的，如单独以地役权抵押、出租。我国《民法典》第 381 条规定："地役权不得单独抵押。土地经营权、建设用地使用权等抵押的，在实现抵押权时，地役权一并转让。"

三是地役权随需役地所有权或使用权的消灭而消灭。在据以设立地役权的需役地所有权或使用权消灭的情况下，地役权也因设立目的的丧失而丧失存在的必要，从而归于消灭。

（五）地役权具有不可分性

地役权的不可分性，是指地役权为不可分的权利，即地役权不得被分割为两个以上的权利，也不得使其一部分消灭。地役权的不可分性表现在以下三个方面。

1. 地役权发生的不可分性

当需役地为两人以上共有时，各共有人都必须就整个不动产设定地役权，不能仅为自己的应有部分而设立。如果共有人中的一人因时效而取得地役权时，其他共有人也一同取得。因为地役权是为整个需役地便利而设的，不能为需役地的应有部分而存在，更不能为特定人而存在。共有人中的一人取得地役权，是基于需役地而取得，并非为其个人取得。对于供役地而言，如果其所有权或使用权为两人以上所共有，各共有人无从就其应有部分为需役地设立地役权。因为应有部分是一种抽象的存在，地役权则为对供役地具体性的直接利用，当然无从就其应有部分设立地役权。

2. 地役权享有的不可分性

我国《民法典》第382条规定："需役地以及需役地上的土地承包经营权、建设用地使用权等部分转让时，转让部分涉及地役权的，受让人同时享有地役权。"第383条规定："供役地以及供役地上的土地承包经营权、建设用地使用权等部分转让时，转让部分涉及地役权的，地役权对受让人具有法律约束力。"

3. 地役权消灭的不可分性

需役地为两人以上共有时，各共有人无权按其应有部分使已经存在的地役权部分消灭，如果共有人中的一人按其应有部分将该地役权抛弃或作其他处分，其行为不发生效力。即使共有人中的一人对该地役权发生混同，地役权依然不能消灭，因为地役权是为需役地而存在的，并非为了某特定人的利益而存在。在供役地为数人共有的情况下，各共有人也无从仅就其应有部分，除去地役权的负担。

三、地役权的类型

(一) 积极地役权与消极地役权

根据地役权的行使内容，地役权可分为积极地役权与消极地役权。供役地人有允许需役地人为一定作为义务的，为消极地役权。在积极地役权中，供役地所有人负有一定的容忍义务，即应容忍地役权人于供役地上为一定行为，而不得禁止、干涉。例如，通行地役权、排水地役权等都属于积极地役权。在消极地役权中，供役地所有人并非单独地负容忍义务，而应负不作为的义务。例如，不在供役地上建筑妨害观望的建筑物、不在需役地附近栽植竹木等地役权，均属于消极地役权。

(二) 继续地役权与不继续地役权

根据地役权的行使方法，地役权可分为继续地役权与不继续地役权。地役权的行使，无须每次有权利人的行为而能继续行使的，为继续地役权；地役权的行使，每次均须有地役权人的行为的，为不继续地役权。继续地役权因具备了适当的状态，适于地役权的行使，而不需要在行使权利时，每次要求有地役权人的行为。例如，眺望地役权、筑有道路的通行地役权、装有水管的引水地役权等，均属于继续地役权。一般来说，消极地役权大都属于继续地役权。不继续地役权大都因没有固定的设施，而需要地役权人的每次行为才能行使。例如，汲水地役权、放牧地役权的行使，每次必须有地役权人的汲水或放牧行为。

四、地役权的社会功能

(一) 调整不动产的利用，为人们的生产和生活提供便利

地役权的设立基于需役地人和供役地人意思表示的一致，而不是基于法律的规定，其设立的目的是获得需役地的利用方便或提高需役地的利用效益，既有经济利益上的需求，如通行地役权、排水地役权，也有精神利益上的追求，如为欣赏美景或视野开阔而设立的眺望地役权。这不仅可以充分发挥供役地的作用，也可以提升需役地的价值，这种灵活的调整方式也可以为人们提供多种选择，满足他们不同的利益需求，实现他们对不动产最大限度利用的愿望。

(二) 地役权的设立可以弥补物权法定原则的不足

在物权法定的原则下，物权的内容、种类都是由法律统一规定的，排除了当事人的意志自由。而地役权制度则突破了物权法定原则，赋予当事人意志自由，在遵守国家法律和社会公序良俗的前提下，当事人就是否创设权利、当事人双方的权利义务、变更与解除等方面自由协商确定，从而弥补了物权法定原则的不足。

(三) 实现资源的优化配置，保护人们赖以生存的环境

通过设立地役权可以充分利用有限的资源，实现资源的优化配置，最大

限度地提高经济效率，促进经济的发展。现代城市的发展，同时带来了环境的恶化、资源的浪费和无序开发，而地役权有偿制引入了利益激励机制，能够促使人们更加重视对自己不动产周围环境的保护，任何侵害其周边环境的行为都是对其财产权的侵犯，不动产权利人的维权积极性当然也就大大提高了。

第二节　地役权的变动

一、地役权的取得

地役权的取得是指因一定的法律事实，某一主体在供役地上取得地役权。地役权的取得可以基于法律行为，也可以基于非法律行为。

（一）地役权基于合同约定取得

地役权依合同设立取得，是地役权取得的主要方式，也是地役权法律制度价值的集中体现。《民法典》第374条为这一取得方式提供了法律依据，"地役权自地役权合同生效时设立"。地役权合同属于要式合同，应当采用书面形式。地役权经登记后取得对抗第三人的法律效力。

（二）地役权基于其从属性与不可分性取得

其一，因买卖、赠与及继承等法律与非法律行为取得不动产的所有权或用益物权而附带取得地役权。《民法典》第380条规定："地役权不得单独转让。土地承包经营权、建设用地使用权等转让的，地役权一并转让，但是合同另有约定的除外。"这是由于地役权具有从属性，地役权的转让不得与需役地分离而单独转让，必须与需役地一同转让，此时合同无须约定地役权的变动。

其二，因共有人取得地役权，其他共有人基于地役权的不可分性取得地役权。若需役地所有权或用益物权变更为数个所有权，则各个独立所有权人或用益物权人亦取得数个对应的地役权。若供役地的所有权分为数个独立的所有权或用益物权，则地役权人取得了数个新的地役权。

其三，需役地不动产所有权之上设立用益物权，则用益物权人取得地役权。《民法典》第 378 条规定："土地所有权人享有地役权或者负担地役权的，设立土地承包经营权、宅基地使用权等用益物权时，该用益物权人继续享有或者负担已经设立的地役权。"

其四，不动产承租人取得地役权。基于不动产租赁的物权化倾向，不动产承租人的地位，就役权关系而言，宜根据地役权乃为以调节不动产之利用为其目的，故实际占有人、使用人应为地役权人。地役权与土地相邻关系，同属法律为调和土地利用而设，仅协调的程度与方法，有些不同而已，两者均不关注土地所有权的归属，只要有需役地和可能的供役地就可以成立地役权，就实际情形而言，为使物尽其用，地役权人应是需役地实际使用人，而非所有人。

二、地役权的消灭

地役权是一种不动产物权，符合不动产物权的一般消灭原因，然而基于地役权的从属性和不可分性，地役权的消灭却有诸多特殊原因，以下介绍几项地役权消灭的特殊原因。

一是不动产灭失。不动产灭失是任何以不动产为标的的物权消灭的原因，但地役权不但因为作为其标的物的不动产即供役地的灭失时消灭，而且也因需役地的灭失而消灭。

二是不动产被征收。无论是需役地还是供役地被征收，都导致地役权的消灭。

三是目的事实不能。设立地役权的目的事实上不能实现，即供役地事实上不能再供需役地便利时，人民法院因供役地所有人的请求，宣告地役权消灭。例如，汲水地役权因供役地水源枯竭而消灭。

四是供役地权利人解除地役权关系。在下列两种情形下，地役权因供役地权利人解除地役权关系而消灭：其一，地役权人违反法律规定或者合同约定，滥用地役权；其二，有偿利用供役地，约定的付款期限届满后在合理期限内经两次催告未支付费用。

五是抛弃。地役权人如将其地役权抛弃，供役地则因之恢复无负担的状态，地役权归于消灭。但如果是有偿的地役权，地役权人抛弃地役权后，仍应支付地役权全部期间的租金。

六是存续期限的届满或者其他预定事由的发生。地役权如有存续期限，因期限的届满而消灭。其设定行为附有解除条件的，因条件的成就，地役权消灭。根据物权法的规定，已经登记的地役权变更、转让或者消灭的，应当及时办理变更登记或者注销登记。

七是混同。当需役地和供役地同时归属于同一主体时，地役权消灭。但有几点特别情况：其一，当需役地共有人取得供役地所有权或是使用权时，抑或反之，并不导致地役权的消灭；其二，需役地的使用人取得供役地的所有权时，若使用的期限小于地役权的期限，则在实际占有期限内，地役权消灭，在使用期限届满后，地役权期限未届满的剩余期限内，地役权归位即恢复效力。

第三节　地役权的效力

一、地役权人的权利与义务

（一）地役权人的权利

概括而言，地役权人的权利即以他人不动产供自己不动产的便利之用，具体而言包括以下权利。

1. 使用供役地的权利

使用供役地的权利是地役权人最基本的权利，使用的主要内容包括使用范围、使用方式和使用程度。若地役权依设立而取得，则应依契约及登记确定；若地役权因让与或继承而取得，则应依原有内容确定；若地役权因时效而取得，则应依原来行使地役权的意思与随后的登记内容确定。地役权人对于供役地的使用方式主要包括：为供役地的使用，由供役地取得孳息，限制供役地使用权人的权利行使，排除邻地因相邻关系所定的权能。

对于以合同设定的地役权，若合同对于地役权人对供役地的使用方式未有约定或约定不明，则应如何行使地役权的问题，一般认为应按照地役权行使权利所必要的范围，以及对供役地最小损害原则予以确定。地役权人可在必要的范围内行使一切相关权利，以达到设立地役权的目的，实现需役地的便利。但是，地役权人同时须以对供役地损害最小的方式行使，不得使供役地人遭受无端的损害。设定如此的原则乃是为了使地役权人与供役地人之间获得一种利益上的平衡。对于地役权与供役地上的其他物权发生冲突时如何确定优先顺序的问题，依据学理可分如下情况进行处理。

其一，地役权与设定地役权的供役地人对不动产的权利发生冲突时，应依双方当事人之间的约定确定权利的顺序，如未有约定或约定不明，依权利负担优先于原权利的法理，地役权应为优先权利。

其二，地役权与供役地上设定的其他用益物权（含地役权）发生冲突时，应按物权发生的先后顺序确定权利的先后顺序；数个地役权并存于同一宗供役地的场合，先设立且已登记的地役权的效力优先；先设立却无登记的地役权，不能对抗后设立但已登记的地役权。❶

2. 从事必要附属行为和建造必要供役设施的权利

地役权人为实现地役权的权利内容，在权利行使的必要范围内，可为一定的必要行为或建造必要设施，以便更好地实现地役权。例如，为了实现汲水地役权而修建水渠。对于该等必要行为或设施，在未有明确约定的情况下，地役权人应遵循对供役地损害最小的原则为之。

3. 基于地役权的物上请求权

地役权作为用益物权，当地役权人的权利行使遭受妨害时，可基于地役权提起物上请求权，以排除妨害。例如，设定通行地役权的情况下，有人阻塞通道妨害通行时，地役权人可对其行使排除妨害请求权，以恢复通行。

（二）地役权人的义务

1. 合理使用供役地

地役权人应按照地役权的内容使用供役地，不得随意扩张其权利，且应选择于供役地损害最小的处所及方式行使其权利。《民法典》第376条规定："地役权人应当按照合同约定的利用目的和方法利用供役地，尽量减少对供役地权利人物权的限制。"

2. 维持供役设施和允许供役地人使用供役设施

如前所述，供役地上的供役设施的所有权应属于地役权人所有，其自然应承担维修、保持供役设施的义务。承担如此的义务也可避免因供役设施的

---

❶ 梁慧星、陈华彬：《物权法》（第七版），法律出版社2020年版，第310页。

失修等而使供役地人受到损害。同时，为了实现供役设施的物尽其用，在不妨碍地役权行使的情况下，地役权人应允许供役地人使用供役设施。不过，此时供役地人应在其受益范围内分担供役设施的建造或维持成本，并可对供役设施的所有权归属进行协商约定。

3. 支付费用

在当事人约定地役权为有偿的情况下，地役权人应依约定的数额、期限和支付方式向供役地人支付费用。按照《民法典》第 384 条第 2 项的规定，地役权人"有偿利用供役地"的，应当按期支付费用。

4. 恢复原状

地役权消灭后，若地役权人占有部分供役地，则应返还。若地役权人在供役地上建造了供役设施，而该供役设施仅供需役地便利之用，则地役权人应负责拆除并恢复原状。若供役设施为双方共同使用，则可由双方协商由供役地人取得供役设施的所有权，同时向地役权人进行一定的补偿。

二、供役地人的权利与义务

（一）供役地人的权利

1. 供役附属设施的使用权

对于地役权人于供役地上所放置的附属设施，供役地人在不影响地役权人使用的前提下，有权合理使用。如地役权人修建的管道，在地役权人没有使用的情况下或者供役地人可以与地役权人同时使用的情况下，供役地人有权予以使用。根据权利义务一致原则，如果供役地人使用了地役权人的附属设施，应当和地役权人分担该附属设施的保养和维护修缮费用。

2. 供役地使用场所和方法的变更请求权

如果地役权的内容中设定了地役权行使的具体场所和方法，在变更该场所和方法对地役权人并无不利，而对供役地人有利时，供役地人有权请求变更地役权的使用场所和方法。因为地役权是协调两个不动产之间利用关系的物权，为顾全供役地人一方的利益，有必要赋予其变更请求权。

3. 费用请求权

一般来说，供役地权利人之所以允许地役权人利用其土地而在自己的土地上设置负担，多数是为了获得一定的租金费用收入。如果地役权人不按照约定支付租金,供役地权利人的收益目的便会落空。因此,供役地人有权依约定要求地役权人支付租金费用。如果地役权人长期拖欠租金费用的,供役地人可以依法解除地役权设立合同,终止地役权。《民法典》第384条对此做出了相应的规定。

4. 地役权消灭请求权

当地役权已无存续必要时,即供役地无法提供需役地使用的便利,供役地人可以请求人民法院解除地役权合同,消灭地役权。

(二)供役地人的义务

地役权是以供役地供需役地便利使用为目的,故供役地于地役权存在之后,供役地人于地役权目的范围内,有容忍及不作为的义务。就积极地役权而言,供役地人负有容忍地役权人为一定行为的义务;就消极地役权而言,供役地人则负有不为一定行为的义务。

第 四 编

担 保 物 权

第十五章

担保物权的一般原理

第一节　担保物权概述

一、担保物权的概念与特征

（一）担保物权的概念

《民法典》第 386 条规定："担保物权人在债务人不履行到期债务或者发生当事人约定的实现担保物权的情形，依法享有就担保财产优先受偿的权利，但是法律另有规定的除外。"换句话说，担保物权是以确保特定债权的实现为目的，于债务人或第三人的特定财产上设定的，以支配和取得该特定财产的交换价值为内容的定限物权。

（二）担保物权的特征

1. 价值权性

担保物权的价值权性，又称为变价性或换价性，是指担保物权以支配和取得担保物的变价价值（交换价值）为内容，而不是以对标的物的实体支配为内容。担保物权作为物权的一种，当然也具有支配性，但这种支配性并不体现在支配标的物的实体及其使用价值上，而体现在对标的物的处分及其变价价值的支配方面。最为典型的情形是抵押权人并不占有抵押物，却仍可支配物的处分及其所得价款。在债务人届期不履行债务时，担保物权人无论是以拍卖、变卖担保物的价款取偿，还是与担保人协议以担保物折价受偿，均是以担保物的变价价值或交换价值受偿债权。这是担保物权与所有权及用益物权的主要区别，也是其担保债权实现的功能之表现。

2. 从属性

凡是为担保债权的实现而附加的权益，均对所担保的债权具有从属性。

担保物权既然是为确保债权实现而设立的，自然与所担保的债权形成主从关系，被担保的债权为主权利，担保物权为从权利。担保物权的从属性，可以从设立、转移及消灭几个方面来认识。

其一，设立上的从属性。表现在担保物权的设定或成立，应以债权的存在为前提，担保物权不能脱离债权关系而单独设立。对此从属性，不能仅从其与债权成立的时序上来看，而主要应从其与债权的主从关系上来看。《民法典》第388条第1款规定："设立担保物权，应当依照本法和其他法律的规定订立担保合同。担保合同包括抵押合同、质押合同和其他具有担保功能的合同。担保合同是主债权债务合同的从合同。主债权债务合同无效的，担保合同无效的，但是法律另有规定的除外。"

其二，转移上的从属性。又称为处分上的从属性或附随性、随伴性，是指担保物权原则上因所担保债权的转移而转移。担保物权虽可因特约而脱离所担保的债权单独归于消灭，却不得脱离债权而单独转移。《民法典》第407条规定："抵押权不得与债权分离而单独转让或者作为其他债权的担保。债权转让的，担保该债权的抵押权一并转让，但是法律另有规定或者当事人另有约定的除外。"

其三，消灭上的从属性。《民法典》第393条规定："有下列情形之一的，担保物权消灭：（一）主债权消灭；（二）担保物权实现；（三）债权人放弃担保物权；（四）法律规定担保物权消灭的其他情形。"也就是说，担保物权因所担保债权的消灭而消灭。

3. 不可分性

担保物权的不可分性，是指担保物权人于其全部债权受偿之前，可就担保物的全部行使其权利，担保物的价值变化及债权的变化不影响担保物权的整体性。具体说来，不可分性表现在：担保物部分灭失或价值减少时，其余部分或剩余价值仍担保债权的全部；担保物因共有物的分割等原因而分割时，分割后的各部分仍各担保债权的全部；债权的一部分因清偿、抵销、混同等原因而消灭时，担保物权并不相应地缩减，担保物权人仍可就担保物的全部行使其权利；债权的一部分分割或转让时，担保物权不因此分割，数债权人按其债权额共享原来的担保物权。《最高人民法院关于适用〈中华人民共和国民法典〉有关担保制度的解释》第38条规定："主债权未受全部清偿，担保物权人主张就担保财产的全部行使担保物权的，人民法院应予支持，但是留置权人行使留置权的，应当依照民法典第四百五十条的规定处理。担保财产被分割或者部分转让，担保物权人主张就分割或者转让后的担保财产行使担保物权的，人民法院应予支持，但是法律或者司法解释另有规定的除外。"第39条规定："主债权被分割或者部分转让，各债权人主张就其享有的债权份额行使担保物权的，人民法院应予支持，但是法律另有规定或者当事人另有约定的除外。主债务被分割或者部分转移，债务人自己提供物的担保，债权人请求以该担保财产担保全部债务履行的，人民法院应予支持；第三人提供物的担保，主张对未经其书面同意转移的债务不再承担担保责任的，人民法院应予支持。"

4. 物上代位性

担保物权的物上代位性，是指当担保物因出卖、灭失、毁损等原因，发生以金钱或其他财物（代偿物）代替时，担保物权人可以对代偿物行使其权利。● 也就是说，担保物因灭失、毁损而获得赔偿金、补偿金或保险金的，该赔偿金、补偿金或保险金成为担保物的代替物，担保物权依然存在于其上，债权人有权就该代替物行使担保物权。这是因为担保物权以支配担保物的交换价值为内容，以取得该价值而受偿债权为目的，在担保物的实体形态改变而其价值仍然存在时，担保物权人就其变化了的价值形态取偿，仍可达到同样目的。故此，当担保物因灭失、毁损、征收等而得有损害赔偿金或保险赔偿金、补偿费时，这些赔偿金或补偿费应作为原担保物的代替物，继续担保债权的实现。担保人依法转让或处分担保物所得之价款，亦同为原担保物的代替物，担保权人同样有物上代位权。《民法典》第390条规定："担保期间，担保财产毁损、灭失或者被征收等，担保物权人可以就获得的保险金、赔偿金或者补偿金等优先受偿。被担保债权的履行期限未届满的，也可以提存该保险金、赔偿金或者补偿金等。"

5. 优先受偿性

担保物权的优先受偿性，是指当债务人不履行债务或破产时，担保物权

● ［日］近江幸治：《担保物权法》，祝娅、王卫军、房兆融译，沈国明、李康民审校，法律出版社 2000 年版，第 12 页。

人可就担保物之价值优先于其他债权人而受清偿。此乃物权的优先效力在担保物权中的体现，各国担保制度中，均承认担保物权的这一品性。正是由于担保物权人可就担保物的价值优先受偿，这种担保才成为比人的担保（保证）更可靠、更优越的担保方式。

二、担保物权的社会作用

（一）有利于维护交易安全

这是担保物权及其他担保的最直接的作用。在市场经济条件下，有交易就伴随有风险。影响债的目的实现的交易中的风险，既有不可抗力情势发生、市场行情变化等客观风险，也有资产与负债变动不居、舍义取利、逃避债务履行等主观风险。以诚实信用为本而追求适法利益的交易主体，莫不希望最大限度地避免债权实现不能的风险。债的担保，即此种希冀的物化形态。在具体的市场交易中，当事人设立债的担保，以扩大保障债权实现的责任财产的范围或使债权人就特定之物取得优先受偿权等方式，增强债权实现的可能性，弥补债权效力上的缺陷，可以有效地摆脱市场交易中的主观风险，并淡化客观风险造成的危害，维护交易的安全，确保特定债权的目的实现。在债的各种担保方式中，担保物权因具有物权的支配效力、追及效力及优先受偿效力，不受债务人及担保人的整体财产状况变化的影响，在确保债权实现的作用方面较之其他担保方式更为可靠、有效。

（二）有利于引导商品交易

在市场经济条件下，无论是资金的借贷还是商品的交易，只有在债的目的能够顺利实现的前提下才能广泛地开展和进行。如果缺乏足够的信用，资金的融通和商品的流通将受到极大的滞碍。而债的担保，正是以其特殊的机制为债务人提供信用，往往是当事人双方建立信任关系的媒介与桥梁。债的担保不仅可以为资金融通与商品流通提供安全保障，而且能够引导与促进借贷合同或商品交易合同本身的订立。在这个方面，抵押担保、质押担保，尤其是伴随现代社会的发展而出现最高额抵押、财团抵押与浮动担保、证券抵押以及最高额质押、权利质押等融资型担保物权，其地位与作用日渐重要。

（三）有利于促进经济发展

市场经济在很大程度上也是信用经济与法治经济。在市场经济条件下，即时清结的现货交易退居次要地位，非即时清结的交易活动成为交易的常态，而货币的借贷，只能是非即时清结的。这样，交易或借贷双方利益的实现，常常产生时间上的差距，即双方发生了一种以信守为对待给付之诺言为基础的信用关系。如果背信现象偶有发生，个别债的目的不能实现时，一般仅影响当事人的利益；而若背信现象较为普遍地存在，诸多债的目的不能实现时，则会发生严重的信用危机，影响整个社会的交易秩序和经济发展。担保物权，是担保制度中不可或缺的组成部分，在我国物权法制定中进一步完善担保物权制度，对于克服及预防信用危机，间接促进经济发展与繁荣，必将起到其他方式所无可替代的作用。❶

第二节　担保物权的种类

一、担保物权的学理分类

（一）法定担保物权与意定担保物权

这是根据担保物权的发生原因或成立方式的不同而作的分类。法定担保物权，是指无须当事人约定，而由法律直接规定或在符合法定条件时当然发生的担保物权。《民法典》第 807 条规定的建设工程价款优先受偿权、《海商法》第 21 条至第 29 条规定的船舶优先权、《民用航空法》第 18 条至第 25 条规定的民用航空器优先权等，均为法定担保物权。国外有些立法例所规定的优先权以及法定抵押权、法定质权也属此类。意定担保物权又称为约定担保物权，是指基于当事人设定担保物权的契约而成立的担保物权。我国法律上规定的抵押权与质权一般为约定成立的担保物权。约定担保物权较之法定担保物权在适用上更为广泛和普遍。

这种分类的法律意义在于：担保物权成立的要件不同，意思自治原则发挥作用的领域有别。

---

❶ 梁慧星、陈华彬：《物权法》（第七版），法律出版社 2020 年版，第 319 页。

（二）动产担保物权、不动产担保物权、权利担保物权与非特定财产担保物权

这是根据担保物权的标的不同而作的分类。不同财产上得成立何种担保物权，各国立法规定有所不同。依我国法律规定：动产之上既得设定质权或成立留置权，也得设定抵押权；不动产及不动产用益权仅得为抵押权的标的；其他可转让的财产权利之上得设定权利质权。至于非特定财产之上成立的担保物权，主要是指以内容时常变动的财产为标的而设定的企业担保或浮动担保，其性质属于特殊的抵押权。❶ 日本于 1958 年制定《企业担保法》，首开企业担保立法之先河。

这种分类的法律意义在于：一是担保物权成立的要件不尽一致。如不动产担保物权以登记为生效要件，浮动抵押权则否，而动产担保物权需要区分类型而定。二是不同领域对担保物权类型的需求有别。如企业经营领域，不动产抵押权、浮动抵押权、某些权利质权被经常运用，而在日常生活领域则对动产质权的需求较大。在我国的立法实践中，这种分类的标准被不断地突破，因为一些动产如交通运输工具也可以设定抵押，所以这种分类的意义已并不突出。应当注意的是，在国际私法统一化运动中，学者们普遍认为，在担保物权领域只有动产担保物权适于统一化。❷

（三）留置性担保物权与优先受偿性担保物权

这是依担保物权的主要效力为标准而作的分类。留置性担保物权，又称为占有性担保物权，是指以债权人占有、留置担保物而迫使债务人履行义务为主要效力的担保物权。留置权、动产质权和某些由债权人占有权利凭证的权利质权属于留置性担保物权。优先受偿性担保物权，又称为非占有性担保物权，是指以支配担保物的交换价值并从中优先受偿为主要效力的担保物权。抵押权及不占有权利凭证的权利质权属于优先受偿性担保物权。留置性担保物权虽更为可靠，但有损物的使用价值，故其适用范围有一定的限制；而优先受偿性担保物权，能使物的使用价值与交换价值各得其所，因而更受推崇。

这种分类的法律意义在于，留置性担保物权通常是人们为了满足生活上

---

❶ 梁慧星、陈华彬：《物权法》（第七版），法律出版社 2020 年版，第 320 页。
❷ 王利明：《物权法研究（上卷）》（第四版），中国人民大学出版社 2016 年版，第 1107 页。

的临时需要而存在的，但因必须将担保物的占有转移给债权人，致担保人（债务人或第三人）无法对它进行使用、收益，企业经营者运用它的情况较少。反之，优先受偿性担保物权场合，担保人可亟须使用并收益担保物，物尽其用，也免去了债权人的保管之累，最符合企业的经营理念，故为企业经营者所乐于采用。这种担保物权在现代生活中居于主导地位。

（四）定限性担保物权与权利转移性担保物权

这是依构造形态的不同为标准而作的分类。定限性担保物权，是指以标的物设定具有担保作用的定限物权为构造形态的担保物权。此种担保物权中，担保权人取得的仅是定限性权利，标的物的所有权仍存留于设定人（债务人或第三人）之手，通常所讲的担保物权均属于定限性担保物权。权利转移性担保物权，是指以标的物的所有权或其他权利转移至担保权人为其构造形态的担保物权，其典型形态为让与担保权。

（五）本担保与反担保

担保物权以其是否属于为担保人所承担的担保责任而设立的担保形式为标准，可分为本担保和反担保。本担保，是固有意义上的担保，也就是人们通常所说的担保，指债务人或第三人以其特定财产或一般财产，为担保债权人基于买卖等合同产生的债权，或基于单方允诺产生的债权，或不当得利债权，或无因管理债权，或基于侵权行为产生的债权等债权的实现，而设立的担保形式。所谓反担保，是与本担保对应的概念，又称作"求偿担保"，是指在商品贸易、工程承包和资金借贷等经济往来中，有时为了换取担保人提供保证、抵押或质押等担保方式，由债务人或第三人向该担保人新设担保，以担保该担保人承担了担保责任后易于实现其追偿权的制度。该新设担保相对于原担保而言被称为反担保。《民法典》第 387 条第 2 款规定："第三人为债务人向债权人提供担保的，可以要求债务人提供反担保。反担保适用本法和其他法律的规定。"抵押权、质权等可以是本担保的形式，也可以是反担保的形式，究竟属于何者，须视具体的法律关系及其结构而定。

二、担保物权的法定种类

依物权法定原则，担保物权的种类与内容，也须以法律的规定为准。由于法律传统及国情不同，各国法律上对担保物权的种类规定有所不同。其中抵押权、质权，是各国立法上公认的担保物权。抵押权的标的物原则上限于不动产及不动产权利，21 世纪以来，适应客观经济生活的需要，动产抵押也获得了普遍的承认。

我国物权法上规定的担保物权有抵押权、质权与留置权三种。其中，抵押权与质权通常只能依约定而设立，为约定担保物权，而留置权为法定担保物权；抵押权的标的物可以是不动产、不动产权利和动产，质权的标的物可以是动产或财产权利而不包括不动产，留置权的标的物则只能是动产。此外，我国法律上也有许多关于优先权的具体规定，但关于其性质，理论上有不同的认识。

第三节　担保物权的担保范围

担保物权所担保的债权范围，实际上也就是担保权人得以从担保物的变价中优先受偿的范围。《民法典》第 389 条规定："担保物权的担保范围包括主债权及其利息、违约金、损害赔偿金、保管担保财产和实现担保物权的费用。当事人另有约定的，按照其约定。"

一、主债权

所谓主债权，就是指担保物权人享有的被担保的原债权。主债权既可以是金钱债权，也可以是非金钱债权。主债权不包括该债权产生的利息、违约金、损害赔偿金等。如果担保物权需要登记的，当事人应当在登记簿中记载主债权的数额、种类等。[1] 因为担保物权必须是为特定债权而设定的，因此，主债权必须特定化。所谓特定化，就是指担保物权所担保的债权应当是确定的某个或某些债权。当然，这里所说的特定化并不一定必须在设立担保物权时就特定，在担保物权实现时由当事人协商确定也是允许的。[2] 在最高额抵押中，抵押权并不附着于特定的主债权，只有在最高额抵押确定以后，主债权

---

[1] 姚红主编：《中华人民共和国物权法精解》，人民出版社 2007 年版，第 306 页。
[2] 王利明、尹飞、程啸：《中国物权法教程》，人民法院出版社 2007 年版，第 429 页。

才最终确定。

二、利息

利息，是指原本债权所生的孳息。利息包括约定利息、法定利息及迟延利息。约定利息，须于抵押权登记时予以记明，登记的内容包括利息率、起息期和付息期。对于应登记才生效的抵押权，未经登记的利息债权，不在担保范围之内。迟延利息，是指债权人不按期履行金钱债务时而应支付的法定利息或应加付的利息，有时也称为罚息。

三、违约金

违约金，是指债务人一方不履行债务时，依法律规定或者合同约定应向债权人一方支付的一定数额的款项。依照法律规定，当事人约定的违约金过高或者过低时，人民法院可酌情减少或增加。因此，当事人就其约定的违约金高低发生争议时，抵押权所担保的违约金应以人民法院或仲裁机构确认的数额为准。

四、损害赔偿金

损害赔偿金，是指债物人不履行债务时，为补偿债权人因此受到的损害，应向债权人支付的赔款数额。损害赔偿金和违约金一样应在担保的范围之内。

五、保管担保财产和实现担保物权的费用

实现抵押权的费用，是指债权人不履行债务时依法实现抵押权而须支出的花费。例如，申请拍卖的费用，抵押物评估的评估费，拍卖抵押物的费用。抵押人对抵押物的保全费用，因是抵押权人为保障自己能够实现抵押权所必要的开支，也应为实现抵押权的费用。❶

---

❶ 李新天主编：《〈物权法〉条文释义与精解》，东北财经大学出版社 2007 年版，第 263-264 页。

第四节　担保物权的消灭

一、担保物权消灭的事由

物权消灭的事由，如标的物灭失且无代位物等，当然是担保物权消灭的事由。此外，《民法典》第393条还规定了担保物权消灭的特别事由，包括主债权消灭、担保物权实现、债权人放弃担保物权、法律规定担保物权消灭的其他情形。

（一）主债权消灭

由于担保物权是从属于主债权的从权利，主债权消灭时，担保物权也归于消灭。但须注意，主债权若因主债权债务合同解除而归于消灭时，主债权债务转化为损害赔偿金债权债务或违约金债权债务的，担保物权继续存在于该转化的债权债务之上，并不消灭。《民法典》第566条第3款规定："主合同解除后，担保人对债务人应当承担的民事责任仍应当承担担保责任，但是担保合同另有约定的除外。"

（二）担保物权实现

担保物权实现，使命完成。被担保债权因此获得完全清偿，固然如此；即使是尚未获得全部清偿，也只能作为无担保物权担保的普通债权存在，无法再求助于担保物权。换句话说，担保物权不会因此而继续存在。

（三）债权人放弃担保物权

债权人放弃担保物权，又称为债权人抛弃担保物权，担保物权因此不复存在。但须注意，担保已经登记的，应当及时将担保物权的登记注销；若未注销，虽然对于担保物权人来说，担保物权业已消灭，但对于第三人而言，担保物权人不得以担保物权已经消灭为由予以对抗。

（四）未经第三人书面同意，债权人允许债务人转让全部或部分债务

《民法典》第391条规定："第三人提供担保，未经其书面同意，债权人允许债务人转移全部或者部分债务的，担保人不再承担相应的担保责任。"这也意味着，只要出现此情形，担保物权就消灭。

（五）法律规定担保物权消灭的其他情形

所谓法律规定担保物权消灭的其他情形，包括我国现行法规定的担保物权消灭的其他事由，也包括未来的立法增设的担保物权消灭的事由。就我国现行法的规定来看，《民法典》第457条规定的留置权人对留置财产丧失占有或接受债务人另行提供担保的，留置权消灭，属于这种情况。

二、担保物权消灭的法律后果

一是担保物权因主债权消灭、自身实现的事由而消灭，一般不会出现复杂的问题，不产生民事责任。

二是在债权人放弃债务人提供的担保物权的情况下，依据《民法典》第409条第2款、第435条后段的规定，其他担保人在担保物权人丧失优先受偿权益的范围内免除担保责任，除非其他担保人承诺仍然提供担保。❶

---

❶ 崔建远：《物权法》（第五版），中国人民大学出版社2021年版，第429页。

第十六章

抵押权

第一节　抵押权概述

一、抵押权的概念

自罗马法以来，抵押权成为近现代各国民法上最重要的担保物权，被称为"担保之王"。其含义是指债务人或第三人不转移物的占有而向债权人提供一定财产以担保债务的履行，于债务人不履行债务或发生当事人约定的实现抵押权的情形时，可就其卖得价金优先受偿的权利。《民法典》第 394 条规定："为担保债务的履行，债务人或者第三人不转移财产的占有，将该财产抵押给债权人的，债务人不履行到期债务或者发生当事人约定的实现抵押权的情形，债权人有权就该财产优先受偿。前款规定的债务人或者第三人为抵押人，债权人为抵押权人，提供担保的财产为抵押财产。"依据我国法律规定，在抵押权关系中，提供担保财产的债务人或第三人，称为抵押人；享有抵押权的债权人称为抵押权人；抵押人提供的担保财产称为抵押物，抵押物包括不动产、动产和权利。上述抵押权概念的界定为狭义概念，广义的抵押权概念还包括其他特殊抵押权，如船舶抵押权、航空器抵押权等。我国《海商法》《民用航空法》等对这些抵押权作了特别规定，与狭义抵押权的概念和规则有所区别。❶

---

❶　杨立新：《物权法》（第八版），中国人民大学出版社 2021 年版，第 238 页。

二、抵押权的法律特征

（一）抵押权是一种担保物权

抵押权人享有设定抵押权的抵押财产变现价金的优先受让权。抵押权通过支配抵押财产的交换价值，达到担保债权清偿的目的。抵押权属于物权，具有绝对性、对世性、支配性、排他性、优先性、追及性等物权的基本属性。故抵押权人的债权已届清偿期而未获清偿时，无须抵押人的介入，即可申请拍卖抵押物。

（二）抵押权是在债务人或第三人提供的财产上设定的物权

根据我国法律规定，此处财产，包括不动产、动产及权利。所谓不动产，即土地及其定着物。而定着物是指固定且附着于土地并具有连续性的物。

我国《民法典》第 395 条规定可以抵押的财产包括：建筑物和其他土地附着物；建设用地使用权；海域使用权；生产设备、原材料、半成品、产品；正在建造的建筑物、船舶、航空器；交通运输工具；法律、行政法规未禁止抵押的其他财产。

（三）抵押权是不转移标的物占有的物权

根据《民法典》第 394 条的规定，抵押权的设定与存续，不以转移标的物的占有为必要，抵押权的公示方法是登记而非占有标的物。这是抵押权与其他担保物权的重要不同之处。抵押权制度设计，使双方当事人各得其益，担保物的使用价值与交换价值亦各得其所；就债务人及第三人而言，债务人因担保的提供而获得资金的贷与，第三人对于标的物为继续占有、使用、收益；就债权人而言，不仅无占有、保管标的物之烦累，且能通过登记获得效力强大的担保物权，通过折价或者拍卖、变卖等变价方式，以特定的抵押物的价款确保债务的优先清偿。因此，抵押权实为一项优良的担保制度。

（四）抵押权就抵押物变现优先清偿债权的权利

担保物权为债权人就担保标的物的变价价值优先受偿的价值权。抵押权为典型的担保物权，当然具有此种性质。所谓优先受偿，包括三层意义：其一，有抵押权担保的债权，债权人可就抵押物卖得的价金，优先于普通债权人而受清偿；其二，债务人受破产宣告时，抵押权成立在前的，不受破产宣告的影响，抵押权人就特定的抵押物有"别除权"，仍可就其卖得的价金优先受偿；其三，如果同一抵押物上设定有两个以上的抵押权，依据《民法典》第414条第1款关于"同一财产向两个以上债权人抵押的，拍卖、变卖抵押财产所得的价款依照下列规定清偿：（一）抵押权已经登记的，按照登记的时间先后确定清偿顺序；（二）抵押权已经登记的先于未登记的受偿；（三）抵押权未登记的，按照债权比例清偿"的规定予以处理。

第二节　抵押权的设定

一、抵押权的取得

（一）因法律行为而取得抵押权

因法律行为而取得抵押权，包括抵押权的设定和抵押权的让与两种情形。有学者认为，依据善意取得制度也可取得抵押权。❶

一是当事人双方因法律行为而设定抵押权，学说上称为意定抵押权，是取得抵押权最常见的方式。

二是通过抵押权的让与而取得。基于抵押权的物权性和财产权性，抵押权可以转让。又基于抵押权的从属性，抵押权不能单独转让而只能和其所担保的债权一同转让。依各国法律上的一般要求，受让取得抵押权也须以登记为必要，非经登记不能取得抵押权的效力。❷

（二）基于法律行为以外的原因取得抵押权

1. 依法律的规定取得抵押权

基于法律规定而取得的抵押权，称为法定抵押权。《民法典》第397条规定："以建筑物抵押的，该建筑物占用范围内的建设用地使用权一并抵押。以建设用地使用权抵押的，该土地上的建筑物一并抵押。抵押人未依据前款规定一并抵押的，未抵押的财产视为一并抵押。"据此可知，《民法典》第397条表达了这样的意思：以建筑物抵押的，无论当事人是否同意以该建筑物占

---

❶　参见崔建远：《物权法》（第五版），中国人民大学出版社2021年版，第438页。

❷　梁慧星、陈华彬：《物权法》（第七版），法律出版社2020年版，第330页。

用范围内的建设用地使用权提供抵押，该建设用地使用权自然一并抵押；以该建筑物占用范围内的建设用地使用权抵押的，无论当事人是否同意以该建筑物提供抵押，该建筑物当然一并抵押。即使当事人仅仅约定以建筑物提供抵押，甚至于明确地将该建筑物占有范围内的建设用地使用权排除于抵押物的范围，但依据《民法典》第397条的规定，该建筑物占用范围内的建设用地使用权也视为一并抵押；由于在我国现行法上建筑物和该建筑物占有范围内的建设用地使用权分别为各自独立的两个物，就内部关系而言，每个物上各存在着一个抵押权，所以，该建设用地使用权上存在的抵押权，是基于法律的直接规定而成立的，属于法定抵押权。

2. 依继承而取得抵押权

抵押权为非专属性财产权，因而当然可依继承而取得。被继承人死亡，这一事件发生时，被继承人的抵押权和债权一并由继承人继承。抵押权因继承而取得时，不以登记为取得要件。

二、抵押合同

（一）抵押合同的当事人

抵押权的设立，需要抵押合同的当事人签订抵押合同。抵押合同的当事人包括一方取得抵押权的人即债权人，另一方为提供财产设定抵押的人即抵押人，抵押人包括债务人和第三人。其中第三人又称为物上保证人，其对于抵押权人的责任仅限于提供担保的财产，其与抵押权人无一般债权债务关系，也无保证债务关系。抵押权人行使抵押权之时，其债权能否得以清偿，提供抵押物的第三人不负责任。

（二）抵押合同的内容和形式

抵押权的设定须由债权人和债务人或第三人签订抵押合同，抵押合同为要式合同。《民法典》第400条第1款规定："设立抵押权，当事人应当采用书面形式订立抵押合同。"简化了此前关于抵押合同和质押合同的一般条款。据此，我国抵押权的设立合同既可以单独订立，也可以采取在主债权文书中以合同条款的形式订立。抵押合同一般包括下列条款：被担保债权的种类和数额；债务人履行债务的期限；抵押财产的名称、数量等情况；担保的范围。

（三）抵押合同的标的物

抵押合同的标的物即抵押财产，包括动产、不动产和权利。抵押权人实现抵押权的结果往往会发生抵押财产所有权或其他权利的转移，故抵押权的客体必须为法律所允许发生权利移转的标的物。《民法典》第395条规定："债务人或者第三人有权处分的下列财产可以抵押：（一）建筑物和其他土地附着物；（二）建设用地使用权；（三）海域使用权；（四）生产设备、原材料、半成品、产品；（五）正在建造的建筑物、船舶、航空器；（六）交通运输工具；（七）法律、行政法规未禁止抵押的其他财产。抵押人可以将前款所列财产一并抵押。"

同时，为限制抵押制度的不当利用，各国法律均就抵押物的范围予以限定，将某些种类的财产排除于抵押物的范围之外。各国禁止抵押的财产种类，依照其社会政策或者抵押制度的性质而有所不同。例如，法国民法将动产排除于抵押物之外，故对动产不得设定抵押权。我国《民法典》第399条规定："下列财产不得抵押：（一）土地所有权；（二）宅基地、自留地、自留山等集体所有土地的使用权，但是法律规定可以抵押的除外；（三）学校、幼儿园、医疗机构等以公益目的成立的非营利法人的教育设施、医疗卫生设施和其他公益设施；（四）所有权、使用权不明或者有争议的财产；（五）依法被查封、扣押、监管的财产；（六）法律、行政法规规定不得抵押的其他财产。"

需要注意的是，设定抵押权的行为，本质上属于处分行为。抵押人设定抵押权时，其对抵押物不仅享有所有权，还享有处分权。故当抵押人丧失对标的物的处分权时，抵押人无权就其财产设定抵押权。

（四）抵押合同的生效

《民法典》第403条规定："以动产抵押的，抵押权自抵押合同生效时设立；未经登记，不得对抗善意第三人。"第404条规定："以动产抵押的，不得对抗正常经营活动中已经支付合理价款并取得抵押财产的买受人。"

《民法典》第209条规定："不动产物权的设立、变更、转让和消灭，经依法登记，发生效力；未经登记，不发生效力，但是法律另有规定的除外。依法属于国家所有的自然资源，所有权可以不登记。"第402条规定："以本法第三百九十五条第一款第一项至第三项规定的财产或者第五项规定的正在建造的建筑物抵押的，应当办理抵押登记。抵押权自登记时设立。"

三、抵押登记

抵押登记又称为抵押权登记，是指经当事人申请，主管机关依法在登记簿上就抵押物上的抵押权状态予以登录记载的行为，是抵押权设立的公示要求。

当事人在进行抵押活动时，除订立抵押合同外，我国现行法律要求以登记作为抵押合同的生效要件，即须经过主管部门的登记，抵押权才能成立，如《民法典》第402条的规定。

同时，关于抵押登记的程序，《民法典》第211条规定："当事人申请登记，应当根据不同登记事项提供权属证明和不动产界址、面积等必要材料。"在有关登记部门出台的登记具体办法中，对办理抵押登记的程序还有较为详细的规定。根据以上规定，可以看出：我国现行法律采取的是不同的抵押物分别由不同部门负责办理登记事宜的分别登记制度。因此，抵押登记还是依照担保法的规定，参照《民法典》第403条的规定。

《最高人民法院关于适用〈中华人民共和国民法典〉有关担保制度的解释》第46条规定："不动产抵押合同生效后未办理抵押登记手续，债权人请求抵押人办理抵押登记手续的，人民法院应予支持。抵押财产因不可归责于抵押人自身的原因灭失或者被征收等导致不能办理抵押登记，债权人请求抵押人在约定的担保范围内承担责任的，人民法院不予支持；但是抵押人已经获得保险金、赔偿金或者补偿金等，债权人请求抵押人在其所获金额范围内承担赔偿责任的，人民法院依法予以支持。因抵押人转让抵押财产或者其他可归责于抵押人自身的原因导致不能办理抵押登记，债权人请求抵押人在约定的担保范围内承担责任的，人民法院依法予以支持，但是不得超过抵押权能够设立时抵押人应当承担的责任范围。"第47条规定："不动产登记簿就抵押财产、被担保的债权范围等所作的记载与抵押合同约定不一致的，人民法院应当根据登记簿的记载确定抵押财产、被担保的债权范围等事项。"第48条规定："当事人申请办理抵押登记手续时，因登记机构的过错致使其不能办理抵押登记，当事人请求登记机构承担赔偿责任的，人民法院依法予以支持。"

第三节　抵押权的效力

一、抵押权所担保债权的效力

抵押权所担保债权的范围，即抵押权对所担保的债权的效力，是指抵押权人实行抵押权时，能够受优先清偿的债权的范围。在现代各国的物权法中，抵押权所担保债权的范围一般由当事人自行约定，例如，当事人可约定违约金不在担保范围内。我国《民法典》第 389 条规定："担保物权的担保范围包括主债权及其利息、违约金、损害赔偿金、保管担保财产和实现担保物权的费用。当事人另有约定的，按照其约定。"

（一）主债权

主债权是抵押合同担保的本债权或原债权，其为抵押权担保的当然范围。对抵押权效力所及的主债权的范围应根据抵押合同的规定来决定，依法进行登记的，主债权应以登记的债权额为准。当事人对主债权进行变更时，应进行变更登记，未经登记，抵押权仅在登记的范围内具有对抗第三人的效力。抵押合同对被担保主债权未明确约定的，应推定抵押权及于所有的主债权。

（二）利息

利息是指由被担保的主债权所生的孳息。它包括约定利息、法定利息和迟延利息。一是约定利息。当事人对利息有约定的，从其约定，但约定利率应受法律关于最高利率标准的限制（不得超过法定利率的四倍），否则，不属于抵押担保的范围，法律不予保护，债权人仅得以法定利率为限，行使抵押权；原主债权约定有利息的，应当登记其利率。对于应登记才生效的抵押权，未经登记的利息债权，不在担保范围之内。二是法定利息。当事人对利息没有约定的，则依法定利息。三是迟延利息。迟延利息是指债务人不按期履行金钱债务时而应支付的法定孳息或应加付的利息（罚息）。对于迟延利息，当事人没有约定，在办理抵押登记时也没有登记，仍然为抵押权担保的范围，因为其性质与违约金、损害赔偿金相同。对于迟延利息的计算，若当事人有约定，则依照其约定的利率计算，即使约定利率高于法定利率，亦可。当事人没有约定迟延利息计算办法的，依照法定利息计算。

（三）违约金

关于违约金是否为抵押权的效力所及，日本、韩国等国的民法规定，当事人不履行合同义务时，如主合同约定了违约金，则违约金为抵押权的效力当然所及。

（四）损害赔偿金

损害赔偿金是否以办理登记为必要，各国立法有所不同。我国法律对此没有硬性规定，学界通说认为不以登记为要件。

（五）实现担保物权的费用

实现担保物权的费用，是指担保物权人在实现担保物权的过程中所产生的行使担保物权的有关费用。实现担保物权的费用通常包括担保物扣押而发生的费用、担保物拍卖的费用、担保物在扣押后的保管费用等。担保物权的实现有变卖、拍卖等多种方式，当事人可以自行协商实现担保物权的方式，也可以提起诉讼请求人民法院进行拍卖、变卖。无论债权人采取何种方式实现担保物权，均会产生申请拍卖的费用、评估费用、变卖费用等。实现担保物权的费用应当由债务人承担，其原因在于该费用本质上是因为债务人不及时履行债务所致。另外值得注意的是，实现担保物权的费用必须是实际支出的合理费用，过高部分的费用或不合理的费用则不应当纳入担保的范围。

二、抵押权对标的物的效力

抵押权的效力所及的标的物的范围，是指抵押权人行使抵押权得以依法变价抵押财产的范围。抵押权是以支配标的物的交换价值来确保债务的清偿为目的的价值权，故其标的物的范围与所有权标的物的范围相同。综观现代各国民法学说及立法，一般认为支配抵押权的效力还及于抵押物的从物、从权利、添附物、孳息和代位物。

（一）抵押物的从物

我国《民法典》第 417 条规定："建设用地使用权抵押后，该土地上新增的建筑物不属于抵押财产。该建设用地使用权实现抵押权时，应当将该土地上新增的建筑物与建设用地使用权一并处分。但是，新增建筑物所得的价款，抵押权人无权优先受偿。"

《最高人民法院关于适用〈中华人民共和国民法典〉有关担保制度的解释》第40条第1款规定："从物产生于抵押权依法设立前，抵押权人主张抵押权的效力及于从物的，人民法院应予支持，但是当事人另有约定的除外。"

（二）抵押物的从权利

从权利，是指从属于抵押物的所有权或使用权，为其效用发挥所必要的辅助权利。从权利与主权利的关系，如同从物与主物的关系。以主权利或其所附标的物设立抵押权时，该抵押权的效力及于从权利。因此，以主权利或其所属标的物设定抵押时，抵押权的效力也应及于从权利。

（三）抵押物的添附物

《民法典》第322条中增加了添附规则。

由于添附物与抵押物成为一体而不可分，如分离则会降低抵押物的价值，因此添附物为抵押权效力所及，此为通说。且多数学说认为抵押权的效力及于添附物，不以登记为先决要件。对于抵押权的效力是否及于抵押权设定后发生添附的物的问题，学界也颇有争论。多数学者认为，抵押权设定后发生添附的物，原则上为抵押权效力所及，但在当事人另有约定或发生添附的行为具备债权人撤销权要件时，或第三人对添附物可以行使权利时，则有例外。

《最高人民法院关于适用〈中华人民共和国民法典〉有关担保制度的解释》第41条规定："抵押权依法设立后，抵押财产被添附，添附物归第三人所有，抵押权人主张抵押权效力及于补偿金的，人民法院应予支持。抵押权依法设立后，抵押财产被添附，抵押人对添附物享有所有权，抵押权人主张抵押权的效力及于添附物的，人民法院应予支持，但是添附导致抵押财产价值增加的，抵押权的效力不及于增加的价值部分。抵押权依法设立后，抵押人与第三人因添附成为添附物的共有人，抵押权人主张抵押权的效力及于抵押人对共有物享有的份额的，人民法院应予支持。本条所称添附，包括附合、混合与加工。"

《民法典》第322条规定："因加工、附合、混合而产生的物的归属，有约定的，按照约定；没有约定或者约定不明确的，依照法律规定；法律没有规定的，按照充分发挥物的效用以及保护无过错当事人的原则确定。因一方当事人的过错或者确定物的归属造成另一方当事人损害的，应当给予赔偿或者补偿。"这是《民法典》的新增条文，规定添附可以取得动产所有权。添附包括加工、附合、混合，是传统民法上动产所有权取得、丧失的一种原因。

（四）抵押物的孳息

《民法典》第412条规定："债务人不履行到期债务或者发生当事人约定的实现抵押权的情形，致使抵押财产被人民法院依法扣押的，自扣押之日起，抵押权人有权收取该抵押财产的天然孳息或者法定孳息，但是抵押权人未通知应当清偿法定孳息义务人的除外。前款规定的孳息应当先充抵收取孳息的费用。"第561条规定："债务人在履行主债务外还应当支付利息和实现债权的有关费用，其给付不足以清偿全部债务的，除当事人另有约定外，应当按照下列顺序履行：（一）实现债权的有关费用；（二）利息；（三）主债务。"

（五）抵押物的代位物

根据《民法典》第390条的规定，担保物权人可以就获得的保险金、赔偿金或者补偿金等优先受偿；被担保债权的履行期限未届满的，也可以提存该保险金、赔偿金或者补偿金等。由此可以看出，抵押权的效力及于抵押物的代位物。

三、抵押权对抵押人的效力

抵押人的权利也就是抵押权对抵押人的效力。由于抵押权为价值权而非实体权，抵押权的设定并不转移抵押物的占有，因而抵押权设定后，抵押人仍对抵押物享有占有、使用、收益乃至处分的权利。但由于抵押权的设定毕竟在抵押物上产生了权利负担，于一定条件下抵押权人得以抵押物的价值优先受偿其债权，因此抵押人对抵押物享有的权利又不能不受一定的限制。抵押权设定后，抵押人就抵押物除享有通常的占有、使用和收益权外，其享有的其他权利及其限制主要为以下几个方面。

（一）对抵押物的处分权

抵押人对抵押物的处分包括事实上的处分和法律上的处分。因为事实上的处分可能会导致抵押物的灭失或价值贬损，从而侵害抵押权人对抵押物的优先受偿权，所以，在抵押权存续期间，抵押人对抵押物原则上不得为事实上的处分。《民法典》第406条规定："抵押期间，抵押人可以转让抵押财产。当事人另有约定的，按照其约定。抵押财产转让的，抵押权不受影响。抵押人转让抵押财产的，应当及时通知抵押权人。抵押权人能够证明抵押财产转让可能损害抵押权的，可以请求抵押人将转让所得的价款向抵押权人提前清偿债务或者提存。转让的价款超过债权数额的部分归抵押人所有，不足部分由债务人清偿。"

（二）设定重复抵押的权利

由于抵押权的设定，并不转移标的物的占有，抵押物的价值又未必恰与被担保债权的金额相当，抵押物的价值高于一项被担保的债权金额的情况多有存在。为使该财产尽量发挥其担保价值，以利于资金融通，法律通常允许抵押人就同一抵押物设定数个抵押权甚至重复抵押。数个抵押权的受偿次序，依登记的先后次序确定。另外，在动产抵押物之上，还可能出现抵押权与动产质权并存的情况，对此，原则上也应以设定的先后确定受偿顺序。《民法典》第414条规定："同一财产向两个以上债权人抵押的，拍卖、变卖抵押财产所得的价款依照下列规定清偿：（一）抵押权已经登记的，按照登记的时间先后确定清偿顺序；（二）抵押权已经登记的先于未登记的受偿；（三）抵押权未登记的，按照债权比例清偿。其他可以登记的担保物权，清偿顺序参照适用前款规定。"

（三）孳息收取权

在抵押期间，由于抵押物的所有权仍归属于抵押人，且抵押物由抵押人占有，因此，抵押物的孳息收取权应当归抵押人享有。但在债务履行期限届满、债务人不履行债务而使抵押物被人民法院依法扣押的，《民法典》第412条规定："债务人不履行到期债务或者发生当事人约定的实现抵押权的情形，致使抵押财产被人民法院依法扣押的，自扣押之日起，抵押权人有权收取该抵押财产的天然孳息或者法定孳息，但是抵押权人未通知应当清偿法定孳息义务人的除外。前款规定的孳息应当先充抵收取孳息的费用。"

四、抵押权对抵押权人的效力

（一）抵押权的顺位权

1. 抵押权顺位的意义

抵押权的顺位，又称为抵押权的顺序、次序、位序，是指同一抵押物上设定数个抵押权时，各抵押权人就抵押物变价的价值优先受偿的先后顺序。抵押权的次序为抵押权人相互之间的关系，为抵押权在实现上的排他效力（又称为抵押权之间的优先效力）的重要表现。当同一抵押物上设定有数个抵押权时，各抵押权均有优先于一般债权的效力，但在抵押权相互之间，仍有一个优先受偿的先后顺序问题，这是抵押权制度中的重要问题之一。可见，这种顺位是一种利益，甚至是一种权利，一般称为顺位权。

2. 抵押权顺位的确定规则

《民法典》第 414 条明确了并存的抵押权之间的清偿顺序规则，第 415 条明确了并存的抵押权与质权的清偿顺序规则，第 416 条明确了价金担保权的优先顺位。明晰并存的担保物权人的受偿顺序，有利于交易主体形成合理的财产权预期。

据此可知，在依法登记的抵押权发生并存时的位次确定问题上，我国立法上通常采用两个基本规则：一是"先登记原则"，即抵押权的顺序依登记的先后确定，先登记的优先于后登记的；二是"同时同序原则"，即同时（一般以日为单位）登记的抵押权，处于同一顺序，抵押物变卖的价款由各抵押权人按债权比例受偿。

（二）抵押权人的保全权

抵押权设定后，抵押物仍由抵押人占有，如果抵押人的行为可能导致或已经导致抵押物的价值减少，抵押权人将来难以就抵押物的变价优先受偿，故立法例均承认抵押权人有保全抵押物价值的权利。依该条规定，抵押权人的保全权具体又可分为以下几项：①为抵押物价值减少防止权或称停止侵害请求权。抵押权人行使抵押财产价值减少的防止权，需要注意以下几点：抵押人的行为必须足以使抵押财产的价值减少；足以使抵押财产的价值减少的行为，必须是抵押人的行为；抵押权人原则上只可请求抵押人停止其行为，仅在情况急迫而不能依通常方法请求其停止时，才可为必要的保全处分。● ②为恢复原状请求权及增加担保请求权。抵押物价值减少后，抵押人不能满足或拒绝抵押权人恢复抵押物原状或另行提供担保的请求时，一般认为债务人丧失期限利益，应立即偿还债务，抵押权人也得立即实现抵押权。③损害赔偿请求权。在抵押物受到侵害以致影响抵押权人的优先受偿权时，不论加害人是抵押人还是第三人，抵押权人均可向其请求损害赔偿。

（三）抵押权人的处分权

因抵押权是一种财产权，而非专属权，故抵押权人可以转让、供作担保或抛弃等方式处分其抵押权（广义上的处分权，还包括对抵押权次序的处分权）。依各国立法通例，抵押权人可将抵押权让与他人或另行供作其他债权的担保，唯因抵押权具有从属性，故法律上常限制抵押权不得与其所担保的债权相分离而单独转让或作为其他债权的担保。所谓抵押权的抛弃，是指抵押权人放弃就抵押物优先受偿的权利。抵押权的抛弃可分为两种情形：其一是绝对抛弃，指抵押权人彻底消灭抵押权，抵押权人与抵押人之间不再存在抵押关系，对所有其他债权人而言，抵押权人也不再享有优先受偿权，抵押权人成为普通债权人。抵押权人抛弃抵押权须办理注销登记后方能生效，但若抛弃抵押权有害第三人利益（如抵押权已随主债权为他人担保），则抵押权人不得任意抛弃抵押权。其二是相对抛弃，指抵押权人为抵押人的特定无担保的债权人的利益，抛弃其优先受偿的利益。抵押权相对抛弃后，抵押权抛弃人就抵押物所能获得的分配金额，由抛弃人与受抛弃利益的债权人，按两者合计的债权额比例受偿，对其他债权人则没有影响。

（四）抵押权人的变价优先受偿权

所谓变价优先受偿权，主要是指在债务人不履行债务或出现当事人约定的实现抵押权的情形时，抵押权人可以与抵押人协议以该抵押财产折价，或者以拍卖、变卖该抵押财产所得的价款优先受偿。除此之外，还包括如下两方面内容：一是对内的优先权，即在抵押权与抵押权发生冲突的情况下，应

● 崔建远：《物权法》（第五版），中国人民大学出版社 2021 年版，第 465 页。

当按照《民法典》第414条的规定确定抵押权实现的先后顺序。二是对外的优先权,当抵押物被查封、被执行时,抵押权优先于执行的债权。对于抵押财产被扣押或强制执行的,抵押权人应当从抵押物的变价中优先受偿。

(五) 抵押权人的损害赔偿请求权

损害赔偿请求权是指抵押权人在抵押权受到侵害时可请求赔偿的权利。损害赔偿请求权的构成要件为:一是抵押人或第三人实施了侵害抵押权的行为。二是该种侵权行为的实施,致使抵押物的价值减少,以致抵押权人不能完全地优先受清偿或者其原有优先受偿的范围减缩。若当抵押物虽受到侵害,但其剩余部分的价值仍能使受担保的债权额全部受偿时,则因抵押权人并无损害发生,不构成对抵押权的侵害,不成立抵押权人的损害赔偿请求权。当然,在确定是否对抵押权人造成了损害,应以抵押权实现之时为确定标准,因为只有在抵押权实现之时,抵押权人方能知道其抵押权是否受到损害。三是抵押人或第三人对此主观上有过错。当然,对抵押物的侵害,既可构成对抵押权的侵害,也可构成对抵押物所有权的侵害,因此,还会发生所有人的损害赔偿请求权与抵押权人的损害赔偿请求权竞合的问题。

五、抵押权的实现

关于抵押权的实现,《民法典》第410条规定:"债务人不履行到期债务或者发生当事人约定的实现抵押权的情形,抵押权人可以与抵押人协议以抵押财产折价或者以拍卖、变卖该抵押财产所得的价款优先受偿。协议损害其他债权人利益的,其他债权人可以请求人民法院撤销该协议。抵押权人与抵押人未就抵押权实现方式达成协议的,抵押权人可以请求人民法院拍卖、变卖抵押财产。抵押财产折价或者变卖的,应当参照市场价格。"

(一) 抵押权实现的条件

1. 须抵押权有效存在

抵押权的实现是以抵押权的有效存在为前提的。如果抵押所担保的主债权债务关系被宣告无效或者被撤销,那么,抵押合同也相应被宣告无效,或者因抵押合同自身的原因而导致抵押合同无效,抵押权不能有效存在,则抵押权人也不得行使抵押权。如果抵押权虽然有效存在,但其实现受到一定的限制时，在受限制的范围内，不能实现抵押权。例如，抵押权随同主债权一并为他债权设定质权时，抵押权的实现就受到限制。在实践中，抵押权有效存在的情况应具备如下条件。

（1）抵押人对抵押物享有所有权或者经营权

抵押人对抵押物享有所有权或者经营权是抵押人对抵押物进行支配和收益的必要的前提条件。因为抵押权重在实现物的交换价值，而这种交换价值的实现，必须通过对抵押物直接进行支配才能实现。否则，抵押权人就无法将抵押物变价以实现其债权。

（2）抵押物须为法律规定可转让的财产

抵押物应当具有独立的交换价值并能依法予以变现，法律禁止流通的财产不得作为抵押物，否则，抵押合同无效。

（3）抵押行为要符合法律规定的要求

根据我国法律的有关规定，当事人签订抵押合同应当采用书面形式，而且，以法律规定的特定财产抵押的，应当办理抵押物登记，抵押权自登记之日起生效；当事人以其他财产抵押的，可以自愿办理抵押物登记，未办理登记的，不得对抗第三人。

2. 须被担保的债权已届清偿期

被担保的债权已届清偿期，从债务人的角度来说，也就是债务人的债务履行期限届满，这是决定债务人有无清偿责任的标准，债务人没有提前清偿的义务。而且，如果清偿期未到就允许抵押权人行使抵押权，将损害抵押人的利益。

3. 须债务人未履行到期债务或者发生当事人约定实现抵押权的情形

债务人未履行债务，债权人的债权无法实现，抵押权人有权行使抵押权以使其债权受偿。如果债务人到期已履行了债务，或者虽未履行，但依照法律和合同的规定应当免除责任的，那么，主债权人不得行使抵押权。债务人未履行债务包括债务人拒绝履行、迟延履行和不适当履行。如果是由于债权人的原因造成债务人未能履行债务，如债权人无故拒绝接受债务人的履行，则抵押权人也不能行使抵押权。

（二）抵押权实现的方法

1. 以抵押物折价

所谓以抵押物折价，是指抵押权人与抵押人达成协议，将抵押物折价用于清偿债权，并使抵押权人取得抵押物的所有权。以抵押物折价必须注意以下几个问题：①必须要由双方订立折价合同，而不能由抵押权人单方面决定抵押物的价格。如果抵押权人单方面决定了某种价格以后，抵押人表示同意或未表示异议，可以认定双方达成了折价协议。根据我国《民法典》第410条第3款的规定，对抵押财产进行折价或变卖的，在决定价格时，应当参照市场价格。②折价合同必须是在实现抵押权时才能订立，且抵押物的所有权必须在折价合同订立以后才能转移。③折价合同的订立不得损害其他抵押权人的利益。如果在同一财产之上设置了数个抵押，应当依法律规定的顺序受偿。第一顺序的抵押权人与抵押人订立折价合同时，不得压低抵押物的价值。抵押物的价款清偿债务还有剩余的，第一顺序抵押权人应向抵押人返还剩余财产，从而使后顺位的抵押权人可以得到清偿。协议损害其他债权人利益的，其他债权人可以在知道或者应当知道撤销事由之日起一年内请求人民法院撤销该协议。

2. 抵押物的拍卖

所谓拍卖，是指公开地以竞价方式出卖。拍卖的方式通常是指在特定的时间、特定的场合，在拍卖人的主持下，竞买人进行竞价购买，提出价格最高者将购得抵押物。拍卖在我国实践中，通常都是由抵押权人提出申请，由人民法院执行抵押物的拍卖。一般来说，由人民法院执行抵押物的拍卖，是比较公平合理的，但由于人民法院毕竟不是专门的拍卖机构，由人民法院从事拍卖，也会增加其负担。所以，抵押物的拍卖最好是由双方协商，选择在专门的拍卖机构进行拍卖。当然，如不能协商一致，还是应由人民法院主持拍卖。

3. 抵押物的变卖

所谓变卖，是指由抵押权人出卖抵押物。从广义上讲，拍卖也属于变卖的方式，但此处的变卖主要是指由抵押权人通过一般的买卖或者以招标转让等方式而实现的变卖。由于变卖的方式主要是由抵押权人实施的，因此难免会出现抵押权人变卖抵押物的价值低于抵押物应有价值的情况。为防止此种情况发生，法律上应当为变卖确定一定的规则限制。这些限制包括：①除非债权人或债务人申请，否则不采取变卖的方式；②变卖方式原则上只能适用于动产、有价证券和一些特殊的情形；③变卖必须参照市场价格（《民法典》第 410 条第 3 款）。❶

第四节　抵押权的消灭

一、抵押权消灭的种类

抵押权的消灭有相对消灭与绝对消灭之分。抵押权的相对消灭，是指抵押权相对于特定的抵押权人或特定的债权而消灭，但抵押物上的原抵押权仍然存在，如抵押权随债权转让而转移。抵押权相对消灭实际上是抵押权的主体或被担保债权发生变更。抵押权的绝对消灭，是指特定抵押物上的某一抵押权不复存在。本书所谓的抵押权消灭即绝对消灭。

抵押权作为一种担保物权，既可因物权消灭的一般原因而消灭（如单方抛弃、标的物灭失、取得时效、善意取得等），又可因担保物权消灭的原因而消灭（如被担保债权的消灭、除斥期限届满等），还有自己独特的原因而消灭（如抵押权的实现）。

二、抵押权消灭的原因

抵押权作为物权的一种，除有物权的共同消灭原因，如混同、抛弃、标的物灭失等之外，还有自己独特的消灭原因。

（一）主债权消灭

这是抵押权消灭最常见的原因。抵押权为担保债权而存在，主债权因履行、抵销、免除等原因消灭，抵押权也随之消灭。但若债务系由第三人清偿，则抵押权不因债务的消灭而消灭，此时，抵押权转移至第三人，第三人为其追偿权的实现，可代位行使原债权人的抵押权。

---

❶ 崔建远：《物权法》（第五版），中国人民大学出版社 2021 年版，第 473 页。

（二）抵押权实现

抵押权人以拍卖、变卖抵押物或以抵押物折价等方式就其价款受偿债权后，无论抵押权所担保的债权是否全部得到清偿，抵押权均为消灭。债权未全部受偿的，应由债务人另行清偿。至于在抵押物上有数个抵押权的情形中，先次序的抵押权人实现抵押权后，其他抵押权是否消灭的问题，一般要以先次序抵押权人受偿后是否还有剩余价金可供分配来作认定。

（三）抵押物灭失

抵押权为物权，自然也会因抵押物的灭失而消灭。但原物灭失后有残余物或残余价值的，或因抵押物灭失而获得赔偿金、保险金、补偿费等时，抵押权可基于其物上代位性而继续存在。

（四）抵押权期限届满

一般认为，抵押权作为一种物权，虽不因所担保的债权已过消灭时效而消灭，但从稳定民事法律关系的需要出发，也不应无限制地承认抵押权永久存在，而应有其存续期间，该期间在性质上属于除斥期间。《民法典》第419条规定："抵押权人应当在主债权诉讼时效期间行使抵押权；未行使的，人民法院不予保护。"《最高人民法院关于适用〈中华人民共和国民法典〉有关担保制度的解释》第44条规定："主债权诉讼时效期间届满后，抵押权人主张行使抵押权的，人民法院不予支持；抵押人以主债权诉讼时效期间届满为由，主张不承担担保责任的，人民法院应予支持。主债权诉讼时效期间届满前，债权人仅对债务人提起诉讼，经人民法院判决或者调解后未在民事诉讼法规定的申请执行时效期间内对债务人申请强制执行，其向抵押人主张行使抵押权的，人民法院不予支持。主债权诉讼时效期间届满后，财产被留置的债务人或者对留置财产享有所有权的第三人请求债权人返还留置财产的，人民法院不予支持；债务人或者第三人请求拍卖、变卖留置财产并以所得价款清偿债务的，人民法院应予支持。主债权诉讼时效期间届满的法律后果，以登记作为公示方式的权利质权，参照适用第一款的规定；动产质权、以交付权利凭证作为公示方式的权利质权，参照适用第二款的规定。"

三、抵押权消灭的效果

无须登记的抵押权消灭，在抵押权人和抵押人及债务人之间、在抵押权人和第三人之间，都会发生抵押权消灭的结果。登记的抵押权，其消灭时应予注销登记；若未办理注销登记，抵押权在抵押权人和抵押人之间归于消灭，但对于善意第三人，抵押人、抵押权人均无权主张抵押权消灭。

第五节　特殊抵押权

一、最高额抵押

（一）最高额抵押的概念与特征

最高额抵押又称为最高限额抵押，是指为担保债务的履行，债务人或者第三人对一定期间内将要连续发生的债权提供担保财产的，债务人不履行到期债务或者发生当事人约定的实现抵押权的情形，抵押权人有权在最高债权额限度内就该担保财产优先受偿。最高额抵押主要适用于连续交易关系、劳务提供关系及连续借款关系场合，是因应近现代经济发展需要而产生的一项新的抵押制度，许多国家法律上都对此作有规定。较之普通抵押权，最高额抵押具有以下特征。

1. 最高额抵押系为担保将来不特定债权之清偿而设定的抵押

其所担保的不是已经发生的特定债权，而是基于当事人间的连续交易关系将来可能发生的不特定债权。

2. 最高额抵押设定时，其所担保的债权的具体数额具有不确定性

其所担保的债权不仅为将来发生的债权，而且债权之数额也未确定。而普通抵押权所担保的则是已经发生的特定数额的债权。

3. 最高额抵押对所担保的债权预定有最高限额，并附有实际发生的债权数额的决算期

所谓最高限额，是指抵押权人基于最高额抵押权所得优先受偿债权的最高限度数额。因为最高额抵押权所担保的债权是从基础法律关系中不断发生的不特定债权，因而必须约定一最高限额为其担保范围。但此最高限额，并

非指最高额抵押中实际发生的债权额。实际债权额的多少须待决算期到来时才能确定，未确定之前，担保债权额可以增减变动。确定时，债权额如超过最高限额，超过部分不在担保范围内，如债权额不及最高限额，则以实际的债权额为其担保额。概而言之，决算时所剩余的债权额，不得超过最高担保限额。

4. 最高额抵押适用于对一定期限内连续发生的债权的担保

其目的是避免连续交易中，每笔债权均单独设定抵押担保所带来的烦琐。

（二）最高额抵押的设定

最高额抵押权，通常在当事人订立抵押合同并办理登记后，始得成立并生效。最高额抵押合同除应具备一般抵押合同的内容外，须特别说明下列两项内容。

1. 抵押权所担保的债权范围和最高限额

一般认为，最高额抵押权被担保的债权类型主要有：债权人与债务人之间特定的继续性交易所产生的债权。债权人与债务人为一定种类的交易所产生的债权；基于债权人与债务人之间交易行为以外的特定原因，债权人与债务人之间继续发生的债权；票据上的债权。❶ 最高限额包括债权本金、利息、违约金、赔偿金等。

2. 确定计算抵押权所担保的债权实际数额的日期（决算期）

如未规定决算期，一般依最高额抵押担保的债权发生的基础法律关系而定决算期，一般应以该法律关系终了的同时届至。最高额抵押合同订有存续期间并已登记的，此项期间届满之时即为决算期。

（三）最高额抵押权的变更与转让

《民法典》第 422 条规定："最高额抵押担保的债权确定前，抵押权人与抵押人可以通过协议变更债权确定的期间、债权范围以及最高债权额。但是，变更的内容不得对其他抵押权人产生不利影响。"

在一般抵押中，债权可以转让，抵押权因具有附从性，故应随着主债权的转让而发生转让。但在最高额抵押中，由于未来发生的债权是不确定的，

---

❶ ［日］近江幸治：《担保物权法》，祝娅、王卫军、房兆融译，沈国明、李康民审校，法律出版社 2000 年版，195 页。

经常处于变化之中，如果在决算期尚未到来之前，债权人随意转让其债权，而抵押权亦随之转移，特别是当债权人将多项债权分别转让给多人时，如果抵押权的效力也要及于这些已转让的债权，将使法律关系混乱不清，而且极易给抵押人造成重大损害。因此，《民法典》第421条规定："最高额抵押担保的债权确定前，部分债权转让的，最高额抵押权不得转让，但是当事人另有约定的除外。"

（四）最高额抵押权的确定

在行使最高额抵押权时，其所担保的不特定债权应当确定。最高额抵押权担保的不特定债权一经确定，即转变为特定债权。最高额抵押权所担保的不特定债权因为发生一定事由而归于特定的，称为最高额抵押权的确定或者被担保债权原本的确定。最高额抵押权确定后，其所担保的债权，以被担保债权确定时存在的、不超过最高限额的特定债权为限，抵押权人可依照普通抵押权行使的要件行使权利。

1. 确定事由

根据《民法典》第423条的规定，只要发生下列任何一种情形，便可使抵押权人的债权确定。

一是约定的确定债权期间届满。这是指双方当事人自主约定的债权期间届满，即决算期届至的情况。决算期是最高额抵押合同的一个重要内容，是确定最高额抵押权所担保的债权实际数额的时间。如果最高额抵押合同中约定了决算期，决算期届至时，最高额抵押权所担保的债权额即自行确定。最高额抵押权之所以设有决算期制度，除为满足确定最高额抵押权的需要外，还具有排除抵押物所有人行使确定请求权的效力。最高额抵押合同中，如果没有约定决算期，最高额抵押权就会无限延长，最高额抵押范围内的抵押物就会一直处于受抵押权约束的状态，这对抵押人是非常不利的。

二是没有约定债权确定期间或者约定不明确，抵押权人或者抵押人自最高额抵押权设立之日起满二年后请求确定债权。这是指在当事人没有约定债权期间或者约定不明确的情况下，法律作出的抵押权确定的一个请求期限。在最高额抵押合同中，如果没有约定决算期，最高额抵押权就会无限期地延长，最高额范围内的抵押物担保价值就会一直处于被剥夺状态，这对抵押物的所有人甚为不利。因此，法律赋予抵押物所有人有请求确定最高额抵押权担保债权的权利。

三是新的债权不可能发生。如果最高额抵押权所担保的债权已没有发生的可能性，构成最高额抵押权确定的原因。当事人之间的交易关系即为终结，第三人不得干涉。即使只有一方当事人有终结继续交易的意思，亦应认为交易关系终结。例如，A公司与B厂就供货问题经协商后签订了连续供货合同，A公司以其办公大楼作价1000万元为以后所采购的B厂产品货款设定最高额抵押。双方在合同签订5个月后，B厂作出了重大调整，决定转产，而转产后的产品并非A公司所需要。此时该最高额抵押权所担保的不特定债权已经没有再发生的可能性。因此，该不特定债权在此时应当确定。

四是抵押权人知道或者应当知道抵押财产被查封、扣押。最高额抵押权存续期间，如果抵押物被查封、扣押，抵押权消灭，最高额抵押权应当确定。因此，抵押物被查封、扣押为最高额抵押权确定的原因。最高额抵押的抵押物被其他债权申请查封、扣押的，其所担保的债权于被查封、扣押之日起确定。

五是债务人、抵押人被宣告破产或者解散。最高额抵押的抵押人或者债务人破产的，对破产企业正在履行的最高额抵押合同解除的，最高额抵押所担保的债权于合同解除之日起确定。

六是法律规定债权确定的其他情形。该规定实际上是一个兜底条款，因为抵押财产确定的情形在法律上是不可以列举穷尽的，它也是随着社会经济生活的发展而不断发展变化的，因此需要在法律上设立兜底条款。最高额抵押权系为将来债权而设定的，其所担保的债权具有变动性。因此，最高额抵押权的实现除具备债权已届清偿期外，还须具备抵押权所担保的债权额确定的条件。确定最高额抵押权所担保的债权额，不仅决定着抵押权人可优先受偿的价值额，而且直接影响着利害关系人的权益。

2. 确定后的法律后果

最高额抵押权担保的债权确定之后，发生下列效力。

第一，只有在确定时已经发生的主债权才属于抵押权担保的范围，确定之后产生的债权即使来源于基础法律关系，也不属于担保的范围。至于确定时已经存在的被担保主债权的利息、违约金、损害赔偿金，只有在确定时已经发生而且与主债权合计数额没有超过最高债权额限度时，才可以被列入最高额抵押权担保的债权范围。

第二，最高额抵押权担保的债权一经确定，无论出于何种原因，担保债权的流动性均随之丧失，该抵押权所担保的不特定债权均变为特定债权，这时，最高额抵押权的从属性与普通抵押权完全相同。

（五）最高额抵押权的实现

最高额抵押权的实现，除与普通抵押权相同的以外，还应注意以下两点。

第一，最高额抵押权所担保的不特定债权在确定后，债权已届清偿期的，最高额抵押权人可以根据普通抵押权的规定行使其抵押权。其债权已届清偿期，是指最高额抵押权所担保的一系列债权中的任何一个已届清偿期。

第二，债权确定时，如果实际发生的债权余额高于最高限额，以最高限额为限，超过部分不具有优先受偿的效力；如果实际发生的债权余额低于最高限额，以实际发生的债权余额为限，对抵押财产优先受偿。如果在抵押财产上存在两个以上抵押权，最高额抵押权与普通抵押权一样，依据法律规定的清偿顺序进行清偿。

二、共同抵押

（一）共同抵押的意义

共同抵押又称为总括抵押、聚合抵押、连带抵押，是指为担保同一债权，而于数个不同财产上设定抵押权的情形。共同抵押，为近代以来各国民法所广泛确认。《民法典》第 397 条对共同抵押作了规定。共同抵押权与一般抵押权的区别在于，抵押标的物不是一个，而是数个。共同抵押的构成，只需具备两个要件：其一，抵押标的物为数个而非一个，至于该数个抵押物是数个不动产、数个不动产用益物权还是数个动产，或者是由不动产与动产构成，均无不可；其二，数个抵押物所担保的为同一项债权，因而共同抵押中的债权人即抵押权人是同一个人。至于作为共同抵押物的数个财产，是同一个抵押人的财产还是不同抵押人的财产，均不影响共同抵押的成立。共同抵押中的抵押人可以是债务人本人，也可以是其他人，还可以由债务人与第三人分别充当抵押人。抵押权可以就数个抵押物一并设立，也可以先后分别设立。

至于共同抵押权的设定方式，与普通抵押权大致相同，即由当事人订立抵押合同并办理抵押登记而设定。共同抵押的典型形态和最有法律意义的情况，是数个抵押物为不同的抵押人所有而构成的共同抵押，而在数个抵押物为同一抵押人所有时，有关问题的处理并无多少特殊性。因此，共同抵押可以成立一个抵押权，也可以成立数个抵押权。由于共同抵押权的标的物是数个财产，且数个财产是各自独立的，不是集合在一起视为一物，因此它与财团抵押将多数财产集合成一个团体而成立一项抵押权显有不同。

（二）共同抵押的效力

由于共同抵押权是为担保同一债权而于数个抵押物上成立的一个或数个抵押权，因此抵押权人如何就数个抵押物受偿债权，遂成重要问题。依多数国家的立法及实务，一般分别按以下情形而作不同处理。

一是如当事人就数个抵押物负担的金额特约作了明确限定，则应依各抵押物应负担的金额，各自承担其担保责任。此种情况，类似于按份共同保证，唯其为物上按份而已。

二是如当事人未限定各个抵押物负担的金额，抵押权人则有权就各个抵押物卖得价金，受债权全部或一部之清偿。换言之，于此场合，每一抵押物之价值均担保着全部债权。❶

抵押权人为使其债权得以清偿，既有权同时实行数个抵押权，同时变卖数个抵押物，也可选择行使其中一项抵押权，变卖其中一个抵押物。此种情形，发生物上连带关系，类似于连带共同保证。

由此可见，在共同抵押法律关系中，如不限定各抵押物的负担金额，对于抵押权人最为有利。但是，如果两个以上的抵押人一方为债务人本人，另一方为物权保证人的，抵押权人原则上应当先就债务人本人提供的抵押物变价求偿。两个以上的抵押人如均为债务人以外的人，且各抵押物上又分别为其他债权设定了抵押而存在后次序抵押权时，还会发生影响其他抵押权人利益的问题。因为如果抵押权人任意选择某一抵押人提供的抵押物受偿，该物上的后次序抵押权人就可能丧失受偿机会。为解决后次序抵押权人的利益保

---

❶ ［德］鲍尔、施蒂尔纳：《德国物权法（下册）》，申卫星、王洪亮译，法律出版社 2006 年版，第 209 页。

护问题，法律不得不就共同抵押权人的受偿问题设立特别规定。《民法典》第409 条规定："抵押权人可以放弃抵押权或者抵押权的顺位。抵押权人与抵押人可以协议变更抵押权顺位以及被担保的债权数额等内容。但是，抵押权的变更未经其他抵押权人书面同意的，不得对其他抵押权人产生不利影响。债务人以自己的财产设定抵押，抵押权人放弃该抵押权、抵押权顺位或者变更抵押权的，其他担保人在抵押权人丧失优先受偿权益的范围内免除担保责任，但是其他担保人承诺仍然提供担保的除外。"

《民法典》第 392 条规定："被担保的债权既有物的担保又有人的担保的，债务人不履行到期债务或者发生当事人约定的实现担保物权的情形，债权人应当按照约定实现债权；没有约定或者约定不明确，债务人自己提供物的担保的，债权人应当先就该物的担保实现债权；第三人提供物的担保的，债权人可以就物的担保实现债权，也可以请求保证人承担保证责任。提供担保的第三人承担担保责任后，有权向债务人追偿。"

《最高人民法院关于适用〈中华人民共和国民法典〉有关担保制度的解释》第 13 条第 2 款和第 3 款规定："同一债务有两个以上第三人提供担保，担保人之间未对相互追偿作出约定且未约定承担连带共同担保，但是各担保人在同一份合同书上签字、盖章或者按指印，承担了担保责任的担保人请求其他担保人按照比例分担向债务人不能追偿部分的，人民法院应予支持。……承担了担保责任的担保人请求其他担保人分担向债务人不能追偿部分的，人民法院不予支持。"

第十七章

质　权

第一节　质权概述

一、质权的概念与特征

质权，又称为质押权，是担保的一种方式，是指债权人与债务人或债务人提供的第三人以协商订立书面合同的方式，转移债务人或者债务人提供的第三人的动产或权利的占有，在债务人不履行债务时，债权人有权以该财产价款优先受偿，也叫"质押"。《民法典》第425条规定："为担保债务的履行，债务人或者第三人将其动产出质给债权人占有的，债务人不履行到期债务或者发生当事人约定的实现质权的情形，债权人有权就该动产优先受偿。前款规定的债务人或者第三人为出质人，债权人为质权人，交付的动产为质押财产。"质权包括动产质权与权利质权。在质权法律关系中，享有质权的债权人称为质权人；将财产转移给质权人占有而供为债的担保的债务人或第三人，称为出质人；供作债权担保的财产，称为质物或质押物、质押标的。

作为担保物权的一种，质权也具有不可分性、物上代位性和物上请求权。质权独有的特征是：

一是质权的标的物只能是动产和权利，而不能是不动产。

二是质权是以债务人占有质物为要件的担保物权。质权以出质人移交质押的财产占有为成立要件，也以债权人占有质押财产为存续要件，质权人将质物返还于出质人后，以其质权对抗第三人的，人民法院不予支持。

三是质权为于债务人或第三人交付的财产上设定的担保物权。动产质权和某些权利质权不但具有使被担保债权优先受偿的效力，而且具有留置的效力。

二、质权的分类

以质权的标的物为标准所作的分类，往往在立法中被采用。

动产质权是以动产为标的设定的质权，是质权的原型。权利质权是指以债权或者不动产用益物权之外的其他财产权利为标的设定的质权。

权利质权是从动产质权中派生出来的一种现代质权形式，在成立方式、效力范围和实现方法等方面均有其自身特点，其地位日渐重要。权利质权除适用特别性规定外，准用动产质权的一般规定。

不动产质权即以不动产为标的物设定的质权。历史上，不动产质权曾为农业经济社会中一种重要的物权担保形式。但随着近现代工商业的发展，不动产质权因其自身固有的缺点而渐被淘汰，尤其是随着抵押权适用范围的不断扩大，不动产质权的地位日渐式微。时至今日，多数国家已不承认不动产质权，只有法国、日本等少数国家予以保留，但在实际经济生活中也极少适用。我国法律未规定不动产质权，这是符合世界立法潮流的。

三、质权的取得

质权的取得，是指因一定的事实或行为而获得质权。质权的取得方法可分为原始取得与继受取得两种。

（一）质权的原始取得

质权的原始取得，是指因一定的事实或行为而产生或创设质权。质权原始取得的方式主要有：一是质权的设定，质权的设定是质权设定人通过一定的法律行为而创设质权，按照各国立法，虽然可用遗嘱方式设定质权，但事实上极为罕见，因而质权的设定，主要是通过合同来实现。二是因时效取得，质权因时效的完成而取得。三是因善意取得制度取得。质权的设定属于物或者财产的处分行为，出质人对标的物应当具有处分权。然而，为了维护动产占有的公信力，保护交易的安全和善意质权人的利益，各国立法均规定了所谓的质权的善意取得制度，且构成质权的善意取得应当具备以下条件：以设定质权为目的；质权人已经占有质物；出质人无权处分质物；质权人善意取得质物的占有，即在订立质押合同时不知出质人没有处分质物的权利。我国目前司法实践中对此基本上持否定态度。

(二) 质权的继受取得

质权的继受取得，是指通过某种法律行为或法律事件从原质权人那里取得质权。质权继受取得的方式主要有：一是因让与而取得。质权为非专属性的担保物权，自可予以让与。但因质权系担保债权而存在，具有附随性，因而质权应与所担保的债权一并让与，即债权让与，其质权原则上也随同转移于受让人，受让人因而取得质权。二是因继承而取得。动产质权为财产权，质权人死亡，由其继承人因继承而取得，质权因继承而取得，不以继承人是否知其事实，或是否占有质物为必要。三是因承受而取得。法人发生合并时，合并后的法人取得参加合并的担保原法人债权的质权；法人发生分立时，分立后的各法人均可取得担保原法人债权的质权。

第二节　动产质权

一、动产质权的概念与特征

《民法典》第425条第1款规定："为担保债务的履行，债务人或者第三人将其动产出质给债权人占有的，债务人不履行到期债务或者发生当事人约定的实现质权的情形，债权人有权就该动产优先受偿。"据此可知，动产质权是指债权人占有由债务人或第三人因担保债权而移交的动产，于债务届期未履行时可就其卖得的价金优先受偿的权利。

动产质权具有下列特征。

其一，动产质权为担保物权。动产质权乃因担保债权而设，故为一种担保物权。此点与抵押权、留置权相同，而与用益物权有别。又因其为债权的担保，以债权的存在为前提，故属于从权利。

其二，动产质权以动产为标的。不动产不得为质权的标的，这一特征使其与抵押权相异，而与留置权的标的相同。动产质押中的标的物，固以有形的动产为限。但通说认为，以特定化的金钱作为质押物的，也无不可。《最高人民法院关于适用〈中华人民共和国民法典〉有关担保制度的解释》第 70 条规定："债务人或者第三人为担保债务的履行，设立专门的保证金账户并由债权人实际控制，或者将其资金存入债权人设立的保证金账户，债权人主张就账户内的款项优先受偿的，人民法院应予支持。当事人以保证金账户内的款项浮动为由，主张实际控制该账户的债权人对账户内的款项不享有优先受偿权的，人民法院不予支持。在银行账户下设立的保证金分户，参照前款规定处理。当事人约定的保证金并非为担保债务的履行设立，或者不符合前两款规定的情形，债权人主张就保证金优先受偿的，人民法院不予支持，但是不影响当事人依照法律的规定或者按照当事人的约定主张权利。"

其三，动产质权的设定须转移标的物的占有。即由质权人直接把握质物的占有，因而其具有留置作用。在动产质权中，质物既可由债务人自己提供，亦可由第三人提供。债务人或第三人提供的质物必须为依法可以让与的物，同时须为特定的物。

其四，质权人可于债务人不履行债务时就质物卖得的价金优先受偿。质权人占有债务人的出质物，间接地强制债务人届期履行债务，若届期不为给付，质权人可将质物变卖而就变卖所得价金优先受偿而实现其债权。

二、动产质权的取得

（一）基于法律行为而取得

1. 动产质权的设定

质权的设定多因合同而发生，依合同而设定质权者，以转移质物的占有为成立要件。由此可以看出，动产质权的设定包括两个方面的法律问题。

一是订立质押合同。质权是依照当事人的意思而创设的权利，所以，当事人设定质权时，应当订立质押合同。再者，质权设定的行为为要式行为，当事人应当采用书面形式订立质押合同。[1] 所谓质押合同，是指质权人与出质人订立的关于设定质权的协议。《民法典》第 427 条规定："设立质权，当事人应当采用书面形式订立质押合同。质押合同一般包括下列条款：（一）被担

---

[1] 李新天主编：《〈物权法〉条文释义与精解》，东北财经大学出版社 2007 年版，第 298 页。

保债权的种类和数额；（二）债务人履行债务的期限；（三）质押财产的名称、数量等情况；（四）担保的范围；（五）质押财产交付的时间、方式。"将质押财产交付方式作为质押合同一般条款予以规定，一方面使质押合同更加完备，另一方面承认质押物的各种交付方式，回应实践需求。

二是交付质物。担保法奉行质押合同生效时动产质权的设立思想，将质物移交于质权人占有作为质押合同的生效要件。❶《民法典》第 429 条规定："质权自出质人交付质押财产时设立。"

2. 动产质权的让与

动产质权也可基于让与而取得。同抵押权的让与一样，动产质权不得与其所担保的主债权分离而单独地转让，其只能随主债权一同转移。

（二）基于法律行为以外的事实而取得

1. 动产质权的善意取得

基于与动产所有权的善意取得相同的理由，多数国家法律上也承认动产质权可以善意取得，即无处分权人将其占有的他人之物为债权人设定质权，如债权人为善意，可就该动产取得质权。《民法典》第 311 条规定："无处分权人将不动产或者动产转让给受让人的，所有权人有权追回；除法律另有规定外，符合下列情形的，受让人取得该不动产或者动产的所有权：（一）受让人受让该不动产或者动产时是善意；（二）以合理的价格转让；（三）转让的不动产或者动产依照法律规定应当登记的已经登记，不需要登记的已经交付给受让人。受让人依据前款规定取得不动产或者动产的所有权的，原所有权人有权向无处分权人请求损害赔偿。当事人善意取得其他物权的，参照适用前两款规定。"

2. 因继承而取得

动产质权为财产权，质权人死亡时，可由其继承人在继承债权的同时一并取得质权。

此外，某些国家法律上还承认动产质权可因法律规定而取得（法定质权）以及因取得时效而取得。我国法律上不承认有此取得方式。

---

❶ ［德］鲍尔、施蒂尔纳：《德国物权法（下册）》，申卫星、王洪亮译，法律出版社 2006 年版，第 543 页。

三、动产质权的效力

（一）动产质权所担保的债权范围

《民法典》第389条规定："担保物权的担保范围包括主债权及其利息、违约金、损害赔偿金、保管担保财产和实现担保物权的费用。当事人另有约定的，按照其约定。"可见，动产质权所担保的债权范围可由当事人约定，若无约定，动产质权所担保的债权范围则可包括主债权及其利息、违约金、损害赔偿金、质物保管费用和实现质权的费用。

这些规定，与其他国家的立法及实务大体一致。质权担保的债权范围较抵押权更广，因其还包括了质物的保管费用和损害赔偿金。这主要是由于质权的成立与存续以质权人占有质物为必要，质权人可能有保管费用的支出，而且质物转移于质权人后，因质物隐有瑕疵致质权人受损害时，出质人应负损害赔偿责任。在抵押权中，则无此情况。

（二）动产质权及于标的物的范围

动产质权与抵押权同属于担保物权，其对于标的物的效力大体相同。但由于动产质权以占有由债务人或第三人移交的动产为成立要件，这就使得动产质权对于标的物的效力又有所不同。除供担保的质物外，动产质权的效力还及于以下动产或财产。

1. 从物

动产质权的效力应及于质押财产的从物，但是从物与质押财产一并转交给质权人占有的，质权的效力就不当然及于从物。

2. 孳息

质权的效力及于孳息的范围，各国法律规定不一。如有的规定质权的效力及于质物的天然孳息；有的规定除另有约定外，质权人应将质物的自然果实交付所有人，但果实为质物的组成部分的，按质物处理。我国《民法典》第430条第1款规定："质权人有权收取质押财产的孳息，但是合同另有约定的除外。"依此规定，除质押合同另有约定外，质权的效力及于质物孳息，这里的孳息包括天然孳息与法定孳息。如经出质人同意，将质物出租时，该租金即为质物的法定孳息，质权人有权收取。依《民法典》第430条第2款的规定，上述孳息应当先充抵收取孳息的费用。

3. 代位物

动产质权具有物上代位性，《民法典》第 390 条规定："担保期间，担保财产毁损、灭失或者被征收等，担保物权人可以就获得的保险金、赔偿金或者补偿金等优先受偿。被担保债权的履行期限未届满的，也可以提存该保险金、赔偿金或者补偿金等。"能够成为质权的物上代位物的，必须具备如下条件：①质物系因事实上或法律上的原因而绝对灭失、毁损的，在解释上也可包含其中；②质物因灭失而产生保险金、赔偿金或补偿金；③这些保险金、赔偿金或补偿金必须是出质人有权获得的，假如出质人无权获得，如出卖人出质前已将质物投保并指定第三人甲为受益人，则保险事故发生时，享有保险金请求权的为甲，于是质权人对该保险金请求权没有物上代位权。❶

4. 添附物

质物如与其他动产添附，且添附物的所有权由质物所有人取得时，质权的效力自应及于添附物。如因添附等原因，质物所有人与添附物所有人共有添附物时，则质权效力仅存在于添附物依质物价值计算的应有部分上。❷ 如添附物为第三人取得所有权时，出质人得依不当得利或侵权行为请求对方返还不当得利或赔偿损失，质权的效力则及于所返还的不当得利或赔偿金。❸

（三）动产质权对质权人的效力

1. 留置质物的权利

质权人于其债务受清偿前，可留置质物，即使质物已转让他人，质权人的留置权并不受影响，质权人在其债权受偿前，对于债务人或第三人返还质物的请求有权拒绝。《民法典》第 425 条规定："为担保债务的履行，债务人或者第三人将其动产出质给债权人占有的，债务人不履行到期债务或者发生当事人约定的实现质权的情形，债权人有权就该动产优先受偿。前款规定的债务人或者第三人为出质人，债权人为质权人，交付的动产为质押财产。"《民法典》第 437 条规定："出质人可以请求质权人在债务履行期限届满后及

---

❶ 梁慧星、陈华彬：《物权法》（第七版），法律出版社 2020 年版，第 368 页；谢在全：《民法物权论（下册）》（修订五版），中国政法大学出版社 2011 年版，第 983 页。

❷ 谢在全：《民法物权论（下册）》（修订五版），中国政法大学出版社 2011 年版，第 984 页。

❸ 马俊驹、余延满：《民法原论》（第四版），法律出版社 2010 年版，第 446 页。

时行使质权；质权人不行使的，出质人可以请求人民法院拍卖、变卖质押财产。出质人请求质权人及时行使质权，因质权人怠于行使权利造成出质人损害的，由质权人承担赔偿责任。"

2. 质物孳息的收取权

除当事人另有约定外，质权人有权收取质物所生的孳息。质权人收取孳息，应尽善良管理人的注意，并依通常的方法为之；所收取的孳息应首先充抵收取孳息的费用，其次充抵原债的利息，最后充抵原债权。《民法典》第430条规定："质权人有权收取质押财产的孳息。但是合同另有约定的除外。前款规定的孳息应当先充抵收取孳息的费用。"第561条规定："债务人在履行主债务外还应当支付利息和实现债权的有关费用，其给付不足以清偿全部债务的，除当事人另有约定外，应当按照下列顺序履行：（一）实现债权的有关费用；（二）利息；（三）主债务。"

3. 质物的转质权

所谓转质，是指质权人为给自己的债务作担保，将质物移交于自己的债权人而设定新质权的行为。质权人得以质物转质的权利，即为质权人的转质权。因转质而取得质权的人，称为转质权人。转质不限于动产质押，权利质权亦有转质的适用。

转质可分为两类，一类是责任转质，另一类是承诺转质。《民法典》第434条规定："质权人在质权存续期间，未经出质人同意转质，造成质押财产毁损、灭失的，应当承担赔偿责任。"由此可知，我国立法上是承认转质效力的。在责任转质中，即未经出质人同意而转质，造成质押财产毁损、灭失的，质权人应当承担民事责任。在承诺转质中，出质人同意转质的，转质成立，应当按照约定处理。

4. 质物的变价权

质物变价权，又称为预行拍卖权。《民法典》第433条规定："因不可归责于质权人的事由可能使质押财产毁损或者价值明显减少，足以危害质权人权利的，质权人有权请求出质人提供相应的担保；出质人不提供的，质权人可以拍卖、变卖质押财产，并与出质人协议将拍卖、变卖所得的价款提前清偿债务或者提存。"分析该条规定，可知质物变价权的行使必须具备如下要件：①因不能归责于质权人的事由可能使质物毁损或价值明显减少，足以危害质权人的权利。如果是由于质权人的事由（如保管不善）导致了质物毁损或价值明显减少，质权人不仅无权要求出质人提供担保，而且可就此损失向出质人承担赔偿责任。②质权人要求出质人提供相应的担保，出质人拒不提供。

质权人要求出质人提供相应担保，必须具备如下要件：①因不能归责于质权人的事由可能使质物毁损或价值明显减少。②质物毁损或价值明显减少的可能或事实，已经足以危害质权人的权利。质物变价权的行使，或出质人以变价款提前清偿被担保债权，或将变价款代充质物，予以提存。所谓代充质物，是指质权移存于该项价款之上，而非指以该笔价款直接满足债权。由于出质人提前清偿会牺牲其期限利益，代充质物并予提存的在实务中较为常见。❶

5. 质权的实行权与优先受偿权

《民法典》第436条、第437条、第438条对此作出了规定。第436条规定："债务人履行债务或者出质人提前清偿所担保的债权的，质权人应当返还质押财产。债务人不履行到期债务或者发生当事人约定的实现质权的情形，质权人可以与出质人协议以质押财产折价，也可以就拍卖、变卖质押财产所得的价款优先受偿。质押财产折价或者变卖的，应当参照市场价格。"第437条规定："出质人可以请求质权人在债务履行期限届满后及时行使质权；质权人不行使的，出质人可以请求人民法院拍卖、变卖质押财产。出质人请求质权人及时行使质权，因质权人怠于行使权利造成出质人损害的，由质权人承担赔偿责任。"第438条规定："质押财产折价或者拍卖、变卖后，其价款超过债权数额的部分归出质人所有，不足部分由债务人清偿。"

关于质权的实行方式及流质约款的禁止问题，与抵押权相同，此不赘述。关于质权人的优先受偿权，主要包含两个方面的内容：第一，质权人可较一般债权人优先受偿，此与抵押权相同；第二，质权人可较后顺序担保物权人优先受偿。有些国家法律承认同一动产之上可设定数个质权，并规定了其顺序。我国法律不承认"一物二质"的现象，但承认在转质的情况下，转质权人的质权优先于原质权人的质权。另外，同一动产之上，还可能发生质权与

---

❶ 崔建远：《物权法》（第五版），中国人民大学出版社2021年版，第515页。

抵押权并存的情况，对此情况的处理，学界通常认为应以权利设定的先后定其位序。《民法典》第415条规定："同一财产既设立抵押权又设立质权的，拍卖、变卖该财产所得的价款按照登记、交付的时间先后确定清偿顺序。"

6. 质权的保护请求权

质权人对于质物被他人无权侵占或实施其他妨害时，质权人可行使物权请求权，也可以基于占有而行使物上请求权。因不能归责于质权人的事由可能使质物毁损或价值明显减少，足以危害质权人权利的，质权人有权要求出质人提供相应的担保。质权受到他人不法侵害，遭受损失时，质权人可向侵权行为人请求损害赔偿。

7. 质权人的义务

第一，保管质物的义务。质权人直接把握质物的占有，当然应负有妥善保管质物的义务，因保管不善致使质物灭失或者毁损者，质权人应当承担民事责任。《民法典》第432条规定："质权人负有妥善保管质押财产的义务；因保管不善致使质押财产毁损、灭失的，应当承担赔偿责任。质权人的行为可能使质押财产毁损、灭失的，出质人可以请求质权人将质押财产提存，或者请求提前清偿债务并返还质押财产。"

第二，不得擅自使用、处分质物的义务。质权人在质权存续期间，不得擅自使用质物，未经出质人的同意，擅自使用、处分质物，给出质人造成损害的，应当承担赔偿责任。

第三，适时行使质权的义务。债务届期而未获清偿的，质权人有实行质权的权利，但该权利本身也含有应适时行使的义务成分在内。因质权人怠于行使权利造成损害的，由质权人承担赔偿责任。所谓怠于行使权利，是指质权人因可归责于自己的原因而不及时行使权利。❶ 例如，质权人明知作为质物的某电子产品的升级产品即将上市，若在新产品上市后再变卖质物所获价款将明显降低，但却基于质物的变价款减少也足以使其债权获得清偿的考虑，而没有及时将质物变卖。

第四，返还质物或多余款项的义务。具体见《民法典》第436条、第437条、第438条的规定。

---

❶　王利明、尹飞、程啸：《中国物权法教程》，人民法院出版社2007年版，第517-518页。

（四）动产质权对出质人的效力

一是质物孳息的收取权。质物虽已由质权人占有，但出质人仍可以通过合同约定保留自己对于质物所生孳息的收取权。

二是质物的处分权。出质人虽将质物的占有转移至质权人，但并不因此丧失对于质物的所有权，出质人可以指示交付方式将质物予以让与，或于同一质物上再设定动产抵押权，以担保其他债权的履行。此时，原有之质权并不因此而受影响。当质物应当适时出卖以取得较高卖价时，出质人也可以请求质权人及时出卖质物而将价款用于提前还债或者提存。至于事实上的处分权，因出质人已丧失对质物的占有，无从为事实上的处分，且此也有害于质权人的利益，故应理解为出质人不得享有此项权利。

三是物上保证人对主债务人的求偿权与代位权。如果出质人为债务人以外的第三人，《民法典》第 700 条规定："保证人承担保证责任后，除当事人另有约定外，有权在其承担保证责任的范围内向债务人追偿，享有债权人对债务人的权利，但是不得损害债权人的利益。"第 392 条规定："被担保的债权既有物的担保又有人的担保的，债务人不履行到期债务或者发生当事人约定的实现担保物权的情形，债权人应当按照约定实现债权；没有约定或者约定不明确，债务人自己提供物的担保的，债权人应当先就该物的担保实现债权；第三人提供物的担保的，债权人可以就物的担保实现债权，也可以请求保证人承担保证责任。提供担保的第三人承担担保责任后，有权向债务人追偿。"《最高人民法院关于适用〈中华人民共和国民法典〉有关担保制度的解释》第 13 条规定："同一债务有两个以上第三人提供担保，担保人之间约定相互追偿及分担份额，承担了担保责任的担保人请求其他担保人按照约定分担份额的，人民法院应予支持；担保人之间约定承担连带共同担保，或者约定相互追偿但是未约定分担份额的，各担保人按照比例分担向债务人不能追偿的部分。同一债务有两个以上第三人提供担保，担保人之间未对相互追偿作出约定且未约定承担连带共同担保，但是各担保人在同一份合同书上签字、盖章或者按指印，承担了担保责任的担保人请求其他担保人按照比例分担向债务人不能追偿部分的，人民法院应予支持。除前两款规定的情形外，承担了担保责任的担保人请求其他担保人分担向债务人不能追偿部分的，人民法院不予支持。"

四是保全质物的权利。质权人负有妥善保管质押财产的义务,因保管不善导致质押财产毁损、灭失的,按照《民法典》第 573 条有关提存制度的一般原理处理。《民法典》第 573 条规定:"标的物提存后,毁损、灭失的风险由债权人承担。提存期间,标的物的孳息归债权人所有。提存费用由债权人负担。"《民法典》第 432 条作出了相关规定。

四、动产质权的实行

所谓动产质权的实行,是指债务人不履行到期债务或发生当事人约定的实现质权的情形,质权人可以与出质人协议以质物折价,也可以将质物拍卖或变卖,并就拍卖、变卖质物所得的价款优先受偿的行为。它是变价权和优先受偿权的总称。《民法典》第 436 条、第 437 条、第 438 条有相关的规定。

五、动产质权的消灭

动产质权的消灭原因,除抛弃、混同、标的物被征收等之外,还有以下几种。

一是因主债权消灭而消灭。质权所担保的债权因清偿或其他原因而消灭者,质权作为担保物权亦随同消灭。

二是因实行而消灭。质权实行后,无论其所担保的债权是否受完全清偿,质权均归于消灭。

三是质权因质物的返还而消灭。质权的成立与存续,以质权人占有质物为必要,因此如质权人任意将质物返还于出质人时,则不问返还原因为何(如抛弃质权、寄托),质权便归于消灭或者不得对抗第三人。但应注意的是,质物的返还导致质权消灭者,必须是出于质权人之意思的任意返还,如系被出质人所侵夺,则不生消灭质权的效力。

四是因质权人丧失质物的占有且不能恢复而消灭。所谓丧失占有,是指质物因遗失、被盗、被侵夺或其他情形,质权人已失去事实上的管领力,如不能请求返还时,动产质权自应消灭。但是,质权人虽已丧失占有,但如能依物上请求权请求返还时,质权仍不消灭。

五是因质物的灭失而消灭。

第三节　权利质权

一、权利质权的概念与特征

（一）权利质权的概念

权利质权，是指以所有权、用益物权以外的可让与的财产权利为标的而设立的质权。在罗马法中即已存在以债权质为主的权利质，近现代法中，因应经济生活和社会发展的客观需要，权利质权有了长足的发展，可质押的权利客体日益扩张，权利质权的地位日渐重要。

（二）权利质权的特征

1. 权利质权以可让与的财产权利为标的

权利质权的标的为权利，而非有体物。但并非任何权利均可充任权利质权的标的，充任质权标的的权利应具备以下条件：其一，须为财产权。只有财产性权利才有经济价值，能够变价使被担保的债权受偿，因而作为质权标的的权利必须为财产权。其二，须为可让与的财产权。不可让与的财产权如扶养请求权、继承权，因侵害身体、健康、名誉等产生的损害赔偿请求权等均不得为质权标的。其三，须为适于设定质权的权利。质权设定的目的在于使质权人将来可就标的的交换价值受清偿，可让与的财产权若不能进行交换或不适宜设定质权，不得充任质权的标的。另外，以不动产使用权设定担保的，不属于质权，立法及理论上均将其归入权利抵押权。

2. 权利质权以交付权利凭证或登记为其公示方法

权利质权的设定也须依法公示。但由于权利质权标的的特殊性，其公示方法与动产质权有所不同。以具有权利凭证的财产权利设定质权的，应将该权利凭证交付质权人占有；以无权利凭证的权利设定质权的，则只能如同抵押权的设定方式一样，采用登记或注册的方式设定。

3. 权利质权是一种特殊的质权形式

传统民法上，一向把动产质权视为质权的一般形式，而权利质权则为质权的特殊形式。这一方面是由于权利质权的标的物与动产质权不同；另一方面是由此又带来了公示方式、标的物的价值评估、权利的保全及实现方式等诸多方面的差异。❶ 依登记等方式设定的权利质权，与权利抵押权并无本质不同，只是由于人们在观念上一般将不动产权利以外的其他财产权利视为动产的特殊形态，故传统民法上将其划归质权标的物的范围。现代法上，可以质押的权利范围日益拓展，其在经济生活中的作用也与早期社会不可同日而语，故此，立法上通常将权利质权与动产质权一并作出规定，使其成为质权的两大类型。但鉴于权利质权仍有诸多不同于动产质权的特点，立法上须对此作出特别规定。至于权利质权与动产质权的共性，出于立法技术上的考虑，一般不再重复规定。

二、一般债权质权

(一) 一般债权质权的设定

一般债权质权，是指出质人将其对第三债务人的债权为其自己的债权人设定质押担保而成立的质权。《民法典》第 441 条、第 443 条、第 444 条和第 445 条的规定有利于建立统一动产抵押和权利质押登记制度，以满足人民日益增长的美好生活需要为出发点和落脚点，助力营商环境的优化，加快建设现代化经济体系，推动经济高质量发展。

关于一般债权质权的设定，各国的立法例不同。依《德国民法典》与《日本民法典》的规定，债权质权的设定，无须采取书面形式。另外，一般债权质权由于须依有关权利让与的规则设定，故设定一般债权时，出质人尚需通知债务人。然而关于通知的效力，各国立法规定不一。如德国法律规定其为质权的成立要件，而日本法律则规定其为质权的对抗要件。

依我国法律的相关规定，一般债权质权的设定，质权人与出质人应订立书面的质押合同，质押合同自依法有效成立时生效，质权应自质押合同生效时成立，但如有债权证书的，质权自交付债权证书时成立。债权证书的交付，可以为简易交付、现实交付等，但不得以占有改定代替交付。出质人和质权人应当将债权设质的事实通知第三债务人。否则，质权不具有对抗第三人的效力，即第三债务人得因向出质人清偿而免责，其他第三人也得因债权的善

---

❶ 梁慧星、陈华彬：《物权法》(第七版)，法律出版社 2020 年版，第 375-376 页。

意取得而取得受让的债权。在此值得注意的是，根据《民法典》第445条第1款规定："以应收账款出质的，质权自办理出质登记时设立。"

（二）一般债权质权的特殊效力

1. 一般债权质权对其标的的效力

一般债权质权的效力及于标的的从权利。因而出质债权上有担保权的，因担保权也是出质债权的从权利，所以，除当事人另有约定外，债权质权的效力也及于出质债权的担保权。出质债权有动产质权担保的，因动产质权是以移交质物的占有为成立要件，自然也应移交质物的占有于债权质权人；否则，出质债权应消灭，债权上所附的动产质权不为债权质权的效力所及。出质债权附有抵押权的，因为抵押权并非必须与所担保的债权一并供作他债权担保不可，当事人也可以仅以债权出质，而将所附抵押权消灭，而抵押权登记又有公示效力和公信力，为对抗第三人，在抵押权随债权出质时，也应于抵押权登记中注明，否则抵押权的随同出质不具有对抗第三人的效力。❶

2. 一般债权质权对质权人的效力

债权质权人有直接收取质权标的债权以受偿的权利，这是债权质权与动产质权在质权实现方式上的重要区别。有以下两点值得注意。

首先，出质债权的清偿期先于质权所担保的债权清偿期届满的，因被担保债权的清偿期未届满，质权人不能行使其质权，即不能直接收取质权标的债权以优先受偿。但为了保护质权人的利益，一般来说，若第三债务人已受设质通知的，不得向出质人或质权人一方单独清偿；其向任何一方清偿，均应征得他方的同意，若他方不同意，第三债务人得请求将给付标的物提存，以免其清偿责任。质权人有权与出质人共同接受第三债务人的清偿。质权人得与出质人协商以收取的债权提前清偿债务人的债务；出质人不同意提前清偿的，质权人或出质人有权请求提存出质债权的标的物。此种提存应是为出质人的提存，第三债务人因标的物提存而免责，但债权质权存在于提存物上，并不消灭。因此，在提存时，应证明债权的存在和质权人，于被担保债权清偿期届满时，质权人得领取提存物，并从其价值优先受偿，提存费用自应由出质人负担。

---

❶ 郭明瑞：《担保法》，中国政法大学出版社1998年版，第217页。

其次，出质债权的清偿期后于债权质权所担保债权的清偿期的，质权人能否请求第三债务人直接向其清偿，有肯定说与否定说两种不同的观点，其中否定说为通说。此外，质权人为实现其质权，出质债权附有担保权的，在第三债务人不能为清偿时，得代位行使担保权。

3. 债权质权对出质人的效力

依我国《民法典》第 445 条第 2 款的规定，应收账款出质后，不得转让，但是出质人与质权人协商同意的除外。出质人转让应收账款所得的价款，应当向质权人提前清偿债务或者提存。

三、证券债权质权

（一）证券债权质权的设定

证券债权质权，是指以有价证券表示的债权为质权标的的权利质权。《民法典》第 441 条规定："以汇票、本票、支票、债券、存款单、仓单、提单出质的，质权自权利凭证交付质权人时设立；没有权利凭证的，质权自办理出质登记时设立。法律另有规定的，依照其规定。"对证券债权设定质权，应注意以下问题。

一是依我国公司法的规定，记名债券由债券持有人以背书方式或者法律、行政法规规定的其他方式转让。记名债券的转让，由公司将受让人的姓名或者名称及住所记载于公司债券存根簿；无记名债券由债券持有人在依法设定的证券交易场所将该债券交付给受让人后即发生转让的效力。那么，以公司债券设定质权的，对于无记名债券而言，债券持有人在依法设定的证券交易场所将该债券交付质权人后即发生质押的效力；而对于记名债券而言，除当事人须订立质押合同、交付权利凭证外，还须将质权人的姓名或名称记载于债券，并将质权人的姓名或名称及住所记载于公司债券存根簿，否则不得以其质权对抗公司及其他第三人。

二是《最高人民法院关于适用〈中华人民共和国民法典〉有关担保制度的解释》第 58 条规定："以汇票出质，当事人以背书记载'质押'字样并在汇票上签章，汇票已经交付质权人的，人民法院应当认定质权自汇票交付质权人时设立。"本书认为，如果说以公司债券出质时将背书记载"质押"字样作为对抗要件还尚可，那么认为以票据出质时将背书记载"质押"字样也作为对抗要件就值得研究了，因为票据具有文义性与无因性的特点。就文义性而言，如果票据本身没有背书记载"质押"的字样，就应认为质押根本不存在；就无因性而言，如采对抗要件可能不利于票据流通，危及交易安全，更何况很难举证证明第三人是恶意的。正因为如此，《最高人民法院关于审理票据纠纷案件若干问题的规定》第54条规定："……出质人未在汇票、粘单上记载'质押'字样而另行签订质押合同、质押条款的，不构成票据质押。"当然，如果是在作为票据基础关系的直接当事人之间形成的票据出质关系，虽未在票据上背书"质押"字样，但持票人又将票据交付出票人的，虽不构成票据质押，但可构成一般债权质押。

三是依我国法律规定，债权转让要通知债务人。那么，以存单设定质押的，亦应通知存单债务人。

四是依我国法律规定，存货人或仓单持有人在仓单上背书并经保管人签字或者盖章的，可以转让提取仓储物的权利。因此，以仓单设定质权的，除当事人之间须签订质押合同、交付仓单外，还应当背书"质押"并经保管人签字或者盖章。

（二）证券债权质权的特殊效力

1. 证券债权质权对其标的的效力

证券债权质权的效力也及于出质债权的从权利，当事人另有约定者除外。但是，由于附属于证券债权的从证券债权虽然属于主债权的从权利，但其采取证券形式，主证券与从证券又并不是不可分离的，因此，只有在从证券也交付于质权人时，质权的效力才可及于出质债权的附属证券，质权人才有权收取孳息。此外，出质证券债权附有担保权的，除当事人另有约定外，证券债权质权的效力也及于其出质债权的担保权。如其所附担保权为动产质权，质权附主债权入质时，应将质物移交债权质权人占有；其所附担保权为抵押权时，抵押权随主债权入质的，也应当办理抵押权出质的登记，否则抵押权的随同出质不具有对抗第三人的效力。

2. 证券债权质权对质权人的效力

《民法典》第442条规定："汇票、本票、支票、债券、存款单、仓单、提单的兑现日期或者提货日期先于主债权到期的，质权人可以兑现或者提货，并与出质人协议将兑现的价款或者提取的货物提前清偿债务或者提存。"当然，如果汇票、本票、支票、债券、存款单、仓单、提单的兑现日期或者提货日期晚于债务履行期的，从保护第三债务人的利益出发，质权人应当于证券到期日实现兑现或者提取货物而受偿，或者在被担保债权届期未获清偿时，在证券上权利行使之日期之前，将证券转让，以所得价款受偿。

四、基金份额与股权质权

（一）基金份额与股权质权的设定

基金份额与股权质权，是指以可转让的基金份额、股权为标的的质权。《民法典》第 443 条第 1 款规定："以基金份额、股权出质的，质权自办理出质登记时设立。"

（二）基金份额与股权质权的特殊效力

1. 基金份额与股权质权对其标的的效力

根据《民法典》第 446 条、第 430 条的规定，股权质权的效力及于股权所生的法定孳息。股权质权的效力是否及于股票的现金股利和增资配股，则有肯定与否定之说。前者认为，由于质权的效力及于质物所生的孳息，因此现金股利和增资配股应当为质权效力所及；后者认为，由于现金股利与增资配股并非是基于一定法律关系以原本代他人使用而得到的一种固定代价，因而并不是股份的法定孳息，所以不在股权质权所及的范围内。

基金份额质权，是以基金份额受益权为标的的质权，而基金收益属于基金份额的法定孳息，除当事人另有约定外，基金份额质权的效力当然及于基金份额的法定孳息。

2. 基金份额与股权质权对出质人的效力

我国《民法典》第 443 条第 2 款规定："基金份额、股权出质后，不得转让，但是出质人与质权人协商同意的除外。出质人转让基金份额、股权所得的价款，应当向质权人提前清偿债务或者提存。"

五、知识产权质权

（一）知识产权质权的设定

知识产权质权，是指以可以转让的专利权、注册商标专用权和著作权等知识产权中的财产权为标的的质权。《民法典》第444条第1款规定："以注册商标专用权、专利权、著作权等知识产权中的财产权出质的，质权自办理出质登记时设立。"另外，由于商标注册证书和专利证书非为流通证券，因此以商标专用权、专利权为标的设定质权时，出质人无须向质权人交付商标注册证书和专利证明，而应由质押登记机构发给质押证书。依《专利权质押登记办法》《注册商标专用权质押登记程序规定》和《著作权质权登记办法》，国家知识产权局负责办理专利权和注册商标专用权质权登记，国家版权局负责著作权质权登记工作。

（二）知识产权质权的特殊效力

《民法典》第444条规定："以注册商标专用权、专利权、著作权等知识产权中的财产权出质的，质权自办理出质登记时设立。知识产权中的财产权出质后，出质人不得转让或者许可他人使用，但是出质人与质权人协商同意的除外。出质人转让或者许可他人使用出质的知识产权中的财产权所得的价款，应当向质权人提前清偿债务或者提存。"

六、应收账款质权

应收账款质权，是指以应收账款为标的物而设立的质权。《应收账款质押登记办法》第2条规定："本办法所称应收账款是指权利人因提供一定的货物、服务或设施而获得的要求义务人付款的权利以及依法享有的其他付款请求权，包括现有的和未来的金钱债权，但不包括因票据或其他有价证券而产生的付款请求权，以及法律、行政法规禁止转让的付款请求权。本办法所称的应收账款包括下列权利：（一）销售、出租产生的债权，包括销售货物，供应水、电、气、暖，知识产权的许可使用，出租动产或不动产等；（二）提供医疗、教育、旅游等服务或劳务产生的债权；（三）能源、交通运输、水利、环境保护、市政工程等基础设施和公用事业项目收益权；（四）提供贷款或其他信用活动产生的债权；（五）其他以合同为基础的具有金钱给付内容的债权。"

《民法典》第445条规定："以应收账款出质的，质权自办理出质登记时设立。应收账款出质后，不得转让，但是出质人与质权人协商同意的除外。出质人转让应收账款所得的价款，应当向质权人提前清偿债务或者提存。"

第十八章

留置权

第一节　留置权概述

一、留置权的概念、性质与特征

（一）留置权的概念

关于留置权的概念，无论是各国法学界还是立法界与司法界，至今仍各执己见，莫衷一是。《牛津法律大辞典》给留置权下的定义为：一个人享有对属于他人的财产予以保留占有直至该占有人针对该他人的请求权得以清偿为止的权利。❶《元照英美法词典》认为留置权是指：债权人在债务人特定财产上设定的一种担保权益，一般至债务清偿时止，债务人如逾期未清偿，债权人可通过变卖留置物等法定程序优先受偿。❷ 包括管领、控制和变价的权利，因此被称为物权性的留置权。

我国《民法典》第 447 条规定：“债务人不履行到期债务，债权人可以留置已经合法占有的债务人的动产，并有权就该动产优先受偿。前款规定的债权人为留置权人，占有的动产为留置财产。”从上述规定可知，留置权是指债权人所享有的在债务人不履行到期债务时留置其已经合法占有的债务人的动产并就其变价优先受偿的权利。❸ 留置权关系中的债权人为留置权人，而被留置的动产的人为债务人，被留置的动产为留置物，留置物一般限定为债务人

---

❶　［英］戴维·M.沃克：《牛津法律大辞典》，李双元等译，法律出版社 2003 年版，第 700 页。
❷　薛波主编：《元照英美法词典》，法律出版社 2003 年版，第 847-848 页。
❸　李新天主编：《〈物权法〉条文释义与精解》，东北财经大学出版社 2007 年版，第 310 页。

本人的财产。

（二）留置权的性质

留置权在历史上曾有民事留置权与商事留置权之分。民事留置权起源于罗马法的恶意抗辩权，其核心内容为同一债务关系中两个对立债权的拒绝给付权，类似于现代法上的抵销抗辩权和同时履行抗辩权，是债权性权利，不具有物权的性质。而具有物权性质的商事留置权则源于中世纪意大利的商业习惯法。❶ 近现代各国民事立法中，有的借鉴了罗马法上的债权性留置权的传统，也有的受到了具有物权效力的商事留置权影响，因此在立法体例上形成了债权性留置权和物权性留置权两种不同的留置权制度。❷

（三）留置权的特征

1. 留置权的物权性

留置权的物权性，主要表现在留置权人对其所占有的债务人的特定财产能够排他地控制、支配上。物权所具有的标的物的特定性，权利性质与效力的支配性、绝对性、对世性、排他性等特质，留置权也均具备。

2. 留置权的担保物权性

留置权是基于债的关系而产生的，其目的在于为特定债权的受偿提供担保，因此属于担保物权。担保物权的通性，即从属性、不可分性、物上代位性、价值权性、优先受偿性等，留置权无不具备。最能体现留置权的担保物权性的，是留置权的留置效力与优先受偿效力。留置效力是留置权的第一位效力。基于此效力，留置权人可对抗债务人对标的物的返还请求权。债务人欲使留置权人返还其标的物，非首先清偿债务不可，此留置效力也具有同时履行抗辩权的性质。当债务人不履行债务超过一定期限时，留置权人有权变卖留置物，或以留置物折价以使自己与留置物有牵连关系的债权优先得到清偿，此为留置权的第二位效力。留置权的先留置后受偿的二次效力特点，是其与其他担保物权的重要区别，而且留置权的优先受偿效力强于抵押权和质权。

---

❶ 陈华彬：《物权法原理》，国家行政学院出版社 1998 年版，第 736 页。

❷ 邹海林、常敏：《债权担保的理论与实务》，社会科学文献出版社 2005 年版，第 310 页。

3. 留置权的法定性

留置权不但是一种担保物权，而且是一种法定的担保物权，即留置权的法定性。所谓留置权的法定性，是指当符合一定条件时，依法律的直接规定当然产生债权人的留置权，而无须当事人事先约定。留置权为法定担保物权，而抵押权、质权则是依当事人约定而产生的意定担保物权，此为其又一重要区别。《民法典》第449条规定："法律规定或者当事人约定不得留置的动产，不得留置。"除了留置权产生具有法定性外，留置权的内容、适用范围和效力等具有法定性。❶ 还应注意的是，依此条规定，当事人也可以通过约定排斥留置权的设立。

二、留置权的制度价值

（一）贯彻和实现公平原则

物权法之所以设立留置权制度，在于贯彻和实现民法中的公平与对等正义原则。因为债权人既占有债务人的财产，且其债权又与该财产存在牵连关系，如债权受清偿前允许债务人取回财产，则势必使债权人的债权难以甚至根本无法获得清偿，这对于债权人而言，明显不公平。为消除这种不公平状况，法律应赋予债权人于债权未受清偿前可留置债务人财产的权利，借以确保自己债权的清偿。债权人留置债务人财产后，如果债务人仍不清偿其债务，债权人可就留置物直接清偿，以满足自己的债权。只有如此，民法的公平与对等正义原则才能得到真正的贯彻和实行，而不至于沦为一纸空文。❷

（二）维护交易安全

留置权制度除具有维护公平原则的功能外，还具有维护交易安全，预防道德危机发生的功能。从理论来说，留置权可成立于各种类型的债权之上，但就现有法律规定来看，大多留置权是为担保劳务等合同债权而存在。在这些合同关系中，双方义务的履行具有一定的时间差。因此，债权人先期支出的成本，能否按期收回，尚不可预知。为确保债权人预期的实现，避免债权人承担"劳而不获"的风险，就必须有相应的措施来抑制债务人的道德危机。

---

❶ 王利明：《物权法论》（修订二版），中国政法大学出版社2008年版，第428-429页。

❷ ［日］林良平编辑：《注释民法（8）》，有斐阁1965年版，第21页。

为此，留置权制度通过赋予债权人留置权，使债务人承受某种压力，间接强制债务人尽快履行债务，这样就能切实保障债权人的债权不至落空，最终达到维护交易安全的目的。

（三）提高债权救济效率

留置权制度还具有降低债权人的追偿成本，提高债权救济效率的功能。通常，债权救济方法有两种：一是债权方法，即通过行使请求权，实现债权；二是物权方法，即通过担保物权优先受偿，从而实现债权。债权本质上是一种请求权，债权的实现有赖于债务人的债务履行行为。一旦债务人不履行其所负的债务，债权的实现就发生了困难。而债权人通过行使请求权追偿债权，往往成本较高。其一，如果债务人有意躲避，债权人寻找债务人要求偿还债务的搜寻成本是较高的；其二，依据请求权通过诉讼仲裁等程序追偿债权的成本也较高，如诉讼、仲裁费用的支出，裁决不能执行的成本等。因此，法律上设置留置权制度，债权人借助留置权，可以优先于其他债权人实现其债权，债权人债权受偿的效力大大增强，这样就可以有效地避免一些成本较多的解决债权纠纷的途径，使得债权的受偿更为简捷、直接。

第二节　留置权的成立条件

留置权成立的条件应分为积极条件和消极条件，国内外大多数学者也持此观点。所谓积极条件，是指具备该条件留置权才能成立的条件。而消极条件，是指留置权不成立所应具备的条件，符合了这些条件留置权则不能成立。

一、留置权成立的积极条件

由于留置权是法定担保物权，其产生不以当事人协商一致为条件，故不存在依法律行为而"设定"的问题，当符合法定条件时留置权当然产生，除非当事人约定排除。根据相关法律的规定，留置权的成立或取得须具备以下要件。

（一）债权人因合法原因占有债务人的动产

留置权是为担保债权而成立的，故其权利主体自然须为债权人。但并非任何债权人都可以享有留置权，只有债权人以合法的原因占有债务人的财产时，才有可能发生留置权。此一要件中应当注意以下几点。

第一，这里的占有，是指对物的实际控制，占有的样态不仅限于直接占有，间接占有也无不可。但单纯地持有不能成立留置权。例如，雇员占有商店的财物，为持有，不得以此迫使店主支付工资。债权人丧失对债务人所提供的财产的占有，便不能成立留置权，也无法行使留置权。因为留置权是为担保特定债权而存在的担保物权，其效力只能及于特定的物。如果留置权人丧失了对留置物的占有，该特定物便失去了特定性，混同于债务人的一般财产，其获得优先受偿的留置权随之消灭。

第二，须有合法原因，通常为基于特定合同关系而占有他人的财产。如因保管、运输、加工承揽合同，债权人自然应占有他人的保管物、托运物及待加工的原料和半成品等。非有此类基础合同关系的，留置权不能发生。有所例外的是，留置权也可能发生于非合同之债关系中。如无因管理人完成管理事务而其必要的支出未得到补偿时，可留置所管理的动产。例如，踢球逾界，破人门窗而造成损失，受害人在玻璃等损失未得赔偿前可留置入其室内的足球。但无合法缘由而扣留他人财物的，则为侵权行为，不仅不能受到法律的保护，还要承担相应的民事责任。

第三，标的物须为动产。关于留置物是否限于动产，各国立法规定不尽相同。我国《民法典》第447条将留置物明确限定于动产。因此，在我国，留置权的标的物限于动产，债权人因某种原因占有债务人的不动产的，可能产生其他权利（如法定抵押权或优先权），但不属于留置权。

第四，债权人占有的动产一般限于债务人本人所有的或有处分权的动产。对此，立法上与理论上的态度并非一致：有的立法上作此限定；有的不作限定，只须为他人之物即可；也有的认为，如果标的物非为债务人之动产而债权人不知情的，可以善意取得留置权，我国多数学者持此观点。❶ 在司法实务中，《民法典》第447条规定："债务人不履行到期债务，债权人可以留置已经合法占有的债务人的动产，并有权就该动产优先受偿。前款规定的债权人为留置权人，占有的动产为留置财产。"

---

❶ 王利明：《物权法论》（修订二版），中国政法大学出版社2008年版，第435页。

可见，债权人只要是因正常的业务活动而占有与其债权有牵连关系的他人之动产，即可产生留置权，而无须限定留置权人必须为不知情的"善意"债权人。例如，借人自行车而损坏，借用人送至修车铺修理，无论修车人是否知道送修人非为车的主人，于其修理费未获清偿前，当然要留置该车。

（二）债权人的债权与其所占有的动产属于同一法律关系

留置权是为担保特定债权的实现而依法产生的担保物权，其适用范围应有必要的限制。否则，若允许债权人任意留置债务人的与债权无关的任何财产，则必将导致法律关系和法律秩序的混乱。因此，各国立法一般都以留置物与所担保的债权间存在一定的牵连关系为留置权成立的必要条件。

但是，对于此种"牵连关系"如何界定，各国立法上的态度及理论上的观点却有较大的分歧，可大致分为两类：一种是债权与债权有牵连关系说。主张债权人占有的相对人的物上能否成立留置权，取决于债权人的债权与相对人的物之交付请求权之间是否存在牵连关系，唯两方的债权请求权产生于同一法律关系者，方为有关联关系。此说主要为采行债权性留置权制度的德国与法国民法所采用。另一种是债权与物之间有牵连关系说。主张债权与债权人占有的标的物之间有牵连关系时，才可成立留置权。瑞士、日本等国民法均采取这种主张。但在理论上，对于如何理解债权与占有标的物有牵连，又有包括直接关联与间接关联的"二元说"和占有物为债权发生原因的"一元说"；一元说中对于何为发生原因，又有直接原因说、间接原因说和社会标准说等不同的认识。我国《民法典》第 449 条规定："法律规定或者当事人约定不得留置的动产，不得留置。"依此规定，我国民法上留置权中的牵连关系应认为是债权和留置权标的物的占有取得之间的关联，即债和标的物的占有取得因同一合同关系而发生。《民法典》第 448 条规定："债权人留置的动产，应当与债权属于同一法律关系，但是企业之间留置的除外。"

所谓企业之间的留置权，属于商事留置权，因营业关系而占有的动产，及其因营业关系所生的债权，无论实际上是否属于同一法律关系，均可成立留置权。这主要是因为企业相互间的交易频繁，如果必须证明每次交易所发生的债权与所占有的标的物属于同一法律关系，不仅烦琐，而且有时困难，从加强商业信用、确保交易便捷和安全的立场出发，在企业之间的留置权领域，适当放宽些要求，具有积极的意义。❶

（三）债权已届清偿期

留置权系基于公平观念，于债务人未清偿其债务前，债权人有扣留债务人的动产而拒绝返还的权利。如债权未届清偿期，债权人尚无请求债务人清偿其债务的权利时即允许债权人留置债务人的动产，属于迫使债务人在清偿期前清偿债务，既不符合债的履行期的意义，也违反了留置权制度的立法目的。因此，留置权的发生不仅需要债权已经存在，而且必须已届清偿期。❷需要注意，债权人如受领迟延，则不得主张留置权，这是公平原则的要求。❸对此，《民法典》虽然未设明文，但应当作此解释。在债务人无支付能力时，即使债权未届清偿期，债权人也可主张留置权。该留置权叫作紧急留置权。所谓无支付能力，是指债务人的财产状况，包括信用能力，已经无力清偿债务的现象。于此场合，如果仍要求债权人必须于其债权已届清偿期才可主张留置权，则救济滞后，缺乏效率，债权人甚至遭受损害。❹有鉴于此，《民法典》第447条规定："债务人不履行到期债务，债权人可以留置已经合法占有的债务人的动产，并有权就该动产优先受偿。前款规定的债权人为留置权人，占有的动产为留置财产。"

《民法典》第527条规定："应当先履行债务的当事人，有确切证据证明对方有下列情形之一的，可以中止履行：（一）经营状况严重恶化；（二）转移财产、抽逃资金，以逃避债务；（三）丧失商业信誉；（四）有丧失或者可能丧失履行债务能力的其他情形。当事人没有确切证据中止履行的，应当承担违约责任。"

另外，于债务人无支付能力尤其是已受破产宣告时，债权人的债权即使

---

❶ 崔建远：《物权法》（第五版），中国人民大学出版社2021年版，第569页；谢在全：《民法物权论（下册）》（修订五版），中国政法大学出版社2011年版，第1070页。

❷ ［日］近江幸治：《担保物权法》，祝娅、王卫军、房兆融译，沈国明、李康民审校，法律出版社2000年版，第23页。

❸ 梁慧星、陈华彬：《物权法》（第七版），法律出版社2020年版，第395页。

❹ 王利明、尹飞、程啸：《中国物权法教程》，人民法院出版社2007年版，第540页。

未届清偿期，债权人也有留置权。

二、留置权成立的消极条件

《民法典》第449条规定："法律规定或者当事人约定不得留置的动产，不得留置。"表明留置权的成立还得有消极要件。留置权成立的消极要件，即阻止留置权成立的情形或因素。留置权成立的消极要件主要有以下几项。

（一）对标的物的占有不是基于侵权行为而取得

占有人的占有必须是合法占有，如基于债务人拒绝履行、不履行、不完全履行，或者履行不依照合同约定的债务，而不是基于违反合同约定而采取的欺诈、敲诈、胁迫、强制等侵权行为占有他人动产，以这种手段取得的占有和留置权不成立。

（二）标的物的留置不违背公共秩序及善良风俗

不违背公共秩序，简单来说就是不能因个人的行为侵犯他人的公共利益；善良风俗是指公认的社会生活规则。留置的标的物如违背公共秩序及善良风俗，留置权不能成立。如对债务人的工作证、居民身份证、运送中的尸体等均不能行使留置权。

（三）对标的物的留置不与债权人所承担的义务相抵触

债权人不得以行使留置权为由而排除或迟延自己应履行的义务，如承运人在运输途中不得以未付运费为由而留置货物，排除或迟延其将货物运到指定地点的义务。

（四）当事人事先没有约定排除留置

民法关于留置权的规定可以通过当事人约定排除留置权的适用。

第三节　留置权的效力

一、留置权的效力范围

（一）留置权所担保债权的范围

《民法典》第389条规定："担保物权的担保范围包括主债权及其利息、

违约金、损害赔偿金、保管担保财产和实现担保物权的费用。当事人另有约定的，按照其约定。"根据这些规定，留置权的担保债权范围包括主债权及其利息、违约金、损害赔偿金、保管担保财产和实现留置权的费用。但是当事人不能约定留置权所担保的债权的具体范围。同时，这些债权都必须与留置物属于同一法律关系。

（二）留置权标的物的范围

根据我国法律规定，留置物应为动产，此无疑议。但得被留置的财产并不限于动产本身，还应包括该动产的从物、孳息及其代位物。《民法典》第452条规定："留置权人有权收取留置财产的孳息。前款规定的孳息应当先充抵收取孳息的费用。"第390条规定："担保期间，担保财产毁损、灭失或者被征收等，担保物权人可以就获得的保险金、赔偿金或者补偿金等优先受偿。被担保债权的履行期限未届满的，也可以提存该保险金、赔偿金或者补偿金等。"

二、留置权人的权利与义务

（一）留置权人的权利

1. 留置占有物的权利

留置权本身即为债权人占有债务人的动产，于债权未受清偿前可留置的权利，因此，留置权人于债权未受清偿前，自有扣留标的物、拒绝予以返还的权利。《民法典》第447条第1款规定："债务人不履行到期债务，债权人可以留置已经合法占有的债务人的动产，并有权就该动产优先受偿。"第450条规定："留置财产为可分物的，留置财产的价值应当相当于债务的金额。"这是对留置权不可分性的限制。留置权人占有留置物的权利基于留置权为物权的本质，不仅可以对抗债务人，也可以对抗第三人，除非第三人享有的权利顺位在留置权之前。

2. 必要费用的求偿权

留置权人占有留置物，负有妥善保管的义务。留置权人因保管留置物所支出的必要费用，有权请求留置物的所有权人予以偿还。按照《民法典》第389条的规定，该项费用为留置权的效力所及，属于留置权担保的债权范围。

3. 收取留置物所生孳息的权利

我国法律承认留置权人收取留置物所生孳息的权利。《民法典》第412条规定："债务人不履行到期债务或者发生当事人约定的实现抵押权的情形，致使抵押财产被人民法院依法扣押的，自扣押之日起，抵押权人有权收取该抵押财产的天然孳息或者法定孳息，但是抵押权人未通知应当清偿法定孳息义务人的除外。前款规定的孳息应当先充抵收取孳息的费用。"

依其文义，应当解释为留置权人于其留置权成立之时即有权收取留置物的孳息，只不过不是无偿收取。《民法典》第452条的规定更为可取，因为留置权人占有留置物，收取孳息最为方便，最有效益。否则，不仅对债权人不利，对于财产被留置的债务人也没有好处。

4. 为保管的目的而使用留置物的权利

标的物在留置权人占有期间，留置权人负有谨慎保管的义务，并不当然对留置物享有使用权，因此仅在为有效地保管留置物的限度内，留置权人方可使用留置物。例如为防生锈而使用机械、电器。但经留置物所有人同意所为使用的，不在此限。我国现行法律虽然未设明文，但应为同样的解释。

5. 实行留置权并优先受偿的权利

当法定条件成就时，留置权人享有就留置物折价或以其变价价值优先受偿债权的权利。需要说明的是，债权已届清偿期只是留置权的成立条件，而非留置权的实行条件。留置权人要实际变卖或者以留置物折价使自己的债权得到清偿，各国法律上通常规定还须以债务人不履行债务超过一定期限或事先通知债务人为必要。《民法典》第453条规定："留置权人与债务人应当约定留置财产后的债务履行期限；没有约定或者约定不明确的，留置权人应当给债务人六十日以上履行债务的期限，但是鲜活易腐等不易保管的动产除外。债务人逾期未履行的，留置权人可以与债务人协议以留置财产折价，也可以就拍卖、变卖留置财产所得的价款优先受偿。留置财产折价或者变卖的，应当参照市场价格。"

6. 物上请求权

留置物被侵夺时，留置权人可依据《民法典》第462条的规定："占有的不动产或者动产被侵占的，占有人有权请求返还原物；对妨害占有的行为，占有人有权请求排除妨害或者消除危险；因侵占或者妨害造成损害的，占有人有权依法请求损害赔偿。占有人返还原物的请求权，自侵占发生之日起一年内未行使的，该请求权消灭。"

（二）留置权人的义务

1. 谨慎保管留置物的义务

留置权人负有妥善保管留置物的义务，因保管不善致使留置物毁损、灭失的，应当承担赔偿责任。《民法典》第451条和第431条都规定，质权人在质权存续期间，未经出质人同意，擅自使用、处分质押财产，造成出质人损害的，应当承担赔偿责任。所谓妥善保管，是指留置权人应根据留置物的性质、保管的场合及保管的技术规程要求，采取适当的保管措施，保持留置物的完好状态，保障其数量和质量。因留置权人保管不善造成留置物灭失、短少、损坏的，留置权人应依过错原则负赔偿责任；如果损害是由第三人的过错引起的，应由有过错的第三人承担责任；如果损害是因不可抗力引起的，由留置物所有人自己承担。

2. 不得擅自使用、出租或处分留置物的义务

《民法典》第431条规定："质权人在质权存续期间，未经出质人同意，擅自使用、处分质押财产，造成出质人损害的，应当承担赔偿责任。"

3. 返还留置物的义务

当留置权担保的债权因清偿而消灭，或者债务人另外提供了充分的担保而导致留置权消灭时，留置权人负有返还留置物的义务。

三、留置物所有权人的权利与义务

一般认为，在留置权法律关系中，留置物所有人也享有一定的权利，主要是：

一是损害赔偿请求权与留置物返还请求权。于留置权法律关系中，留置权人负有保管留置物与返还留置物的义务，当留置权人违反此项义务时，留置物所有人也就相应地享有留置物损害赔偿请求权与返还请求权。

二是就留置物为法律上处分的权利。债务人的动产，虽被债权人留置，但其对留置物的所有权并不因此而丧失。故于留置权存续中，作为留置物所

有人的债务人仍可将留置物的所有权让与他人。但由于留置权人仍占有标的物，且留置物所有人的处分行为不能损害到留置权人的权利，故该项权利通常仅有理论上的意义。

三是请求行使留置权的权利。在留置物的所有权人就是债务人的情况下，他可以请求留置权人在债务履行期届满后行使留置权；留置权人不行使的，他可以请求人民法院拍卖、变卖留置财产。

同时，留置物所有权人应承担返还保管费用和损害赔偿等义务。前者表现为留置权人因保管留置物而支付了必要费用的，留置物所有权人负有偿付该费用的义务。后者表现为留置物因隐有瑕疵而给留置权人造成损害的，留置物所有权人应当负责赔偿。该损害赔偿债权的发生与留置物属于同一法律关系，属于留置权所担保债权的范围。

四、留置权与动产抵押权、质权的竞存

《民法典》第 456 条规定："同一动产上已经设立抵押权或者质权，该动产又被留置的，留置权人优先受偿。"此外，《海商法》第 25 条规定："船舶优先权先于船舶留置权受偿，船舶抵押权后于船舶留置权受偿。前款所称船舶留置权，是指造船人、修船人在合同另一方未履行合同时，可以留置所占有的船舶，以保证造船费用或者修船费用得以偿还的权利。船舶留置权在造船人、修船人不再占有所造或者所修的船舶时消灭。"从这些条文来看，留置权一律优先的效力而不管留置权成立于动产抵押权、质权之前还是之后。

第四节 留置权的消灭

留置权的消灭原因，除出现符合担保物权消灭的事由，如标的物的灭失、被征收、物权的抛弃、被担保债权消灭、担保物权的实行等规定的情形外，还有下列几种。

一、另行提出担保

留置权的作用在于确保债权实现，债务人或第三人（留置物的所有权

人）若已另行提供了相应的担保，所起作用与留置权的相同，不仅对留置权人没有损害，而且可避免债务人或第三人（留置物的所有权人）因突然不能使用、收益其物所遭受的损失，法律应予允许。何况留置权的发生乃基于法律的直接规定，大多不是债务人或第三人（留置物的所有权人）的本意。《民法典》第 457 条规定：“留置权人对留置财产丧失占有或者留置权人接受债务人另行提供担保的，留置权消灭。”

所谓相应的担保，意指所提出的担保与留置物在价值额方面相当。是否相当，首先由留置权人认定，留置权人认为相当的，便以相当论处；若留置权人与提供担保者的意见相左，再按照客观的社会观念加以决定。所谓另行提供了担保，是指已经为担保债权人的债权设立了担保物权，或保证人已经与债权人签订了保证合同。❶

二、留置物占有的丧失

留置权以债权人对留置物的占有为成立与存续要件，因此，留置权因占有的丧失而消灭。所谓占有的丧失，是指丧失对于留置物事实上的管领力。占有丧失的原因可分为两种：其一是出于留置权人自己的意思，而将留置物返还其所有人。此种情况实际上等同于抛弃留置权，自然将导致留置权消灭。其二是非出于自己的意思，如占有被侵夺等。此种情况下留置权是否归于消灭，有肯定说与否定说两种见解，否定说为通说。因为占有虽然丧失，但如能依占有保护的规定请求返还占有物时，则仅属暂时而非确定的丧失占有，故在得请求返还留置物之前，留置权自不消灭。《民法典》第 462 条规定：“占有的不动产或者动产被侵占的，占有人有权请求返还原物；对妨害占有的行为，占有人有权请求排除妨害或者消除危险；因侵占或者妨害造成损害的，占有人有权依法请求损害赔偿。占有人返还原物的请求权，自侵占发生之日起一年内未行使的，该请求权消灭。”

三、债权清偿期的延缓

留置权的实行，以债权已届清偿期而未受清偿为要件，因此债权人若嗣

---

❶　梁慧星、陈华彬：《物权法》（第七版），法律出版社 2020 年版，第 399 页。

后同意延缓债权的清偿期时，不能再认为债务已届期而未履行，因而也就欠缺了留置权的成立要件，原已发生的留置权应归于消灭。但其后债务人于延缓期届满时仍未履行其义务的，若符合留置权发生的其他条件，则可再行成立留置权。[1] 债权人也不妨于同意延期清偿的同时，与债务人协议以原留置物设定质权。

---

[1] 郭明瑞、唐广良、房绍坤：《民商法原理（二）》，中国人民大学出版社 1999 年版，第 371 页。

第 五 编

占　有

第十九章

占 有

第一节 占有概述

一、占有的概念与特征

(一) 占有的概念

关于占有的概念，有权利和事实之说。但我国通说认为，占有是指占有人对物有管领力的事实。即占有人对于物事实上的实际控制与支配。在占有法律关系中，主体为管领物的人，即占有人，客体为被管领的物，即占有物。占有可因享有所有权、他物权、债权或者其他权利而发生，也可因某种缺乏权利依据的行为以及单纯的自然事实而发生。占有保护为大陆法系国家均已设立的一项物权法上的制度。在英美法上，虽然没有成文的占有制度，但对于占有也给予保护。在普通法上，常将占有区分为实体占有、实际占有、事实占有、有权占有、合法占有、推定占有。英美法上并没有形成一套像大陆法系那样系统完整的占有制度。

现代各国民法典上的占有制度，一般认为在历史上有两处渊源：一是罗马法上的占有制度；二是日耳曼法上的占有制度。现代占有制度兼具上述两种制度的某些特征。在罗马法上，仅可对物为事实支配的占有与可对物为全面支配的所有权是分离的，且皆受法律的保护。即使占有人对物的占有并没有合法权利的支持，法律也出于维护社会和平与法律秩序的目的而给予保护。占有人保护其占有的法律手段为占有诉权，罗马法上的占有就是以占有诉权为中心而构筑的制度。与罗马法将占有作为一种事实而予以承认与保护不同，日耳曼法上的占有虽然从总体上来说也是一种对于物的事实支配状态，但并非仅是一种单纯的事实，而是对物的支配权的一种表现，占有具有"权利的外衣"的性质。此时的占有，乃是因其与法律上的权利相互联系，法律为保护其背后的权利而将其作为权利的外在表现而一并保护的。

（二）占有的特征

1. 占有以物为客体

作为一种事实状态的占有，反映的是一种人对物的管领、控制关系，其客体与物权法上各种物权的客体并无不同，皆为物；客体的范围也与物权的客体范围基本一致，包括动产和不动产。只是作为占有客体的物，并不以独立物为限，物的一部分或构成部分亦可成为占有的客体，如将房屋之墙壁出租于他人供作广告之用。可见，占有并不受物权法一物一权主义的限制。当然，物的一部分或构成部分必须有事实上管领的可能时，才能成为占有的客体。❶

2. 占有人须对物有事实上的管领力

占有属于人对物的关系，这种关系表现为人对物的事实上的控制与支配。所谓控制，是指物处于占有人的管理或影响之下；所谓支配，是指占有人能够对物加以一定的利用。通常对于动产的占有表现为控制，而对不动产的占有表现为支配。某人的控制与支配力能否及于某物，应依社会一般观念，并结合空间关系、时间关系以及法律关系确定。所谓空间关系，是指人与物在空间上有一定的足以使他人认识的结合关系。占有不以对物有物理上的直接控制与支配为必要，依社会一般观念，只要某物并未脱离某人的控制与支配力，即认为该人与该物有事实上的结合关系。所谓时间关系，是指人与物的关系在时间上须有一定的继续性，使他人足以认为该物为该人事实上所控制与支配。短暂的控制因不能建立确定的支配关系，不能成立占有。所谓法律关系，是指当人与物有某种法律关系存在时，即使没有空间或时间上的结合关系，仍可有占有的成立，如通过占有辅助人的占有以及间接占有，为其适例。❷

---

❶ 郭明瑞、唐广良、房绍坤：《民商法原理（二）》，中国人民大学出版社 1999 年版，第 387 页。

❷ 王泽鉴：《民法物权》（第二版），北京大学出版社 2010 年版，第 374-376 页；梁慧星、陈华彬：《物权法》（第七版），法律出版社 2020 年版，第 404 页。

3. 占有是一种为法律所保护的事实

自罗马法始，占有是一种权利还是一种事实，一直存有争议。如前所述，罗马法基本上认为其是一种事实，不管占有人是真正的权利人还是盗贼等非法占有人，法律出于维护社会的和平与秩序等公共利益的目的而皆对其予以保护。而日耳曼法上则以占有为"权利的外衣"而认为其是一种物权。❶ 现代民法对此也有争论，有人认为占有是一种权利，理由是：从法理上讲，权利就是利益加法力，占有本身无疑是存在利益的，而这种利益又得到了法律的承认与保护。更多的人则认为，占有是一种事实，法律上占有制度的确立，旨在保护对物的事实支配状态，而不问占有人是否具有法律上的正当权利。从另一方面讲，将占有定为一种事实而非权利，也有助于对占有人的保护。因为占有人不必为其具有权利而举证，而仅仅基于其占有的事实即可要求保护。从近现代各国立法来看，两种观念皆有所反映。例如，《法国民法典》（1804 年）、《日本民法典》（1898 年）、《韩国民法典》（1958 年）均认为占有为权利；《德国民法典》中的占有，系两种观念的混合；《瑞士民法典》（1907 年）则将占有作为一种单纯的事实。我国的物权法虽没有明确占有的法律性质，但目前学界通说和司法实务界均认为占有是一种能发生一定法律效果的事实。我国也有学者认为，占有是对于物可以支配并排除他人干涉的法律之力。本书也认为占有为一种法律事实。

二、占有的制度价值

(一) 有利于稳定现实占有关系，维护社会经济秩序

这一功能是通过占有保护请求权（占有诉权）的行使实现的。占有制度不必按照物权制度那样，在查明其权利状态的基础上才能予以保护，而是直接基于占有本身即给予保护，这不仅使得无权占有人的占有得到了一定的保护，避免了对物之占有的任意侵夺，而且使有权占有人得以选择行使占有保护请求权与物权请求权，在其选择前者时也能在承担较轻的举证责任的情况下受到保护，从而体现经济、效率的原则。在商品交易中，商品的占有人就一般而论即被视为有权处分商品之人，而据此处分而取得商品之人，只要没

---

❶ 王泽鉴：《民法物权》（第二版），北京大学出版社 2010 年版，第 368-370 页。

有恶意，便可受到占有制度的保护，而不必担心交易的标的物受到追夺。这显然十分有利于现实占有关系的稳定与维护社会经济秩序。

（二）有助于协调各方当事人的权益，维护社会的正义与和谐

占有人对占有物的孳息收取权与对权利人的费用偿还请求权的规定，主要为了保护占有人的个人利益。我国物权法将占有区分为善意和恶意，并规定了善意占有人与恶意占有人不同的权利义务，体现了对占有人与本权人之间，乃至个人与社会之间的利益平衡。按照物权法规定的占有制度，善意占有人的合法权益受法律保护，从而站在公正的立场对占有人与本权人的利益加以协调，公平地解决本权人与善意占有人的纷争，这显然有利于树立与发扬公平和诚实信用的观念，维护社会的正义与和谐。

（三）有助于完善物权法自身体系

占有制度是物权法中许多制度及其规则建立的基础。如作为动产公示方法的占有与占有的转移、占有改定、指示交付、善意取得制度、取得时效制度、无主物的先占制度及善意占有与恶意占有在诸多情况下的效果之差异等，均以占有为其制度设计的基础。如果没有占有的一般规定，物权法中的诸多制度均须重复规定何为占有及对占有状态的要求，物权法体系的严谨性、科学性就无从谈起，立法的成本也会大大提高。

三、占有的分类

（一）有权占有与无权占有

这是以占有是否有真正的权利基础而做的分类。有权占有，又称为合法占有、有权源占有或正权源占有，是指基于法律行为或法律的直接规定等合法原因或根据取得的占有。该法律上的原因或根据，学说上称为权源或本权。作为有权占有的权源（本权），可以是所有权，也可以是具有占有权能的他物权，如地上权、典权、质权、留置权，还可以是某些债权或人身权，如承租权、借用权、保管权，以及父母基于亲权对未成年子女财产的占有。

无权占有，又称为非法占有、无权源占有，是指非依合法原因而取得的占有，即无本权的占有。例如，拾得人对遗失物的占有，盗贼对于赃物的占

有，都属于无权占有。

区分有权占有与无权占有的意义在于对两种占有给予不同的法律保护：有权占有除受占有制度的保护外，还受其他法律制度如所有权制度、他物权制度及某些债权制度、人身权制度等的保护；而无权占有则只能根据占有事实及状态受占有制度的适当保护。

（二）直接占有与间接占有

这是以占有人是否直接占有标的物为标准而做的分类。直接、现实地占有、控制标的物的，为直接占有。不直接占有标的物，但对于标的物的直接占有人有返还请求权因而间接对该物有管领力的，称为间接占有。❶ 如质权人、承租人、保管人等，皆为直接占有人；而出质人、出租人、寄托人等，则为间接占有人。德国、瑞士民法所确立的间接占有，对罗马法的占有进行了彻底的变革，其之所以确立间接占有这一制度，是基于该制度具有的两项功能：一是使占有的规定原则上适用于间接占有，尤其是在取得时效与占有保护请求权方面；二是使动产的交付得以指示交付、占有改定的方式为之，便利了物的交易与流转。但不容否认的是，间接占有在本质上是权利而非事实，这就为占有是事实还是权利提供了争议的依据。

区分两者的意义在于，直接占有可以独立存在，而间接占有不能独立存在，间接占有人与直接占有人之间必须存在一定的法律关系。也有人认为间接占有严格地说并非真正的占有，只是在法律上被视为占有并加以保护，而法律关于占有保护的规定有时仅限于直接占有人。

（三）自主占有与他主占有

这是以占有人是否以所有意思进行占有而做的分类。自主占有是指以所有的意思对物进行的占有。所谓所有的意思，是指无须为依法律行为取得所有权意思表示的意思，凡事实上对于物具有与所有人为同样管领的意思者即可。他主占有是指非以所有的意思对物进行的占有，如承租人对租赁物的占有，典权人对于典物的占有，质权人对质物的占有。自主占有和他主占有可互相转化。但由他主占有转化为自主占有一般只能依下列两种方式进行：一

---

❶ 王利明：《物权法研究（上卷）》（第四版），中国人民大学出版社 2016 年版，第 1475-1476 页。

是他主占有人取得自主占有的新权源；二是他主占有人向让自己为占有的人表示占有意思的变更。

区分自主占有与他主占有的意义在于：作为取得所有权的时效要件的占有和先占要件的占有，应当是自主占有；他主占有人因可归责于自己的事由致占有物毁损灭失时，对返还原物请求人须负损害赔偿的责任，自主占有人通常不会负此种责任。

（四）善意占有与恶意占有

这是以无权占有人的主观状态为标准所做的分类，是对无权占有的再分类。善意占有是指占有人不知或不应知道自己无占有的权利而为的占有，恶意占有是指占有人明知无占有的权利或对有无占有的权利有怀疑而仍然进行的占有。在善意占有中，根据占有人就其善意占有有无过失为标准，还可以再分为过失占有与无过失占有。但严格来说，只有不知自己无占有的权利且无重大过失者，方构成善意占有。

区别善意占有与恶意占有在物权法诸多制度设计上有重大的意义，如在时效取得中，善意占有与恶意占有的时效期间不同；动产的善意取得以善意占有为要件；占有人对于占有回复请求权人的权利义务因占有的善意与恶意而有所不同等。

第二节　占有的取得与消灭

一、占有的取得

占有的取得也称为占有的发生，是指占有人依照某种事实或原因对物产生事实上的支配与控制的行为。与所有权取得类似，占有的取得也分为原始取得和继受取得。

（一）占有的原始取得

占有的原始取得是指不以他人既存的占有为根据而取得的占有，如无主物的先占、遗失物的拾得、抢夺物的占有。它不以占有人的意思表示为要素，因此是事实行为而非法律行为，不要求占有人取得占有时具有民事行为能力。

占有原始取得的标的物，既包括动产，也包括不动产；占有取得人可亲自占有，也可由其辅助人占有；占有既可以是有权占有，也可以是无权占有；占有既可以是善意占有，也可以是恶意占有。应注意的是，取得占有，未必能取得物的所有权。因为占有纯粹作为一种事实状态，其与事后占有人是否因此取得该占有物的所有权并无必然联系。占有人能否取得标的物的所有权，应依法律的规定而确定。

（二）占有的继受取得

占有的继受取得是指基于他人的占有而取得的占有。占有虽然是一种事实，但现代各国民法均承认占有具有转移性，可以继受而取得。占有的继受取得，主要有让与和继承两种原因。

1. 占有的让与

占有的让与是指占有人以法律行为将其占有物交付于他人，受让人因此而取得占有。占有的让与须具备两个条件：①占有人须有让与占有的意思表示。非依占有人的意思发生的占有转移，如物之窃取，可能发生占有的原始取得而绝不可能发生占有的继受取得。②须交付占有物。只有物的交付才能使受让人得以对标的物形成事实上的管领，这是后一占有成立的必要条件。与所有权的转移不同的是，对于不动产的占有的让与，也须有交付才能成立。至于占有物交付的方法，一般认为既可以是现实交付，也可以是简易交付、占有改定、指示交付等。

2. 占有的继承

占有能否因继承而取得，有不同的主张。否定说认为占有是一种事实而非权利，占有人死亡，其占有的意思随之不复存在，其对物的管领也当然消灭，所以无继承性可言。而肯定说认为占有虽只是一种事实，但其有法律上的利益且不具人身专属性，故可以继承。现代各国民法多采用肯定说。对于占有转移至继承人的时间，有的认为根据占有构成的要件，只有继承人对物获得事实上的管领力，占有的继承才能发生效力。但通说认为，占有从继承开始时即发生效力，不要求继承人知悉继承事实的发生，也不要求继承人事实上已管领其物或存在交付行为，更不需要作出继承的意思表示。可见占有的继承完全系出于法律之拟制，与占有的让与通常须占有人对于占有物具有

事实上的管领力显有不同。❶

二、占有的消灭

(一) 直接占有的消灭

1. 丧失对于物的事实上的控制力

如前所述，占有是民事主体对物实际支配、控制的事实，如果其对物事实上的支配力与控制力已不复存在，占有便归于消灭。其情形主要有：一是由于占有人的意思而丧失其控制力。例如，把动产交付于买受人，配偶一方因分居而离开同居的房屋，抛弃占有物。使占有丧失的意思，不是法律行为上的意思表示，而是自然意思，不以占有人具有行为能力为必要。二是非由于占有人的意思而丧失其控制力，如物被盗或遗失。❷

2. 占有物的灭失

占有物的灭失，如占有物的毁灭、消耗或添附，显然是占有消灭的原因。

(二) 间接占有的消灭

间接占有的要件，失去其一时，间接占有即告消灭。其主要情形如下。

1. 直接占有人丧失占有

直接占有人丧失占有，间接占有无所附属，应归消灭。占有的丧失是否基于直接占有人的意思，在所不问。在基于直接占有人的意思而丧失占有的场合，间接占有人同意与否，亦非所问。

2. 直接占有人表示不承认间接占有

直接占有人对间接占有人表示不承认其间接占有的地位，亦为间接占有消灭的原因。例如，甲把签字笔出借与乙，乙对该签字笔的占有为他主占有，若乙对甲表示该签字笔原本属于自己，则自乙作出该意思表示时起，甲的间接占有归于消灭。

3. 返还请求权消灭

间接占有是基于一定的法律关系而成立的，对事实上占有其物之人有返

---

❶ 谢在全：《民法物权论（下册）》（修订五版），中国政法大学出版社 2011 年版，第 1169–1173 页。

❷ 王泽鉴：《民法物权》（第二版），北京大学出版社 2010 年版，第 407 页。

还请求权。此项返还请求权一旦因时间经过、解除条件成就等而不复存在时，间接占有即归消灭。

第三节　占有的效力

占有效力的规定主要体现了对占有人的保护，同时兼顾了真正的权利人乃至社会整体的利益。

一、占有的推定效力

（一）占有的状态推定效力

占有的状态推定效力，是指法律为了更好地保护占有人的利益，实现占有制度设立的宗旨，而作出的在无相反证明的情况下，推定占有人的占有为无瑕疵占有的规定。也就是说，在非有他人举出有力的反证证明时，法律上推定占有人的占有为自主、善意、和平、公开占有；占有人主张继续占有的，只须证明前后两端有占有，即可推定其间为无间断的继续占有的状态对取得时效有直接而重大的影响。各国民法均规定，占有人须以所有的意思，善意、和平、公然并继续占有达一定期间，才能因时效取得物的所有权。而占有人的占有为自主或他主、善意或恶意，依其内心意思而定，难以举证，而占有的公开或隐秘、和平或强暴、继续或间断有时也难以确定，所以为了加强对占有人的保护，消除占有人的举证困难，一般各国法律都设立了上述推定规则。

占有状态的推定既然为推定，当然可以反证推翻，并且只有在有反证时才能被推翻。至于举证责任，则应由意图推翻无瑕疵占有的推定者承担。

（二）占有的权利推定效力

1. 权利推定的意义

权利推定是指占有人在占有物上行使的权利，推定为占有人适法享有的权利。至于占有人是否真正有此权利，在第三人举证破除法律所作推定前在所不问。

罗马法将占有与所有权或其他本权截然区别开来，对于占有不承认有权利推定的效力。日耳曼法以占有为表现权利之基础的形式，而承认占有具有权利推定的效力。现代民法中，占有是权利变动的要件，是权利的外观，占有存在时，通常均有实质或真实的权利为其基础，基于这种盖然性而赋予占有以权利推定的效力，体现了占有制度维护社会和平秩序、促进交易安全、贯彻经济效益原则的价值取向。❶

2. 权利推定的范围

第一，从占有方面看，权利推定适用于一切占有。第二，从权利方面看，推定可适用一切由占有而表现出来的权利，不限于物权。自主占有的，推定占有人享有所有权；他主占有的，推定占有人享有他物权；以承租人或借用人的意思为占有的，推定占有人有租赁权或使用权。第三，从占有的阶段方面看，推定既适用于现在的占有，也适用于过去的占有。如物的现在占有人在诉讼中如有必要可引用其前手的占有。第四，从占有客体方面看，推定效力原则上只限于动产而发生。因为不动产物权的公示方法为登记，登记的效力自然要强于占有的推定。当然，在尚未办理不动产登记的区域，对不动产的占有亦有推定效力。

3. 权利推定的效力

第一，占有人于占有物上行使的权利，为依占有所可能表现的一切权利，不限于物权，也包括债权。例如，占有人于占有物上行使所有权时，推定其有所有权，于占有物上行使租赁权或借用权时，也推定其有该权利。但是，不以占有为内容的权利，如抵押权等，不在推定之列。第二，受权利推定的占有人不负有权占有的举证责任。但当他人提出反证证明其无占有的权利时，占有人方才负有推翻反证的举证责任。第三，权利的推定效力，不仅占有人可以主张，第三人也可以主张。例如，债权人对于债务人占有的动产，可主张该动产为债务人所有。第四，受权利推定的人，包括一切占有人，无论占有人的占有是否存在瑕疵。第五，权利的推定，一方面可以是为占有人的利益而为推定，另一方面也可以是为占有人的不利益而为推定。例如，推定占有人为所有人，则物上的负担也应推定由占有人承担。第六，权利的推定一般仅具有消极的效力，占有人不得利用此项推定作为享有权利的证明。例如，

---

❶ 梁慧星、陈华彬：《物权法》（第七版），法律出版社 2020 年版，第 416-417 页。

占有人不得利用权利的推定，申请权利登记。第七，权利的推定适用于动产和没有登记的不动产，已登记的不动产，则不发生权利推定问题。❶

二、占有人的权利与义务

占有人的权利与义务包括有权占有人的权利义务和无权占有人的权利义务。有权占有人通常可依其权利而不必借助占有进行自我保护，所以这里只讲无权占有人的权利义务。无权占有人的权利义务主要发生在两个方面：一是无权占有人基于占有物而发生的权利义务；二是无权占有人对于真正权利人的权利义务。具体说来，有如下几项。

（一）占有物的使用、收益权

占有人对占有物的使用、收益权，通常限于善意占有人享有，恶意占有人不能享有此项权利。善意占有人依其误信享有权利的内容，可对占有物进行使用。在返还原物时，善意占有人没有支付使用对价的义务。

善意占有人对占有物是否享有收益之权呢？在大陆法系国家或地区有以下两种立法例：一是无条件地承认善意占有人依其误信享有权利的内容而享有收益权。法国、瑞士和日本等国的民法采此立法例。二是有条件地承认善意占有人依其误信享有权利的内容而享有收益权，即善意占有人享有收益权是以其有偿取得占有为条件，如果善意占有人是无偿取得占有的，应依不当得利向物的权利人返还其所取得的利益。德国、意大利等国的民法采此立法例。

（二）费用求偿权

现代民法中的费用求偿权，是指在权利人请求返还占有物时，占有人享有的请求其偿还有关费用的权利。有关费用一般分为必要费用与有益费用两种。必要费用是为保持占有物的效用和价值，避免占有物的毁损灭失而支出的费用，如占有物的维修费、饲养费等；有益费用是指能使占有物增加价值的费用，如对占有物进行加工、改良所耗之费用等。对于善意占有人和恶意占有人，其有权要求偿还的费用范围是不同的。

---

❶ 郭明瑞、唐广良、房绍坤：《民商法原理（二）》，中国人民大学出版社 1999 年版，第 401 页。

善意占有人对占有物所支出的必要费用和有益费用，都有权要求权利人偿还。但有两点需要注意：一是若占有人已在占有期间就占有物取得孳息，则不再享有必要费用的求偿权。因为依通常情形，为保存物的效用和价值所支出的费用与从物上取得的收益大体相当，且在人们的一般观念中，取得收益应负担其必需的费用。因此，法律上通常规定，占有人已就占有物取得收益的，不应再请求返还必要费用，而无论其支出的必要费用与其取得的收益在价值上是否实际相当。恶意占有人仅对其支出的必要费用享有费用求偿权，而对有益费用则不享有费用求偿权。对于必要费用的求偿，得按照无因管理的规定请求返还，即以有利于本人且不违反本人可以推知的意思而支出的必要费用为限。我国《民法典》规定对于善意占有人，只能向权利人请求必要费用，而不能请求有益费用；对于恶意占有人，则不能向权利人请求支付任何费用。

（三）返还占有物、孳息及其代位物的义务

《民法典》第 460 条规定："不动产或者动产被占有人占有的，权利人可以请求返还原物及其孳息；但是，应当支付善意占有人因维护该不动产或者动产支出的必要费用。"由此可以看出，无论是善意占有人还是恶意占有人，对于真正的权利人皆有返还占有物及其孳息的义务。《民法典》第 461 条规定："占有的不动产或者动产毁损、灭失，该不动产或者动产的权利人请求赔偿的，占有人应当将因毁损、灭失取得的保险金、赔偿金或者补偿金等返还给权利人；权利人的损害未得到足够弥补的，恶意占有人还应当赔偿损失。"对于善意占有人来说，除返还占有物、孳息外，还应将因毁损、灭失取得的保险金、赔偿金或者补偿金等而产生的代位物返还给权利人。恶意占有人除返还上述财产外，还应当赔偿损失。

（四）占有物毁损灭失的责任

善意占有人对于占有物毁损、灭失时，是否应承担损害赔偿责任，主要有两种立法例：一是无损害赔偿责任。如《瑞士民法典》第 938 条就有此规定。二是当善意占有人因可归责于自己的原因而使占有物毁损或灭失的，仅于因毁损灭失所受到的利益为限负赔偿责任。如《日本民法典》第 191 条就有此规定。

第四节　占有的保护

既然法律对占有这一具有利益性质的事实状态予以承认，也就必然要规定对其的保护手段。

一、占有人的自力救济权

自力救济又称为私力救济，是指权利受到妨害或侵害时，权利人以自己的强制力排除妨害，确保其权利得以实现的行为。对于占有人的自力救济权的态度，各国立法并不一致，法国和日本的民法典对此未作规定，而德国和瑞士的民法典则明文规定了占有人的自力救济权。学界一般认为，现代社会虽然以公力救济为权利救济的主要手段，但当权利人的权利受到他人侵害来不及寻求国家有关机关的帮助，且权利如不马上进行保护，日后将不能实现或实现显然有困难时，法律应允许权利人以自力实行救济。

占有虽不是权利，但此原则也得以适用。法律上设立自力救济制度的意义在于，在不破坏社会安定秩序的前提下，在一定范围内赋予权利人以自力救济权作为公力救济的补充，既有利于民事主体权利的充分保护，也有利于节约社会公共资源和解决纷争的成本。

占有人于其占有被侵害时的自力救济权，主要包括以下两种。

其一，自力防御权。又称为占有防御权，是指占有人对侵夺或妨害其占有的行为，可以自己的力量防卫的权利。是否构成侵夺或妨害，应以客观情形判断，并不要求侵害人具有过错。占有人行使自力防御权，应当具备三个条件：一是只有直接占有人或辅助占有人才能行使此项权利。因为法律赋予占有人此项权利是为了确保占有人对占有物的事实管领，而间接占有人无对物的事实管领，自然也无自力防御的问题。二是必须针对现存的侵夺或妨害行为而行使，对已过去的侵夺或妨害行为不得行使。赋予占有人自力救济是为了保护既已存在的对物事实上的管领，以维护社会的和平与安定，如对占有的侵害已经过去，即在旧的和平与安定已被破坏，而新的秩序已经形成的情况下，再允许原占有人实施自力救济，只会徒增社会纷争与暴力而违背了设立自力救济制度的初衷。三是恶意及其他有瑕疵占有的占有人，如其占有为侵夺原占有人的占有而来，对于原占有人或其辅助人的就地或追踪取回，不得行使自力防御权。因为此时原占有人或辅助人的就地或追踪取回，也是自力防御权的行使，两个自力防御权相比较，显然第一个更值得保护。

其二，自力取回权。又称为占有物取回权，是指占有人在占有物被侵夺后，有权立即以自力取回占有物而恢复占有的权利，其性质属于自助行为的一种。对于自力取回权，除应注意须由占有人或其辅助人针对侵夺行为行使外，还要注意行使的时间限制。通常情况下，被侵夺的占有物如为不动产，占有人应在被侵夺后即时排除；被侵夺的物如为动产，占有人可就地或即时追踪向加害人取回。所谓即时，是指侵害正在进行且未完成，对此应根据具体情况判断；所谓就地，是指占有物受侵夺时仍处于占有人事实上支配能及的空间范围；所谓追踪，是指加害人虽已离开占有人事实上支配能及的范围，但仍在占有人跟踪追索之中。占有人在防御侵害或者取回占有物时，可以使用一定的强力，但不得采用当时情形并非必要的暴力。

二、占有保护请求权

占有保护请求权又称为占有人的物上请求权，是指占有人在其占有被侵夺或妨害时，请求侵害人返还占有物，或者防止及除去妨害的请求权。占有人有无占有的权利，以及侵害人对占有物是否享有权利，均在所不问，侵害人对于侵害是否具有过失也并非占有保护请求权成立的要件。占有保护请求权与所有人的物权请求权作为对不同权益予以保护的两种制度，既有严格的区别，又可以协同发挥权益保护的效力。无权占有人，仅可依占有保护请求权获得一定的保护，而合法占有人则可根据条件而选择行使两种请求权中的任何一种。就举证责任而言，主张占有保护请求权较为有利（尤其在占有人难以举证证明其占有之本权的情况下），但若想获得终局、确定性的保护，则应主张选择所有权请求权。

占有保护请求权包括三种：占有物返还请求权（又称回复占有请求权）、占有妨害除去请求权（又称占有妨害排除请求权）和占有妨害防止请求权（又称占有妨害预防请求权）。其适用的情形与条件，与物权请求权的相应情形大致相同。❶ 值得注意的是，占有保护请求权可因一定期间内不行使而消灭，此期间各国立法一般规定为一年。关于此期间的性质，通说认为属于除斥期间。基于此，我国《民法典》第 462 条规定："占有的不动产或者动产被侵占的，占有人有权请求返还原物；对妨害占有的行为，占有人有权请求排除妨害或者消除危险；因侵占或者妨害造成损害的，占有人有权依法请求损害赔偿。占有人返还原物的请求权，自侵占发生之日起一年内未行使的，该请求权消灭。"

---

❶ 郭明瑞、唐广良、房绍坤：《民商法原理（二）》，中国人民大学出版社 1999 年版，第 407-410 页。

主要参考文献

[1] 鲍尔, 施蒂尔纳. 德国物权法: 上册 [M]. 张双根, 译. 北京: 法律出版社, 2004.

[2] 鲍尔, 施蒂尔纳. 德国物权法: 下册 [M]. 申卫星, 王洪亮, 译. 北京: 法律出版社, 2006.

[3] 陈朝壁. 罗马法原理 [M]. 北京: 法律出版社, 2006.

[4] 陈华彬. 建筑物区分所有权法 [M]. 北京: 法律出版社, 2018.

[5] 陈华彬. 物权法研究 [M]. 北京: 法律出版社, 2009.

[6] 陈华彬. 物权法原理 [M]. 北京: 国家行政学院出版社, 1998.

[7] 陈小君, 等. 农村土地法律制度研究 [M]. 北京: 中国政法大学出版社, 2004.

[8] 程啸. 物权法·担保物权 [M]. 北京: 中国法制出版社, 2005.

[9] 崔建远. 物权法 [M]. 5版. 北京: 中国人民大学出版社, 2021.

[10] 崔建远. 准物权研究 [M]. 北京: 法律出版社, 2003.

[11] 崔建远. 我国物权立法难点问题研究 [M]. 北京: 清华大学出版社, 2005.

[12] 房绍坤. 用益物权基本问题研究 [M]. 北京: 北京大学出版社, 2006.

[13] 高富平. 物权法专论 [M]. 北京: 北京大学出版社, 2007.

[14] 广中俊雄. 物权法 [M]. 东京: 青林书院, 1989.

[15] 郭明瑞, 杨立新. 担保法新论 [M]. 长春: 吉林人民出版社, 1996.

[16] 郭明瑞. 担保法原理与实务 [M]. 北京: 中国方正出版社, 1995.

[17] 胡开忠. 权利质权制度研究 [M]. 北京: 中国政法大学出版社, 2004.

[18] 胡康生. 中华人民共和国物权法释义 [M]. 北京: 法律出版社, 2007.

[19] 黄松有. 中华人民共和国物权法条文理解与适用 [M]. 北京: 人民法院出版社, 2007.

[20] 江平. 中国物权法教程 [M]. 北京: 知识产权出版社, 2007.

[21] 近江幸治. 担保物权法 [M]. 祝娅, 王卫军, 房兆融, 译. 沈国明, 李康民,

审校. 北京：法律出版社，2000.

[22] 拉伦茨. 德国民法通论：上册、下册 [M]. 王晓晔，邵建东，程建英，等译. 北京：法律出版社，2003.

[23] 李昊，常鹏翱，叶金强，等. 不动产登记程序的制度建构 [M]. 北京：北京大学出版社，2005.

[24] 李新天.《物权法》条文释义与精解 [M]. 大连：东北财经大学出版社，2007.

[25] 梁慧星，陈华彬. 物权法 [M]. 7 版. 北京：法律出版社，2020.

[26] 梁慧星. 中国物权法草案建议稿：条文、说明、理由与参考立法例 [M]. 北京：社会科学文献出版社，2000.

[27] 梁慧星. 中国物权法研究：上册、下册 [M]. 北京：法律出版社，1998.

[28] 铃木禄弥. 物权的变动与对抗 [M]. 渠涛，译. 北京：社会科学文献出版社，1999.

[29] 铃木禄弥. 物权法讲义 [M]. 东京：创文社，1994.

[30] 刘得宽. 民法诸问题与新展望 [M]. 台北：三民书局，1980.

[31] 马俊驹，余延满. 民法原论 [M]. 4 版. 北京：法律出版社，2010.

[32] 倪江表. 民法物权论 [M]. 台北：正中书局，1981.

[33] 彭万林. 民法学 [M]. 8 版. 北京：中国政法大学出版社，2018.

[34] 全国人大常委会法制工作委员会民法室. 中华人民共和国物权法条文说明、立法理由及相关规定 [M]. 2 版. 北京：北京大学出版社，2017.

[35] 全国人民代表大会常务委员会法制工作委员会民法室. 物权法及其相关规定对照手册 [M]. 北京：法律出版社，2007.

[36] 全国人民代表大会常务委员会法制工作委员会民法室. 物权法立法背景与观点全集 [M]. 北京：法律出版社，2007.

[37] 申卫星. 物权法原理 [M]. 北京：中国人民大学出版社，2008.

[38] 施瓦布. 民法导论 [M]. 郑冲，译. 北京：法律出版社，2006.

[39] 史尚宽. 物权法论 [M]. 北京：中国政法大学出版社，2000.

[40] 史尚宽. 物权法论 [M]. 台北：荣泰印书馆，1979.

[41] 苏永钦. 走入新世纪的私法自治 [M]. 北京：中国政法大学出版社，2002.

[42] 孙宪忠. 德国当代物权法. 北京：法律出版社，1997.

[43] 孙宪忠. 论物权法 [M]. 修订版. 北京：法律出版社，2008.

[44] 孙宪忠. 中国物权法总论 [M]. 北京：法律出版社，2003.

［45］田山辉明. 物权法：增订本［M］. 陆庆胜，译. 齐乃宽，李康民，审校. 北京：法律出版社，2001.

［46］田士永. 物权行为理论研究［M］. 北京：中国政法大学出版社，2002.

［47］王利明，尹飞，程啸. 中国物权法教程［M］. 北京：人民法院出版社，2007.

［48］王利明. 物权法论［M］. 修订2版. 北京：中国政法大学出版，2008.

［49］王利明. 物权法研究：上卷、下卷［M］. 4版. 北京：中国人民大学出版，2016.

［50］王利明. 中国物权法草案建议稿及说明［M］. 北京：中国法制出版社，2001.

［51］王卫国，王广华. 中国土地权利的法制建设［M］. 北京：中国政法大学出版社，2002.

［52］王泽鉴. 民法物权［M］. 2版. 北京：北京大学出版社，2010.

［53］王泽鉴. 民法学说与判例研究：1-8册［M］. 北京：中国政法大学出版社，1998.

［54］温世扬. 物权法要义［M］. 北京：法律出版社，2007.

［55］我妻荣. 日本物权法［M］. 有泉亨，修订. 李宜芬，校订. 台北：五南图书出版公司，1999.

［56］我妻荣. 债权在近代法中的优越地位［M］. 王书江，张雷，译. 谢怀栻，校. 北京：中国大百科全书出版社，1999.

［57］沃尔夫. 物权法［M］. 吴越，李大雪，译. 北京：法律出版社，2002.

［58］向明. 不动产登记制度研究［M］. 武汉：华中师范大学出版社，2011.

［59］谢在全. 民法物权论：上册、中册、下册［M］. 修订5版. 北京：中国政法大学出版社，2011.

［60］谢哲胜. 民法物权［M］. 台北：三民书局，2007.

［61］杨与龄. 民法物权［M］. 台北：五南图书出版公司，1981.

［62］姚瑞光. 民法物权论［M］. 台北：海宇文化事业有限公司，1995.

［63］尹飞. 物权法·用益物权［M］. 北京：中国法制出版社，2005.

［64］尹田. 法国物权法［M］. 北京：法律出版社，2009.

［65］柚木馨. 注释民法（9）·物权（4）［M］. 东京：有斐阁，1982.

［66］远藤浩，川井健，高原重义，等. 民法（3）担保物权［M］. 东京：有斐阁，1999.

［67］张龙文. 民法物权实务研究［M］. 台北：汉林出版社，1977.

[68] 郑玉波. 民法物权 [M]. 台北：三民书局，2012.

[69] 郑玉波. 民法物权论文选辑：上、下 [M]. 台北：五南图书出版公司，1984.

[70] 郑玉波. 民商法问题研究（一）[M]. 台北：三民书局，1988.

[71] 郑云瑞. 民法物权论 [M]. 北京：北京大学出版社，2006.

[72] 周枏. 罗马法原论：上册 [M]. 北京：商务印书馆，2014.

[73] REEVE A. Property [M]. Basingstoke, Hampshire：Macmilan Education Ltd.，1986.

[74] BURN E H. Cheshire and Burn's Modern Law of Real Property [M]. 13th ed. London：Butterworths，1982.

[75] DIOSDI G. Ownership in Ancient and Preclassical Roman Law [M]. Budapest：Akadémiai Kiadó，1970.

[76] BROWDER O L, CUNNINGHAM R A, SMITH A F. Basic Property Law [M]. Eagan：West Publishing Company，1989.

[77] RENNER K, TREVIÑO A J. The Institutions of Private Law and Their Social Functions [M]. London：Transaction Publishers，1949.

[78] BERNHARDT R. Real Property [M]. Eagan：West Publishing Company，1975.

[79] KRUSE V. The Right of Property [M]. Oxford：Oxford University Press，1953.

附　录

最高人民法院关于适用
《中华人民共和国民法典》物权编的解释（一）

法释〔2020〕24 号

（2020 年 12 月 25 日最高人民法院审判委员会
第 1825 次会议通过，自 2021 年 1 月 1 日起施行）

为正确审理物权纠纷案件，根据《中华人民共和国民法典》等相关法律规定，结合审判实践，制定本解释。

第一条　因不动产物权的归属，以及作为不动产物权登记基础的买卖、赠与、抵押等产生争议，当事人提起民事诉讼的，应当依法受理。当事人已经在行政诉讼中申请一并解决上述民事争议，且人民法院一并审理的除外。

第二条　当事人有证据证明不动产登记簿的记载与真实权利状态不符、其为该不动产物权的真实权利人，请求确认其享有物权的，应予支持。

第三条　异议登记因民法典第二百二十条第二款规定的事由失效后，当事人提起民事诉讼，请求确认物权归属的，应当依法受理。异议登记失效不影响人民法院对案件的实体审理。

第四条　未经预告登记的权利人同意，转让不动产所有权等物权，或者设立建设用地使用权、居住权、地役权、抵押权等其他物权的，应当依照民法典第二百二十一条第一款的规定，认定其不发生物权效力。

第五条　预告登记的买卖不动产物权的协议被认定无效、被撤销，或者预告登记的权利人放弃债权的，应当认定为民法典第二百二十一条第二款所称的"债权消灭"。

第六条　转让人转让船舶、航空器和机动车等所有权，受让人已经支付合理价款并取得占有，虽未经登记，但转让人的债权人主张其为民法典第二百二十五条所称的

"善意第三人"的，不予支持，法律另有规定的除外。

第七条 人民法院、仲裁机构在分割共有不动产或者动产等案件中作出并依法生效的改变原有物权关系的判决书、裁决书、调解书，以及人民法院在执行程序中作出的拍卖成交裁定书、变卖成交裁定书、以物抵债裁定书，应当认定为民法典第二百二十九条所称导致物权设立、变更、转让或者消灭的人民法院、仲裁机构的法律文书。

第八条 依据民法典第二百二十九条至第二百三十一条规定享有物权，但尚未完成动产交付或者不动产登记的权利人，依据民法典第二百三十五条至第二百三十八条的规定，请求保护其物权的，应予支持。

第九条 共有份额的权利主体因继承、遗赠等原因发生变化时，其他按份共有人主张优先购买的，不予支持，但按份共有人之间另有约定的除外。

第十条 民法典第三百零五条所称的"同等条件"，应当综合共有份额的转让价格、价款履行方式及期限等因素确定。

第十一条 优先购买权的行使期间，按份共有人之间有约定的，按照约定处理；没有约定或者约定不明的，按照下列情形确定：

（一）转让人向其他按份共有人发出的包含同等条件内容的通知中载明行使期间的，以该期间为准；

（二）通知中未载明行使期间，或者载明的期间短于通知送达之日起十五日的，为十五日；

（三）转让人未通知的，为其他按份共有人知道或者应当知道最终确定的同等条件之日起十五日；

（四）转让人未通知，且无法确定其他按份共有人知道或者应当知道最终确定的同等条件的，为共有份额权属转移之日起六个月。

第十二条 按份共有人向共有人之外的人转让其份额，其他按份共有人根据法律、司法解释规定，请求按照同等条件优先购买该共有份额的，应予支持。其他按份共有人的请求具有下列情形之一的，不予支持：

（一）未在本解释第十一条规定的期间内主张优先购买，或者虽主张优先购买，但提出减少转让价款、增加转让人负担等实质性变更要求；

（二）以其优先购买权受到侵害为由，仅请求撤销共有份额转让合同或者认定该合同无效。

第十三条 按份共有人之间转让共有份额，其他按份共有人主张依据民法典第三百零五条规定优先购买的，不予支持，但按份共有人之间另有约定的除外。

第十四条　受让人受让不动产或者动产时，不知道转让人无处分权，且无重大过失的，应当认定受让人为善意。

真实权利人主张受让人不构成善意的，应当承担举证证明责任。

第十五条　具有下列情形之一的，应当认定不动产受让人知道转让人无处分权：

（一）登记簿上存在有效的异议登记；

（二）预告登记有效期内，未经预告登记的权利人同意；

（三）登记簿上已经记载司法机关或者行政机关依法裁定、决定查封或者以其他形式限制不动产权利的有关事项；

（四）受让人知道登记簿上记载的权利主体错误；

（五）受让人知道他人已经依法享有不动产物权。

真实权利人有证据证明不动产受让人应当知道转让人无处分权的，应当认定受让人具有重大过失。

第十六条　受让人受让动产时，交易的对象、场所或者时机等不符合交易习惯的，应当认定受让人具有重大过失。

第十七条　民法典第三百一十一条第一款第一项所称的"受让人受让该不动产或者动产时"，是指依法完成不动产物权转移登记或者动产交付之时。

当事人以民法典第二百二十六条规定的方式交付动产的，转让动产民事法律行为生效时为动产交付之时；当事人以民法典第二百二十七条规定的方式交付动产的，转让人与受让人之间有关转让返还原物请求权的协议生效时为动产交付之时。

法律对不动产、动产物权的设立另有规定的，应当按照法律规定的时间认定权利人是否为善意。

第十八条　民法典第三百一十一条第一款第二项所称"合理的价格"，应当根据转让标的物的性质、数量以及付款方式等具体情况，参考转让时交易地市场价格以及交易习惯等因素综合认定。

第十九条　转让人将民法典第二百二十五条规定的船舶、航空器和机动车等交付给受让人的，应当认定符合民法典第三百一十一条第一款第三项规定的善意取得的条件。

第二十条　具有下列情形之一，受让人主张依据民法典第三百一十一条规定取得所有权的，不予支持：

（一）转让合同被认定无效；

（二）转让合同被撤销。

第二十一条　本解释自 2021 年 1 月 1 日起施行。

最高人民法院关于适用
《中华人民共和国民法典》有关担保制度的解释

法释〔2020〕28 号

（2020 年 12 月 25 日最高人民法院审判委员会
第 1824 次会议通过，自 2021 年 1 月 1 日起施行）

为正确适用《中华人民共和国民法典》有关担保制度的规定，结合民事审判实践，制定本解释。

一、关于一般规定

第一条 因抵押、质押、留置、保证等担保发生的纠纷，适用本解释。所有权保留买卖、融资租赁、保理等涉及担保功能发生的纠纷，适用本解释的有关规定。

第二条 当事人在担保合同中约定担保合同的效力独立于主合同，或者约定担保人对主合同无效的法律后果承担担保责任，该有关担保独立性的约定无效。主合同有效的，有关担保独立性的约定无效不影响担保合同的效力；主合同无效的，人民法院应当认定担保合同无效，但是法律另有规定的除外。

因金融机构开立的独立保函发生的纠纷，适用《最高人民法院关于审理独立保函纠纷案件若干问题的规定》。

第三条 当事人对担保责任的承担约定专门的违约责任，或者约定的担保责任范围超出债务人应当承担的责任范围，担保人主张仅在债务人应当承担的责任范围内承担责任的，人民法院应予支持。

担保人承担的责任超出债务人应当承担的责任范围，担保人向债务人追偿，债务人主张仅在其应当承担的责任范围内承担责任的，人民法院应予支持；担保人请求债权人返还超出部分的，人民法院依法予以支持。

第四条 有下列情形之一，当事人将担保物权登记在他人名下，债务人不履行到期债务或者发生当事人约定的实现担保物权的情形，债权人或者其受托人主张就该财产优先受偿的，人民法院依法予以支持：

（一）为债券持有人提供的担保物权登记在债券受托管理人名下；

（二）为委托贷款人提供的担保物权登记在受托人名下；

（三）担保人知道债权人与他人之间存在委托关系的其他情形。

第五条　机关法人提供担保的，人民法院应当认定担保合同无效，但是经国务院批准为使用外国政府或者国际经济组织贷款进行转贷的除外。

居民委员会、村民委员会提供担保的，人民法院应当认定担保合同无效，但是依法代行村集体经济组织职能的村民委员会，依照村民委员会组织法规定的讨论决定程序对外提供担保的除外。

第六条　以公益为目的的非营利性学校、幼儿园、医疗机构、养老机构等提供担保的，人民法院应当认定担保合同无效，但是有下列情形之一的除外：

（一）在购入或者以融资租赁方式承租教育设施、医疗卫生设施、养老服务设施和其他公益设施时，出卖人、出租人为担保价款或者租金实现而在该公益设施上保留所有权；

（二）以教育设施、医疗卫生设施、养老服务设施和其他公益设施以外的不动产、动产或者财产权利设立担保物权。

登记为营利法人的学校、幼儿园、医疗机构、养老机构等提供担保，当事人以其不具有担保资格为由主张担保合同无效的，人民法院不予支持。

第七条　公司的法定代表人违反公司法关于公司对外担保决议程序的规定，超越权限代表公司与相对人订立担保合同，人民法院应当依照民法典第六十一条和第五百零四条等规定处理：

（一）相对人善意的，担保合同对公司发生效力；相对人请求公司承担担保责任的，人民法院应予支持。

（二）相对人非善意的，担保合同对公司不发生效力；相对人请求公司承担赔偿责任的，参照适用本解释第十七条的有关规定。

法定代表人超越权限提供担保造成公司损失，公司请求法定代表人承担赔偿责任的，人民法院应予支持。

第一款所称善意，是指相对人在订立担保合同时不知道且不应当知道法定代表人超越权限。相对人有证据证明已对公司决议进行了合理审查，人民法院应当认定其构成善意，但是公司有证据证明相对人知道或者应当知道决议系伪造、变造的除外。

第八条　有下列情形之一，公司以其未依照公司法关于公司对外担保的规定作出决议为由主张不承担担保责任的，人民法院不予支持：

（一）金融机构开立保函或者担保公司提供担保；

（二）公司为其全资子公司开展经营活动提供担保；

（三）担保合同系由单独或者共同持有公司三分之二以上对担保事项有表决权的股东签字同意。

上市公司对外提供担保，不适用前款第二项、第三项的规定。

第九条 相对人根据上市公司公开披露的关于担保事项已经董事会或者股东大会决议通过的信息，与上市公司订立担保合同，相对人主张担保合同对上市公司发生效力，并由上市公司承担担保责任的，人民法院应予支持。

相对人未根据上市公司公开披露的关于担保事项已经董事会或者股东大会决议通过的信息，与上市公司订立担保合同，上市公司主张担保合同对其不发生效力，且不承担担保责任或者赔偿责任的，人民法院应予支持。

相对人与上市公司已公开披露的控股子公司订立的担保合同，或者相对人与股票在国务院批准的其他全国性证券交易场所交易的公司订立的担保合同，适用前两款规定。

第十条 一人有限责任公司为其股东提供担保，公司以违反公司法关于公司对外担保决议程序的规定为由主张不承担担保责任的，人民法院不予支持。公司因承担担保责任导致无法清偿其他债务，提供担保时的股东不能证明公司财产独立于自己的财产，其他债权人请求该股东承担连带责任的，人民法院应予支持。

第十一条 公司的分支机构未经公司股东（大）会或者董事会决议以自己的名义对外提供担保，相对人请求公司或者其分支机构承担担保责任的，人民法院不予支持，但是相对人不知道且不应当知道分支机构对外提供担保未经公司决议程序的除外。

金融机构的分支机构在其营业执照记载的经营范围内开立保函，或者经有权从事担保业务的上级机构授权开立保函，金融机构或者其分支机构以违反公司法关于公司对外担保决议程序的规定为由主张不承担担保责任的，人民法院不予支持。金融机构的分支机构未经金融机构授权提供保函之外的担保，金融机构或者其分支机构主张不承担担保责任的，人民法院应予支持，但是相对人不知道且不应当知道分支机构对外提供担保未经金融机构授权的除外。

担保公司的分支机构未经担保公司授权对外提供担保，担保公司或者其分支机构主张不承担担保责任的，人民法院应予支持，但是相对人不知道且不应当知道分支机构对外提供担保未经担保公司授权的除外。

公司的分支机构对外提供担保，相对人非善意，请求公司承担赔偿责任的，参照本解释第十七条的有关规定处理。

第十二条 法定代表人依照民法典第五百五十二条的规定以公司名义加入债务的，人民法院在认定该行为的效力时，可以参照本解释关于公司为他人提供担保的有关规则处理。

第十三条 同一债务有两个以上第三人提供担保，担保人之间约定相互追偿及分担份额，承担了担保责任的担保人请求其他担保人按照约定分担份额的，人民法院应予支持；担保人之间约定承担连带共同担保，或者约定相互追偿但是未约定分担份额的，各担保人按照比例分担向债务人不能追偿的部分。

同一债务有两个以上第三人提供担保，担保人之间未对相互追偿作出约定且未约定承担连带共同担保，但是各担保人在同一份合同书上签字、盖章或者按指印，承担了担保责任的担保人请求其他担保人按照比例分担向债务人不能追偿部分的，人民法院应予支持。

除前两款规定的情形外，承担了担保责任的担保人请求其他担保人分担向债务人不能追偿部分的，人民法院不予支持。

第十四条 同一债务有两个以上第三人提供担保，担保人受让债权的，人民法院应当认定该行为系承担担保责任。受让债权的担保人作为债权人请求其他担保人承担担保责任的，人民法院不予支持；该担保人请求其他担保人分担相应份额的，依照本解释第十三条的规定处理。

第十五条 最高额担保中的最高债权额，是指包括主债权及其利息、违约金、损害赔偿金、保管担保财产的费用、实现债权或者实现担保物权的费用等在内的全部债权，但是当事人另有约定的除外。

登记的最高债权额与当事人约定的最高债权额不一致的，人民法院应当依据登记的最高债权额确定债权人优先受偿的范围。

第十六条 主合同当事人协议以新贷偿还旧贷，债权人请求旧贷的担保人承担担保责任的，人民法院不予支持；债权人请求新贷的担保人承担担保责任的，按照下列情形处理：

（一）新贷与旧贷的担保人相同的，人民法院应予支持；

（二）新贷与旧贷的担保人不同，或者旧贷无担保新贷有担保的，人民法院不予支持，但是债权人有证据证明新贷的担保人提供担保时对以新贷偿还旧贷的事实知道或者应当知道的除外。

主合同当事人协议以新贷偿还旧贷，旧贷的物的担保人在登记尚未注销的情形下同意继续为新贷提供担保，在订立新的贷款合同前又以该担保财产为其他债权人设立担保物权，其他债权人主张其担保物权顺位优先于新贷债权人的，人民法院不予支持。

第十七条 主合同有效而第三人提供的担保合同无效，人民法院应当区分不同情形确定担保人的赔偿责任：

（一）债权人与担保人均有过错的，担保人承担的赔偿责任不应超过债务人不能清偿部分的二分之一；

（二）担保人有过错而债权人无过错的，担保人对债务人不能清偿的部分承担赔偿责任；

（三）债权人有过错而担保人无过错的，担保人不承担赔偿责任。

主合同无效导致第三人提供的担保合同无效，担保人无过错的，不承担赔偿责任；担保人有过错的，其承担的赔偿责任不应超过债务人不能清偿部分的三分之一。

第十八条 承担了担保责任或者赔偿责任的担保人，在其承担责任的范围内向债务人追偿的，人民法院应予支持。

同一债权既有债务人自己提供的物的担保，又有第三人提供的担保，承担了担保责任或者赔偿责任的第三人，主张行使债权人对债务人享有的担保物权的，人民法院应予支持。

第十九条 担保合同无效，承担了赔偿责任的担保人按照反担保合同的约定，在其承担赔偿责任的范围内请求反担保人承担担保责任的，人民法院应予支持。

反担保合同无效的，依照本解释第十七条的有关规定处理。当事人仅以担保合同无效为由主张反担保合同无效的，人民法院不予支持。

第二十条 人民法院在审理第三人提供的物的担保纠纷案件时，可以适用民法典第六百九十五条第一款、第六百九十六条第一款、第六百九十七条第二款、第六百九十九条、第七百条、第七百零一条、第七百零二条等关于保证合同的规定。

第二十一条 主合同或者担保合同约定了仲裁条款的，人民法院对约定仲裁条款的合同当事人之间的纠纷无管辖权。

债权人一并起诉债务人和担保人的，应当根据主合同确定管辖法院。

债权人依法可以单独起诉担保人且仅起诉担保人的，应当根据担保合同确定管辖法院。

第二十二条 人民法院受理债务人破产案件后，债权人请求担保人承担担保责任，担保人主张担保债务自人民法院受理破产申请之日起停止计息的，人民法院对担保人的主张应予支持。

第二十三条 人民法院受理债务人破产案件，债权人在破产程序中申报债权后又向人民法院提起诉讼，请求担保人承担担保责任的，人民法院依法予以支持。

担保人清偿债权人的全部债权后，可以代替债权人在破产程序中受偿；在债权人的债权未获全部清偿前，担保人不得代替债权人在破产程序中受偿，但是有权就债权人通过破产分配和实现担保权等方式获得清偿总额中超出债权的部分，在其承担担保责任的范围内请求债权人返还。

债权人在债务人破产程序中未获全部清偿，请求担保人继续承担担保责任的，人民法院应予支持；担保人承担担保责任后，向和解协议或者重整计划执行完毕后的债务人追偿的，人民法院不予支持。

第二十四条　债权人知道或者应当知道债务人破产，既未申报债权也未通知担保人，致使担保人不能预先行使追偿权的，担保人就该债权在破产程序中可能受偿的范围内免除担保责任，但是担保人因自身过错未行使追偿权的除外。

二、关于保证合同

第二十五条　当事人在保证合同中约定了保证人在债务人不能履行债务或者无力偿还债务时才承担保证责任等类似内容，具有债务人应当先承担责任的意思表示的，人民法院应当将其认定为一般保证。

当事人在保证合同中约定了保证人在债务人不履行债务或者未偿还债务时即承担保证责任、无条件承担保证责任等类似内容，不具有债务人应当先承担责任的意思表示的，人民法院应当将其认定为连带责任保证。

第二十六条　一般保证中，债权人以债务人为被告提起诉讼的，人民法院应予受理。债权人未就主合同纠纷提起诉讼或者申请仲裁，仅起诉一般保证人的，人民法院应当驳回起诉。

一般保证中，债权人一并起诉债务人和保证人的，人民法院可以受理，但是在作出判决时，除有民法典第六百八十七条第二款但书规定的情形外，应当在判决书主文中明确，保证人仅对债务人财产依法强制执行后仍不能履行的部分承担保证责任。

债权人未对债务人的财产申请保全，或者保全的债务人的财产足以清偿债务，债权人申请对一般保证人的财产进行保全的，人民法院不予准许。

第二十七条　一般保证的债权人取得对债务人赋予强制执行效力的公证债权文书后，在保证期间内向人民法院申请强制执行，保证人以债权人未在保证期间内对债务人提起诉讼或者申请仲裁为由主张不承担保证责任的，人民法院不予支持。

第二十八条　一般保证中，债权人依据生效法律文书对债务人的财产依法申请强制执行，保证债务诉讼时效的起算时间按照下列规则确定：

（一）人民法院作出终结本次执行程序裁定，或者依照民事诉讼法第二百五十七条第三项、第五项的规定作出终结执行裁定的，自裁定送达债权人之日起开始计算；

（二）人民法院自收到申请执行书之日起一年内未作出前项裁定的，自人民法院收到申请执行书满一年之日起开始计算，但是保证人有证据证明债务人仍有财产可供执行的除外。

一般保证的债权人在保证期间届满前对债务人提起诉讼或者申请仲裁，债权人举证证明存在民法典第六百八十七条第二款但书规定情形的，保证债务的诉讼时效自债权人知道或者应当知道该情形之日起开始计算。

第二十九条 同一债务有两个以上保证人，债权人以其已经在保证期间内依法向部分保证人行使权利为由，主张已经在保证期间内向其他保证人行使权利的，人民法院不予支持。

同一债务有两个以上保证人，保证人之间相互有追偿权，债权人未在保证期间内依法向部分保证人行使权利，导致其他保证人在承担保证责任后丧失追偿权，其他保证人主张在其不能追偿的范围内免除保证责任的，人民法院应予支持。

第三十条 最高额保证合同对保证期间的计算方式、起算时间等有约定的，按照其约定。

最高额保证合同对保证期间的计算方式、起算时间等没有约定或者约定不明，被担保债权的履行期限均已届满的，保证期间自债权确定之日起开始计算；被担保债权的履行期限尚未届满的，保证期间自最后到期债权的履行期限届满之日起开始计算。

前款所称债权确定之日，依照民法典第四百二十三条的规定认定。

第三十一条 一般保证的债权人在保证期间内对债务人提起诉讼或者申请仲裁后，又撤回起诉或者仲裁申请，债权人在保证期间届满前未再行提起诉讼或者申请仲裁，保证人主张不再承担保证责任的，人民法院应予支持。

连带责任保证的债权人在保证期间内对保证人提起诉讼或者申请仲裁后，又撤回起诉或者仲裁申请，起诉状副本或者仲裁申请书副本已经送达保证人的，人民法院应当认定债权人已经在保证期间内向保证人行使了权利。

第三十二条 保证合同约定保证人承担保证责任直至主债务本息还清时为止等类似内容的，视为约定不明，保证期间为主债务履行期限届满之日起六个月。

第三十三条 保证合同无效，债权人未在约定或者法定的保证期间内依法行使权利，保证人主张不承担赔偿责任的，人民法院应予支持。

第三十四条　人民法院在审理保证合同纠纷案件时，应当将保证期间是否届满、债权人是否在保证期间内依法行使权利等事实作为案件基本事实予以查明。

债权人在保证期间内未依法行使权利的，保证责任消灭。保证责任消灭后，债权人书面通知保证人要求承担保证责任，保证人在通知书上签字、盖章或者按指印，债权人请求保证人继续承担保证责任的，人民法院不予支持，但是债权人有证据证明成立了新的保证合同的除外。

第三十五条　保证人知道或者应当知道主债权诉讼时效期间届满仍然提供保证或者承担保证责任，又以诉讼时效期间届满为由拒绝承担保证责任或者请求返还财产的，人民法院不予支持；保证人承担保证责任后向债务人追偿的，人民法院不予支持，但是债务人放弃诉讼时效抗辩的除外。

第三十六条　第三人向债权人提供差额补足、流动性支持等类似承诺文件作为增信措施，具有提供担保的意思表示，债权人请求第三人承担保证责任的，人民法院应当依照保证的有关规定处理。

第三人向债权人提供的承诺文件，具有加入债务或者与债务人共同承担债务等意思表示的，人民法院应当认定为民法典第五百五十二条规定的债务加入。

前两款中第三人提供的承诺文件难以确定是保证还是债务加入的，人民法院应当将其认定为保证。

第三人向债权人提供的承诺文件不符合前三款规定的情形，债权人请求第三人承担保证责任或者连带责任的，人民法院不予支持，但是不影响其依据承诺文件请求第三人履行约定的义务或者承担相应的民事责任。

三、关于担保物权

（一）担保合同与担保物权的效力

第三十七条　当事人以所有权、使用权不明或者有争议的财产抵押，经审查构成无权处分的，人民法院应当依照民法典第三百一十一条的规定处理。

当事人以依法被查封或者扣押的财产抵押，抵押权人请求行使抵押权，经审查查封或者扣押措施已经解除的，人民法院应予支持。抵押人以抵押权设立时财产被查封或者扣押为由主张抵押合同无效的，人民法院不予支持。

以依法被监管的财产抵押的，适用前款规定。

第三十八条　主债权未受全部清偿，担保物权人主张就担保财产的全部行使担保物权的，人民法院应予支持，但是留置权人行使留置权的，应当依照民法典第四百五十条的规定处理。

担保财产被分割或者部分转让，担保物权人主张就分割或者转让后的担保财产行使担保物权的，人民法院应予支持，但是法律或者司法解释另有规定的除外。

第三十九条　主债权被分割或者部分转让，各债权人主张就其享有的债权份额行使担保物权的，人民法院应予支持，但是法律另有规定或者当事人另有约定的除外。

主债务被分割或者部分转移，债务人自己提供物的担保，债权人请求以该担保财产担保全部债务履行的，人民法院应予支持；第三人提供物的担保，主张对未经其书面同意转移的债务不再承担担保责任的，人民法院应予支持。

第四十条　从物产生于抵押权依法设立前，抵押权人主张抵押权的效力及于从物的，人民法院应予支持，但是当事人另有约定的除外。

从物产生于抵押权依法设立后，抵押权人主张抵押权的效力及于从物的，人民法院不予支持，但是在抵押权实现时可以一并处分。

第四十一条　抵押权依法设立后，抵押财产被添附，添附物归第三人所有，抵押权人主张抵押权效力及于补偿金的，人民法院应予支持。

抵押权依法设立后，抵押财产被添附，抵押人对添附物享有所有权，抵押权人主张抵押权的效力及于添附物的，人民法院应予支持，但是添附导致抵押财产价值增加的，抵押权的效力不及于增加的价值部分。

抵押权依法设立后，抵押人与第三人因添附成为添附物的共有人，抵押权人主张抵押权的效力及于抵押人对共有物享有的份额的，人民法院应予支持。

本条所称添附，包括附合、混合与加工。

第四十二条　抵押权依法设立后，抵押财产毁损、灭失或者被征收等，抵押权人请求按照原抵押权的顺位就保险金、赔偿金或者补偿金等优先受偿的，人民法院应予支持。

给付义务人已经向抵押人给付了保险金、赔偿金或者补偿金，抵押权人请求给付义务人向其给付保险金、赔偿金或者补偿金的，人民法院不予支持，但是给付义务人接到抵押权人要求向其给付的通知后仍然向抵押人给付的除外。

抵押权人请求给付义务人向其给付保险金、赔偿金或者补偿金的，人民法院可以通知抵押人作为第三人参加诉讼。

第四十三条　当事人约定禁止或者限制转让抵押财产但是未将约定登记，抵押人违反约定转让抵押财产，抵押权人请求确认转让合同无效的，人民法院不予支持；抵押财产已经交付或者登记，抵押权人请求确认转让不发生物权效力的，人民法院不予支持，但是抵押权人有证据证明受让人知道的除外；抵押权人请求抵押人承担违约责任的，人民法院依法予以支持。

当事人约定禁止或者限制转让抵押财产且已经将约定登记，抵押人违反约定转让抵押财产，抵押权人请求确认转让合同无效的，人民法院不予支持；抵押财产已经交付或者登记，抵押权人主张转让不发生物权效力的，人民法院应予支持，但是因受让人代替债务人清偿债务导致抵押权消灭的除外。

第四十四条　主债权诉讼时效期间届满后，抵押权人主张行使抵押权的，人民法院不予支持；抵押人以主债权诉讼时效期间届满为由，主张不承担担保责任的，人民法院应予支持。主债权诉讼时效期间届满前，债权人仅对债务人提起诉讼，经人民法院判决或者调解后未在民事诉讼法规定的申请执行时效期间内对债务人申请强制执行，其向抵押人主张行使抵押权的，人民法院不予支持。

主债权诉讼时效期间届满后，财产被留置的债务人或者对留置财产享有所有权的第三人请求债权人返还留置财产的，人民法院不予支持；债务人或者第三人请求拍卖、变卖留置财产并以所得价款清偿债务的，人民法院应予支持。

主债权诉讼时效期间届满的法律后果，以登记作为公示方式的权利质权，参照适用第一款的规定；动产质权、以交付权利凭证作为公示方式的权利质权，参照适用第二款的规定。

第四十五条　当事人约定当债务人不履行到期债务或者发生当事人约定的实现担保物权的情形，担保物权人有权将担保财产自行拍卖、变卖并就所得的价款优先受偿的，该约定有效。因担保人的原因导致担保物权人无法自行对担保财产进行拍卖、变卖，担保物权人请求担保人承担因此增加的费用的，人民法院应予支持。

当事人依照民事诉讼法有关"实现担保物权案件"的规定，申请拍卖、变卖担保财产，被申请人以担保合同约定仲裁条款为由主张驳回申请的，人民法院经审查后，应当按照以下情形分别处理：

（一）当事人对担保物权无实质性争议且实现担保物权条件已经成就的，应当裁定准许拍卖、变卖担保财产；

（二）当事人对实现担保物权有部分实质性争议的，可以就无争议的部分裁定准许拍卖、变卖担保财产，并告知可以就有争议的部分申请仲裁；

（三）当事人对实现担保物权有实质性争议的，裁定驳回申请，并告知可以向仲裁机构申请仲裁。

债权人以诉讼方式行使担保物权的，应当以债务人和担保人作为共同被告。

（二）不动产抵押

第四十六条 不动产抵押合同生效后未办理抵押登记手续，债权人请求抵押人办理抵押登记手续的，人民法院应予支持。

抵押财产因不可归责于抵押人自身的原因灭失或者被征收等导致不能办理抵押登记，债权人请求抵押人在约定的担保范围内承担责任的，人民法院不予支持；但是抵押人已经获得保险金、赔偿金或者补偿金等，债权人请求抵押人在其所获金额范围内承担赔偿责任的，人民法院依法予以支持。

因抵押人转让抵押财产或者其他可归责于抵押人自身的原因导致不能办理抵押登记，债权人请求抵押人在约定的担保范围内承担责任的，人民法院依法予以支持，但是不得超过抵押权能够设立时抵押人应当承担的责任范围。

第四十七条 不动产登记簿就抵押财产、被担保的债权范围等所作的记载与抵押合同约定不一致的，人民法院应当根据登记簿的记载确定抵押财产、被担保的债权范围等事项。

第四十八条 当事人申请办理抵押登记手续时，因登记机构的过错致使其不能办理抵押登记，当事人请求登记机构承担赔偿责任的，人民法院依法予以支持。

第四十九条 以违法的建筑物抵押的，抵押合同无效，但是一审法庭辩论终结前已经办理合法手续的除外。抵押合同无效的法律后果，依照本解释第十七条的有关规定处理。

当事人以建设用地使用权依法设立抵押，抵押人以土地上存在违法的建筑物为由主张抵押合同无效的，人民法院不予支持。

第五十条 抵押人以划拨建设用地上的建筑物抵押，当事人以该建设用地使用权不能抵押或者未办理批准手续为由主张抵押合同无效或者不生效的，人民法院不予支持。抵押权依法实现时，拍卖、变卖建筑物所得的价款，应当优先用于补缴建设用地使用权出让金。

当事人以划拨方式取得的建设用地使用权抵押，抵押人以未办理批准手续为由主张抵押合同无效或者不生效的，人民法院不予支持。已经依法办理抵押登记，抵押权人主张行使抵押权的，人民法院应予支持。抵押权依法实现时所得的价款，参照前款有关规定处理。

第五十一条 当事人仅以建设用地使用权抵押，债权人主张抵押权的效力及于土地上已有的建筑物以及正在建造的建筑物已完成部分的，人民法院应予支持。债权人主张抵押权的效力及于正在建造的建筑物的续建部分以及新增建筑物的，人民法院不予支持。

当事人以正在建造的建筑物抵押，抵押权的效力范围限于已办理抵押登记的部分。当事人按照担保合同的约定，主张抵押权的效力及于续建部分、新增建筑物以及规划中尚未建造的建筑物的，人民法院不予支持。

抵押人将建设用地使用权、土地上的建筑物或者正在建造的建筑物分别抵押给不同债权人的，人民法院应当根据抵押登记的时间先后确定清偿顺序。

第五十二条　当事人办理抵押预告登记后，预告登记权利人请求就抵押财产优先受偿，经审查存在尚未办理建筑物所有权首次登记、预告登记的财产与办理建筑物所有权首次登记时的财产不一致、抵押预告登记已经失效等情形，导致不具备办理抵押登记条件的，人民法院不予支持；经审查已经办理建筑物所有权首次登记，且不存在预告登记失效等情形的，人民法院应予支持，并应当认定抵押权自预告登记之日起设立。

当事人办理了抵押预告登记，抵押人破产，经审查抵押财产属于破产财产，预告登记权利人主张就抵押财产优先受偿的，人民法院应当在受理破产申请时抵押财产的价值范围内予以支持，但是在人民法院受理破产申请前一年内，债务人对没有财产担保的债务设立抵押预告登记的除外。

（三）动产与权利担保

第五十三条　当事人在动产和权利担保合同中对担保财产进行概括描述，该描述能够合理识别担保财产的，人民法院应当认定担保成立。

第五十四条　动产抵押合同订立后未办理抵押登记，动产抵押权的效力按照下列情形分别处理：

（一）抵押人转让抵押财产，受让人占有抵押财产后，抵押权人向受让人请求行使抵押权的，人民法院不予支持，但是抵押权人能够举证证明受让人知道或者应当知道已经订立抵押合同的除外；

（二）抵押人将抵押财产出租给他人并移转占有，抵押权人行使抵押权的，租赁关系不受影响，但是抵押权人能够举证证明承租人知道或者应当知道已经订立抵押合同的除外；

（三）抵押人的其他债权人向人民法院申请保全或者执行抵押财产，人民法院已经作出财产保全裁定或者采取执行措施，抵押权人主张对抵押财产优先受偿的，人民法院不予支持；

（四）抵押人破产，抵押权人主张对抵押财产优先受偿的，人民法院不予支持。

第五十五条 债权人、出质人与监管人订立三方协议，出质人以通过一定数量、品种等概括描述能够确定范围的货物为债务的履行提供担保，当事人有证据证明监管人系受债权人的委托监管并实际控制该货物的，人民法院应当认定质权于监管人实际控制货物之日起设立。监管人违反约定向出质人或者其他人放货、因保管不善导致货物毁损灭失，债权人请求监管人承担违约责任的，人民法院依法予以支持。

在前款规定情形下，当事人有证据证明监管人系受出质人委托监管该货物，或者虽然受债权人委托但是未实际履行监管职责，导致货物仍由出质人实际控制的，人民法院应当认定质权未设立。债权人可以基于质押合同的约定请求出质人承担违约责任，但是不得超过质权有效设立时出质人应当承担的责任范围。监管人未履行监管职责，债权人请求监管人承担责任的，人民法院依法予以支持。

第五十六条 买受人在出卖人正常经营活动中通过支付合理对价取得已被设立担保物权的动产，担保物权人请求就该动产优先受偿的，人民法院不予支持，但是有下列情形之一的除外：

（一）购买商品的数量明显超过一般买受人；

（二）购买出卖人的生产设备；

（三）订立买卖合同的目的在于担保出卖人或者第三人履行债务；

（四）买受人与出卖人存在直接或者间接的控制关系；

（五）买受人应当查询抵押登记而未查询的其他情形。

前款所称出卖人正常经营活动，是指出卖人的经营活动属于其营业执照明确记载的经营范围，且出卖人持续销售同类商品。前款所称担保物权人，是指已经办理登记的抵押权人、所有权保留买卖的出卖人、融资租赁合同的出租人。

第五十七条 担保人在设立动产浮动抵押并办理抵押登记后又购入或者以融资租赁方式承租新的动产，下列权利人为担保价款债权或者租金的实现而订立担保合同，并在该动产交付后十日内办理登记，主张其权利优先于在先设立的浮动抵押权的，人民法院应予支持：

（一）在该动产上设立抵押权或者保留所有权的出卖人；

（二）为价款支付提供融资而在该动产上设立抵押权的债权人；

（三）以融资租赁方式出租该动产的出租人。

买受人取得动产但未付清价款或者承租人以融资租赁方式占有租赁物但是未付清全部租金，又以标的物为他人设立担保物权，前款所列权利人为担保价款债权或者租金的实现而订立担保合同，并在该动产交付后十日内办理登记，主张其权利优先于买受人为他人设立的担保物权的，人民法院应予支持。

同一动产上存在多个价款优先权的，人民法院应当按照登记的时间先后确定清偿顺序。

第五十八条 以汇票出质，当事人以背书记载"质押"字样并在汇票上签章，汇票已经交付质权人的，人民法院应当认定质权自汇票交付质权人时设立。

第五十九条 存货人或者仓单持有人在仓单上以背书记载"质押"字样，并经保管人签章，仓单已经交付质权人的，人民法院应当认定质权自仓单交付质权人时设立。没有权利凭证的仓单，依法可以办理出质登记的，仓单质权自办理出质登记时设立。

出质人既以仓单出质，又以仓储物设立担保，按照公示的先后确定清偿顺序；难以确定先后的，按照债权比例清偿。

保管人为同一货物签发多份仓单，出质人在多份仓单上设立多个质权，按照公示的先后确定清偿顺序；难以确定先后的，按照债权比例受偿。

存在第二款、第三款规定的情形，债权人举证证明其损失系由出质人与保管人的共同行为所致，请求出质人与保管人承担连带赔偿责任的，人民法院应予支持。

第六十条 在跟单信用证交易中，开证行与开证申请人之间约定以提单作为担保的，人民法院应当依照民法典关于质权的有关规定处理。

在跟单信用证交易中，开证行依据其与开证申请人之间的约定或者跟单信用证的惯例持有提单，开证申请人未按照约定付款赎单，开证行主张对提单项下货物优先受偿的，人民法院应予支持；开证行主张对提单项下货物享有所有权的，人民法院不予支持。

在跟单信用证交易中，开证行依据其与开证申请人之间的约定或者跟单信用证的惯例，通过转让提单或者提单项下货物取得价款，开证申请人请求返还超出债权部分的，人民法院应予支持。

前三款规定不影响合法持有提单的开证行以提单持有人身份主张运输合同项下的权利。

第六十一条 以现有的应收账款出质，应收账款债务人向质权人确认应收账款的真实性后，又以应收账款不存在或者已经消灭为由主张不承担责任的，人民法院不予支持。

以现有的应收账款出质，应收账款债务人未确认应收账款的真实性，质权人以应收账款债务人为被告，请求就应收账款优先受偿，能够举证证明办理出质登记时应收账款真实存在的，人民法院应予支持；质权人不能举证证明办理出质登记时应收账款真实存在，仅以已经办理出质登记为由，请求就应收账款优先受偿的，人民法院不予支持。

以现有的应收账款出质，应收账款债务人已经向应收账款债权人履行了债务，质权人请求应收账款债务人履行债务的，人民法院不予支持，但是应收账款债务人接到质权人要求向其履行的通知后，仍然向应收账款债权人履行的除外。

以基础设施和公用事业项目收益权、提供服务或者劳务产生的债权以及其他将有的应收账款出质，当事人为应收账款设立特定账户，发生法定或者约定的质权实现事由时，质权人请求就该特定账户内的款项优先受偿的，人民法院应予支持；特定账户内的款项不足以清偿债务或者未设立特定账户，质权人请求折价或者拍卖、变卖项目收益权等将有的应收账款，并以所得的价款优先受偿的，人民法院依法予以支持。

第六十二条 债务人不履行到期债务，债权人因同一法律关系留置合法占有的第三人的动产，并主张就该留置财产优先受偿的，人民法院应予支持。第三人以该留置财产并非债务人的财产为由请求返还的，人民法院不予支持。

企业之间留置的动产与债权并非同一法律关系，债务人以该债权不属于企业持续经营中发生的债权为由请求债权人返还留置财产的，人民法院应予支持。

企业之间留置的动产与债权并非同一法律关系，债权人留置第三人的财产，第三人请求债权人返还留置财产的，人民法院应予支持。

四、关于非典型担保

第六十三条 债权人与担保人订立担保合同，约定以法律、行政法规尚未规定可以担保的财产权利设立担保，当事人主张合同无效的，人民法院不予支持。当事人未在法定的登记机构依法进行登记，主张该担保具有物权效力的，人民法院不予支持。

第六十四条 在所有权保留买卖中，出卖人依法有权取回标的物，但是与买受人协商不成，当事人请求参照民事诉讼法"实现担保物权案件"的有关规定，拍卖、变卖标的物的，人民法院应予准许。

出卖人请求取回标的物，符合民法典第六百四十二条规定的，人民法院应予支持；买受人以抗辩或者反诉的方式主张拍卖、变卖标的物，并在扣除买受人未支付的价款以及必要费用后返还剩余款项的，人民法院应当一并处理。

第六十五条 在融资租赁合同中，承租人未按照约定支付租金，经催告后在合理期限内仍不支付，出租人请求承租人支付全部剩余租金，并以拍卖、变卖租赁物所得的价款受偿的，人民法院应予支持；当事人请求参照民事诉讼法"实现担保物权案件"的有关规定，以拍卖、变卖租赁物所得价款支付租金的，人民法院应予准许。

出租人请求解除融资租赁合同并收回租赁物，承租人以抗辩或者反诉的方式主张返还租赁物价值超过欠付租金以及其他费用的，人民法院应当一并处理。当事人对租赁物的价值有争议的，应当按照下列规则确定租赁物的价值：

（一）融资租赁合同有约定的，按照其约定；

（二）融资租赁合同未约定或者约定不明的，根据约定的租赁物折旧以及合同到期后租赁物的残值来确定；

（三）根据前两项规定的方法仍然难以确定，或者当事人认为根据前两项规定的方法确定的价值严重偏离租赁物实际价值的，根据当事人的申请委托有资质的机构评估。

第六十六条　同一应收账款同时存在保理、应收账款质押和债权转让，当事人主张参照民法典第七百六十八条的规定确定优先顺序的，人民法院应予支持。

在有追索权的保理中，保理人以应收账款债权人或者应收账款债务人为被告提起诉讼，人民法院应予受理；保理人一并起诉应收账款债权人和应收账款债务人的，人民法院可以受理。

应收账款债权人向保理人返还保理融资款本息或者回购应收账款债权后，请求应收账款债务人向其履行应收账款债务的，人民法院应予支持。

第六十七条　在所有权保留买卖、融资租赁等合同中，出卖人、出租人的所有权未经登记不得对抗的"善意第三人"的范围及其效力，参照本解释第五十四条的规定处理。

第六十八条　债务人或者第三人与债权人约定将财产形式上转移至债权人名下，债务人不履行到期债务，债权人有权对财产折价或者以拍卖、变卖该财产所得价款偿还债务的，人民法院应当认定该约定有效。当事人已经完成财产权利变动的公示，债务人不履行到期债务，债权人请求参照民法典关于担保物权的有关规定就该财产优先受偿的，人民法院应予支持。

债务人或者第三人与债权人约定将财产形式上转移至债权人名下，债务人不履行到期债务，财产归债权人所有的，人民法院应当认定该约定无效，但是不影响当事人有关提供担保的意思表示的效力。当事人已经完成财产权利变动的公示，债务人不履行到期债务，债权人请求对该财产享有所有权的，人民法院不予支持；债权人请求参照民法典关于担保物权的规定对财产折价或者以拍卖、变卖该财产所得的价款优先受偿的，人民法院应予支持；债务人履行债务后请求返还财产，或者请求对财产折价或者以拍卖、变卖所得的价款清偿债务的，人民法院应予支持。

债务人与债权人约定将财产转移至债权人名下，在一定期间后再由债务人或者其指定的第三人以交易本金加上溢价款回购，债务人到期不履行回购义务，财产归债权人所有的，人民法院应当参照第二款规定处理。回购对象自始不存在的，人民法院应当依照民法典第一百四十六条第二款的规定，按照其实际构成的法律关系处理。

第六十九条 股东以将其股权转移至债权人名下的方式为债务履行提供担保，公司或者公司的债权人以股东未履行或者未全面履行出资义务、抽逃出资等为由，请求作为名义股东的债权人与股东承担连带责任的，人民法院不予支持。

第七十条 债务人或者第三人为担保债务的履行，设立专门的保证金账户并由债权人实际控制，或者将其资金存入债权人设立的保证金账户，债权人主张就账户内的款项优先受偿的，人民法院应予支持。当事人以保证金账户内的款项浮动为由，主张实际控制该账户的债权人对账户内的款项不享有优先受偿权的，人民法院不予支持。

在银行账户下设立的保证金分户，参照前款规定处理。

当事人约定的保证金并非为担保债务的履行设立，或者不符合前两款规定的情形，债权人主张就保证金优先受偿的，人民法院不予支持，但是不影响当事人依照法律的规定或者按照当事人的约定主张权利。

五、附则

第七十一条 本解释自 2021 年 1 月 1 日起施行。